酒店管理理论与实践

王浩乐　著

中国出版集团
世界图书出版公司

图书在版编目(CIP)数据

酒店管理理论与实践/王浩乐著.
—广州:世界图书出版广东有限公司,2025.1重印
ISBN 978-7-5100-8262-7

Ⅰ.①酒…　Ⅱ.①王…　Ⅲ.①饭店-商业企业管理　Ⅳ.①F719.2

中国版本图书馆 CIP 数据核字(2014)第 152792 号

酒店管理理论与实践

责任编辑	梁少玲
封面设计	李　荣
版式设计	张　慧
出版发行	世界图书出版广东有限公司
地　　址	广州市新港西路大江冲25号
电　　话	020-84459702
印　　刷	悦读天下（山东）印务有限公司
规　　格	710mm×1000mm　1/16
印　　张	16.875
字　　数	340 千字
版　　次	2014 年 8 月第 1 版　　2025 年 1 月第 4 次印刷
I S B N	978-7-5100-8262-7/F·0148
定　　价	88.00 元

作者简介

王浩乐，男，1970 年 11 月出生，1992 年毕业于郑州大学。历任桃园大酒店副总经理、花都庄园酒店(三星级)总经理，2007 年后任福港大酒店(四星级)总经理至今。在从事酒店高层管理工作的同时，于 2004 年调入许昌市职业技术学院，成为酒店管理专业的教师。在任教期间，参编酒店管理方面的教材 4 本，参加省级科研项目 2 项，主持地市级科研项目 4 项，获得省级奖励一项，地市级奖励 5 项；在中文核心期刊发表论文 2 篇，其他核心期刊发表论文 8 篇，CN 期刊发表论文 5 篇，连年被认定为双师型教师。

内容提要

本书内容共分 14 章，作者结合自身十余年的管理经验对酒店营销管理、酒店服务质量管理、酒店人力资源管理、酒店安全管理、酒店投诉管理等涉及酒店管理的整个流程进行阐释，提出了“酒店管理的过程，是酒店知己知彼、运筹帷幄的过程；是酒店理清思路、明确方向的过程；是酒店整合资源、完善提升的过程”等一系列自己的管理理念，并配置适量的实际案例来佐证自己的观点。

本书既突出了思想与理论的创新，也提出了可操作的具体方法，能够给人以很好的启迪。适合酒店业政府管理人员、宾馆酒店高级管理人员、管理研究学者、旅游管理专业的师生阅读。

目　　录

第一章

酒店和酒店业

第一节 酒店的职能

一、酒店的概念

酒店(HOTEL)一词来源于法语,当时的意思是贵族在乡间招待贵宾的别墅,国内被称为“酒店”、“宾馆”、“旅馆”等。酒店,其基本定义是提供安全、舒适,使用者在这里得到短期休息或睡眠的空间的商业机构。现在的酒店,除主要为游客提供住宿服务外,亦提供生活的服务及设施(寝前服务)、餐饮、游戏、娱乐、购物、商务中心、宴会及会议等设施。

一个具有国际水准的酒店,首先要有舒适安全并能吸引客人居住的客房,具有能提供有地方风味特色的美味佳肴的各式餐厅,还要有商业会议厅,贸易洽谈时所需的现代化会议设备和办公通讯系统,旅游者所需要的康乐中心、游泳池、健身房、商品部、礼品部、银行、邮局、电传室、书店、花房、美容厅,等等。同时,各部门要有素质良好的服务员,向客人提供一流水平的服务。如今的国际酒店业被称为“旅游工业”,说明现代酒店业承担着大量的、科学的、专业的以及有效率的事业,产生相当于现代工业能产生的经济效益和社会效益。归纳起来,现代所谓的酒店,应具备下列基本条件:它具有设备完善的、经政府核准许可经营的、安全的客房、餐厅,它必须提供旅客的住宿与餐饮;它拥有为顾客提供娱乐的设施和工作人员,能为顾客提供娱乐上的理想服务;它是营利的,要求取得合理的利润。

二、酒店的职能

将入住酒店的顾客可以通过互联网、电话、手机上网、银行多种方式获得酒店预订服务。美国有70%的网民会通过互联网在线预订的方式进行酒店预订，但在中国，这个比例仅为10%，市场发展的潜力巨大。随着近些年来全球经济发展的不景气延长，各大公司都在纷纷削减自己第二大可控制成本"差旅开支"的费用，在线订房方式的产生，无疑将会带给消费者和酒店最实惠的利益。

现在的酒店一般要做到：全天候24小时营业，集洗浴、休闲、客房、餐饮、娱乐为一体；地理位置优越，交通便捷，设施设备齐全，装修豪华典雅，是顾客放松身心，体验舒适与健康，享受愉悦与尊崇，进行商务社交和休闲健身的首选之地；是旅客旅游下榻的理想场所；温泉洗浴、桑拿、豪华客房、足道保健、特色西餐、休息厅、茶艺吧，等等，一切为了顾客的需要。酒店致力于提供安全、时尚、绿色、健康的休闲环境；时刻关注每一个服务细节，对顾客做到细致、高效、友好的人性化服务，为每一位宾客提供最优质的服务，营造"宾至如归、家外之家"的感觉。

上海市技术监督局前些年曾经对市内酒店的顾客要求做一调查，调查结果显示，顾客希望酒店为顾客提供方便、安全、卫生、规范、舒适和人性化的服务；为旅客提供的设施、服务项目，价格应规范、清晰、明示；前台的位置要显著，提供接待、问询、结账等服务；应有北京时间的钟表，最好还能免费提供火车、飞机、公交等线路及时刻表；客房、餐厅就餐的价格要明示、合理；要能够寄存行李、托管贵重物品，要有停车场；饮水、厕所等要方便和人性化；要提供所在城市的旅游、特产、超市、银行等信息。顾客就是上帝，顾客的消费需求就是酒店要满足的，酒店不仅仅只管吃住，能否招徕顾客，配套服务非常重要。

第二节　酒店的产生和发展

历史上，由于社会发展的需要，为满足外出人们的吃、喝、睡等赖以生存的基本需要，千百年以前就出现了客栈和酒店。至中世纪后期，随着商业的发展，旅行和贸易兴起，外出的外交官吏、信使、商人、传教士、信徒等激增，对客栈的需求量大增。由于当时的条件所限，交通方式主要是步行、骑马或乘坐驿车，因此，客栈大多设在人行道路边、车马道路边或是驿站附近。早期的客栈是人们聚会并相互交往、交流信息和落脚歇息的地方。最早的客栈设施简陋，仅提供基本食宿，无非是一幢大房子，内有几间房间，每个房间里摆了一些床，旅客们往往挤在一起睡，并没有什么更多的要求。当然，由于服务项目少，服务质量差，也确实没有什么可供消遣。到了15世纪，西方有些客栈已拥有20～30间客房，有些比较好的客栈设有一个酒窖、一个食品室、一个厨房，为客人提供酒水和食品。还有一些客栈已开始美化周围环境状况，房屋前后辟有花园草坪，客栈内有宴会厅和舞厅等，开始向多功能发展。总的来看，当时的客栈声誉差，被认为是赖以糊口谋生的低级行业。当今，作为旅行者之家的酒店，已被人们誉为旅游业的三大支柱之一。现代化的酒店业，是各个国家争相发展的产业，成为拉动消费、GDP增长的支柱行业。在中国的现代化建设中，旅游业及其赖以生存发展的酒店业为国民经济的增长做出了很大的贡献。中国会在学习中吸取国际酒店业先进经营管理和服务经验的同时，继承和发扬中国古代酒店业的悠久历史传统中的精华部分，以其独特的民族风貌，在国际酒店业中赢得信誉。

一、中国古代酒店的形成与发展

中国最原始的酒店史称“逆旅”，起源于两千多年前的尧、舜、禹时期。到夏、商、周时代，有了国家组织，出现了官办的驿馆制度，“馆”字从食从官，意为官办的食宿之地。从那时起，随着经济、农业的发展，中国的酒店业历经客舍、客栈、客店、旅舍、榻房、旅社，直至民国时期出现了旅店、酒店等，规模不断扩大，但基本基于餐饮、住宿。

中国很早就有了设在都城、用于招待宾客的迎宾馆。春秋时期的“诸侯馆”和战国时期的“传舍”，是兼有迎宾馆和使馆功能的酒店。以后几乎历代都分别建有不同规模的迎宾馆，并冠以各种不同的称谓。清末时，此类馆舍正式得名于“迎宾馆”。古代中华各民族的代表和外国使者都曾在“迎宾馆”住过，它成为中外往来的窗口，人们从“迎宾馆”这个小小的窗口，可以看到政治、经济和文化交流的盛况。早期的迎宾馆在宾客的接待规格上，是以来宾的地位和官阶的高低及贡物数量的多少区分的。为了便于主宾对话，宾馆里有翻译，为了料理好宾客的食宿生活，宾馆里有厨师和服务人员。此外，宾馆还有华丽的卧榻以及其他用具和设备。宾客到达建于都城的迎宾馆之前，为便于热情接待，在宾客到达的地方和通向都城的途中均设有地方馆舍，以供歇息。宾客到达迎宾馆后，更是受到隆重接待。如使团抵达时，还受到有关官员和士兵的列队欢迎。为了尊重宾客的风俗习惯，使他们的食宿生活愉快，迎宾馆在馆舍的建制上还实行一国一馆的制度。

我国早期迎宾馆原为政府招待使者的馆舍，但是，随同各路使者而来的还有一些商客，他们是各路使团成员的一部分。他们从遥远的地方带来各种各样的货物，到繁华的都城做交易，然后将土特产运回出售，繁荣了经济。我国早期迎宾馆在当时的国内外政治、经济、文化交流中，是不可缺少的官方接待设施，它为国内外使者和商人提供了精美的饮食和优良的住宿设备。迎宾馆的接待人员遵从当时政府的指令，对各路使者待之以礼，服务殷勤，使他们在中国迎宾馆生活得舒适而愉快。翻译是迎宾馆的重要工作人员，我国早期这种宾馆的设置，培养了一代又一代精通各种语言文字的翻译，留下了一本又一本的翻译书籍，丰富了中国古代文化史。

（一）古老的旅馆——驿站

1. 产生与发展

据历史记载，中国最古老的一种官方住宿设施是驿站。在古代，只有简陋的通讯工具，统治者政令的下达，各级政府间公文的传递，以及各地区之间的书信往来等，都要靠专人递送。历代政府为了有效地实施统治，必须保持信息畅通，因此一直沿袭了这种驿传制度，与这种制度相适应的为信使提供的住宿设施应运而生，这便是闻名于世的中国古代驿站。从商代中期到清光绪二十二年(1896)止，驿站竟长存三千余年，这是中国最古老的旅馆。

中国古代驿站在其存在的漫长岁月里，由于朝代的更迭、政令的变化、疆域的展缩以及交通的疏塞等原因，其存在的形式和名称都出现了复杂的情况。驿站虽然源于驿传交通制度，初创时的本意是专门接待信使的住宿设施，但后来却与其他公务人员和民间旅行者发生了千丝万缕的联系。驿站这一名称，有时专指其初创时的官方住宿设施，有时则又包括了民间旅舍。

远在商代，我国已有驿传，周代已有平整的驿道。西周时在国郊及田野的道路两旁通常栽种树木以指示道路的所在，沿路十里有庐，备有饮食；三十里有宿，筑有路室；五十里有市，设有候馆，这些都是为了供给过客享用的。以后，驿站还不断变化发展。中国古代驿站的设置与使用，完全处于历代政府的直接管理之下。

2. 驿站的符验簿记制度

为防止发生意外，历代政府均明文规定：过往人员到驿站投宿，必须持有官方旅行凭证。战国时，“节”是投宿驿站的官方旅行凭证(使者因此也称为“使节”)。汉代，“木牍”和“符券”是旅行往来的信物。至唐代，“节”和“符券”被“过所”和“驿券”取而代之。在旅行出示凭证的同时，驿站管理人员还要执行簿记制度，大约相当于后世的宾客登记制度。

3. 驿站的饮食供给制度

中国古代社会是一个实行严格的等级制度的社会，公差人员来到驿站，驿站管理人员便根据来者的身份，按照朝廷的有关规定供给饮食。为了保证对公差人员的饮食供应，驿站除了配备相当数量的厨师及服务人员以外，还备有炊具、餐具和酒器。驿站的这种饮食供应制度，被历代统治者传承袭用。

4. 驿站的交通供应制度

为了保证出差人员按时到达目的地和不误公事，历代政府还根据官的等级制定了驿站的交通工具供给制度，为各级公差人员提供数量不等的车、马等。我国古代的驿站制度曾先后被邻近国家所效仿，并受到外国旅行家的赞扬。中世纪世界著名旅行家，摩洛哥人伊本·白图泰在他的游记中写道：中国的驿站制度好极了，只要携带证明，沿路都有住宿之处，且有士卒保护，既方便又安全。

（二）市井酒店的产生和发展

1. 市井酒店的出现

古人对旅途中休憩食宿处所的泛称是"逆旅"。以后"逆旅"成为古人对酒店的书面称谓。西周时期，投宿逆旅的人皆是当时的政界要人，补充了官办"馆舍"之不足。到了战国时期，中国古代的商品经济进入了一个突飞猛进的发展时期，工商业愈来愈多，进行远程贸易的商人已经多有所见。一些位于交通运输要道和商贸聚散的枢纽地点的城邑，逐渐发展为繁盛的商业中心，于是，市井酒店在发达的商业交通的推动下，进一步发展为遍布全国的大规模的酒店业了。

2. 早期市井酒店的出现与发展

我国早期的城市还未与商业活动发生紧密联系，也就不可能有城市民间酒店的出现。后来，城邑内开始有了商业交换活动，这标志着兼有政治统治、军事防御与经济活动三者功能的城市开始出现。随着商业交换活动的活跃和扩大，城市功能不断衍变。自汉代以后，不少城市逐渐发展为商业大都会，这导致了城市结构及其管理缺席的变革，而中国古代的民间酒店，正是在这种历史背景下逐渐进入城市的。中国古代民间酒店在隋唐时虽然较多地在城市里面出现了，但是，却由于受封建政府坊市管理制度的约束而不能自由发展。在这种制度下开办的城市客店，不但使投宿者感到极大的不便，而且也束缚了客店业务的开展。到了北宋时期，随着商品经济的高涨，自古相沿的坊市制度终于被取消了，于是，包括客店在内的各种店铺，争先朝着街面开放，并散布于城郭各繁华地区。

我国早期的民间酒店的大发展，使它在早期城市建设中逐渐有了一定的地位，并与城市人口发生了密切的关系。城市人口的结构，一般由固定人口与流动人口两部分构成，流动人口中的很大一部分，是在城市旅馆居住的各地客人，自中国城市出现旅馆以来，这些客人主要是往来于全国各地的商人，以及游历天下的文人、官吏等。居于旅馆的客商，除了作为城市流动人口的主要部分以外，其中的不少客商还在当地娶妻生子，从而变为城市固定人口的一部分。

（三）早期旅馆的管理

在中国长期的封建社会中，一切都在王制的统治和干涉下，酒店和酒店业当然也不例外。特别是进入封建社会以后，酒店作为流动人口的一个居停处所，实是“五方杂处”。同时，酒店的税收在历代政府的财政收入中是必不可少的一笔款项，因此中国历代政府都很重视对酒店的管理。

1. 住宿制度

远在战国时期，旅客住店就要按照政府颁布的住宿制度办理住宿手续。商鞅变法中有关酒店接待客人要查验旅行凭证，否则店主连坐的律令，是中国最早的酒店住宿制度。在坚持查验旅客旅行凭证的同时，还有住宿登记制度。到元代时，客来登记、客走销簿的住宿制度在全国各地已普遍实施。历代官府对旅馆住宿制度都有严格的规定和管理，其目的往往是一箭双雕：限制人员流通，把百姓牢牢捆绑在土地上；保护本国的政治、军事秘密使其不至于泄露。

2. 纳税制度

封建政府从很早的时候起，就颁布了向酒店征税的制度，到南北朝时，向酒店征税已是政府财政收入的一个来源，并且是以商业税的形式向酒店征收的。当时已实行店舍分等课税的办法，如有的将店舍分为五等，“收税有差”。但历代真正纳税的，主要还是没有门路的中小酒店商，而拥有大量财物和酒店的王公贵族，则享有免税权。

（四）中国古代旅馆的特点

中国早期旅馆在漫长的发展过程中，受政治、经济、文化诸因素的制约，以及来自域外的各种文化的影响，逐渐形成了自己的特点。

1. 建筑特点

“便于投宿”是中国早期旅馆重要的建馆思想。早期旅馆除了坐落在城市的一定地区以外，还坐落在交通要道和商旅往来的码头附近，此外，亦常坐落在名山胜境附近。在重视选择坐落方位的同时，还注意选择和美化旅馆的周围环境，许多旅馆的前前后后，多栽绿柳花草以为美化。中国早期旅馆也同当时的其他建筑一样，受封建等级制度和宫室制度的制约。在这些制度的制约下，依据开办者的身份、财力和接待对象的不同，在建筑规模和布局上出现了差别。由官府或达官贵人出资建造的旅馆，豪华富丽，颇具清幽的园林风格。由中小商人经营的酒店，其建筑用料及规模均较官府或达官贵人建造的旅馆逊色。旅馆的建筑式样和布局还因地而异，具有浓厚的地方色彩。

【相关链接】

中国古代旅馆规模较小，以低层木构为主，因地制宜，吸取当地民居形式与特点。北方为四合院，门口设马厩，北房大通铺客房，二侧为接待、服务用房。南方的旅馆常是前店后院、几进天井，客房、休息客堂均环绕天井布置。四川有的旅馆的布局是前茶馆、后客店，上部阁楼贮物，客房围着两个天井，中间为休息厅。许多旅馆都依势借景，结合庭园绿化，布局活泼，使咫尺天地再现自然风光，可供客人欣赏。

会馆是中国古代旅馆中特殊的一种，是由特殊人群(例如同一地区的经商者)针对自己同乡开办的旅馆。北京的绍兴会馆、河南各地的山陕会馆就是其中的突出代表。会馆是中国城市公共建筑的一种，拥有会场、剧场、宴会厅，并具有办公和居住等功能的建筑群。会馆分为同乡会馆和行业会馆两类。前者为客居外地的同乡人提供聚会、联络和居住的处所；后者是商业、手工业行会会商和办事的处所。会馆大多建于首都、省会和商业、手工业发达的城市。清末(公元1840—1911年)，北京宣武门外有会馆百余处。这种建筑在明清之际已经定型。

同乡会馆的建筑形式大致同大型住宅相似，有些就是大型住宅改建而成的。为维系乡谊，多在正厅或专辟一室为祠堂，供奉乡贤。正厅为同乡聚会宴饮之处，其余房屋供同乡借居。有的大会馆设有学塾，供同乡子弟入学。清代北京的一些省级会馆规模很大，建有戏楼。如江西会馆、奉天会馆、四川会馆和现存的湖广会馆等。

行业会馆与同乡会馆风格不同，但总体布置仍近似住宅建筑。馆内多供有这个行业的祖师或神话故事中的人物。有演戏酬神用的戏台，或独立建造，或建在大门背面上层。观众席设在正厅、厢楼或庭院中，有的还在庭院上空加建棚盖。为夸耀本行业的兴盛富裕，行业会馆多讲究装饰，常用繁复雕刻和金彩装饰。会馆建筑也是中国建筑艺术的表现形式之一，到现代，借鉴西方建筑的特点，逐渐发展成为宾馆、酒店等现代建筑。

2. 经营特点

中国早期酒店的经营者，十分注重商招在开展业务中的宣传作用，酒店门前多挂有灯笼幌子以为商招，使行路人从很远的地方便可知道前面有下榻的酒店。在字号上，北宋以前，民间酒店多以姓氏或地名冠其店名。宋代，酒店开始出现富于文学色彩的店名。在客房的经营上，宋元时代的酒店已分等经营。至明代，民营客店的客房已分为三等。在房金的收取上，当时有的酒店还允许赊欠。在经营范围上，食宿合一是中国古代酒店的一个经营传统。酒店除了向客人提供住宿设施外，还向客人出售饮食。在经营作为上，以貌取人、唯利是图是封建时代酒店经营的明显特点。

3. 古代旅馆接待服务特点

在接待服务上，我国早期旅馆与世界旅馆史上的大酒店时期的西方旅馆相比较，有着极其浓厚的民族特色。

在中国，"宾至如归"是客人衡量旅馆接待服务水平的标准，也是旅馆开办者经营的目标。中国自古以来就流传"在家千日好，出门一时难"，说明古代中国人对旅馆要求的标准，往往是以"家"的概念来对比衡量的，不求多么豪华舒适，但愿方便自然。由此，也派生出了中国古代旅馆在接待服务上的传统。在礼貌待客上，当客人前来投宿时，店小二(服务员)遵循"来的都是客，全凭嘴一张，相逢开口笑，尽量顾周全"的服务原则，总是主动地向客人打招呼。按照当时的社会风俗，分别对不同地位和身份的人给予礼貌的称谓。譬如对富家子弟称"相公"，年长者称"公公"，小官吏称"客官"，军士称"官长"，秀才称"官人"，平民称"大哥"等，全靠服务员的察言观色、以貌取人，具有独到之处。在礼貌待客上，要求店主和店小二不但要眼勤、手勤、嘴勤、腿勤、头脑灵活、动作麻利，而且要"眼观六路、耳听八方、平时心细、遇事不慌"，既要对客人照顾周全，还要具备一定的风土知识和地理知识，能圆满地回答客人可能提出的问题，不使客人失望。

二、中国近现代酒店的兴起与发展

(一) 西式酒店在中国的出现

1840 年第一次鸦片战争以后，随着《南京条约》、《望厦条约》等一系列不平等条约的签订，西方列强纷纷侵入中国，设立租界地、划分势力范围，并在租界地和势力范围内兴办银行、邮政、铁路和各种工矿企业，从而导致了西式酒店的出现。至 1939 年，在北京、上海、广州等 23 个城市中，已有外国资本建造和经营的西式酒店近 80 家。处于发展时期的欧美大酒店和商业旅馆的经营方式，也于同一时期，即 19 世纪中叶至 20 世纪被引进中国。西式酒店的建造与经营方式与中国当时传统酒店相比较，西式酒店规模宏大，装饰华丽，设备趋向豪华和舒适。内部有客房、餐厅、酒吧、舞厅、球房、理发室、会客室、小卖部、电梯等设施。客房内有电灯、电话、暖气，卫生间有冷热水等。西式酒店的经理人员皆来自英、美、法、德等国，有不少在本国接受过旅馆专业的高等教育。客房分等经营，按质论价，是这些西式酒店客房出租上的一大特色，其中又有美国式和欧洲式之别，并有外国旅行社参与负责介绍客人入店和办理其他事项。西式酒店向客人提供的饮食均是西餐，大致有法国菜、德国菜、英美菜、俄国菜等。酒店的餐厅除了向本店宾客供应饮食外,还对外供应各式西餐、承办西式筵席。西式酒店的服务日趋讲究文明礼貌、规范化、标准化。西式酒店是西方列强侵入中国的产物,为其政治、经济、文化侵略服务。但在另一方面,西式酒店的出现客观上对中国近代酒店业起了首开风气的效应,对于中国近代酒店业的发展起了一定的促进作用。

(二) 中西结合式酒店

西式酒店的大量出现,刺激了中国民族资本向酒店业投资。因而从民国开始,各地相继出现了一大批具有"半中半西"风格的新式酒店。这些酒店在建筑式样、设备、服务项目和经营方式上都接受了西式酒店的影响,一改传统的中国酒店大多是庭院式或园林式并且以平房建筑为多的风格特点,多为营造楼房建筑,有的纯粹是西式建筑。中西式酒店不仅在建筑上趋于西化,而且在设备设施、服务项目、经营体制和经营方式上亦受到西式酒店的影响。酒店内高级套间、卫生间、电灯、电话等现代设备,餐厅、舞厅、高档菜肴等应有尽有。饮食上除了中餐以外,还以供应西餐为时尚。这类酒店的经营者和股东,多是银行、铁路、旅馆等企业的联营者。中西式酒店的出现和仿效经营,是西式酒店对近代中国酒店业具有很大影响的一个重要方面,并与中国传统的经营方式形成鲜明对照。从此,输入近代中国的欧美式酒店业的经营观念和方法逐渐中国化,成为中国近代酒店业中引人注目的成分。

(三) 中国现代酒店

我国现代酒店业的发展历史不长,但自开始实行改革开放政策以来,无论是行业规模、设施质量、经营观念还是管理水平,都取得了较快的发展。在发展现代酒店业的过程中,改变了过去全由国家投资的状况,为满足不断发展的国际旅游业和商务的需要,我国采取多渠道的集资形式,利用国家资金、集体资金和引进外资等,改建、扩建和兴建了大批现代化的、不同档次的酒店。

我国现代酒店业在发展过程中吸取了其他行业和国外酒店的先进理论的经验,逐步走上了科学管理的道路,使酒店经济效益有了很大的改善,形成独特的企业风格。同时一批引进外资建造或聘请外方管理的涉外酒店相继开张营业。无论是借用外资建造的酒店,还是合作经营的酒店,在硬件和软件方面对我国其他酒店都起了很好的示范作用,现代化的酒店经营管理经验和高标准的酒店服务,为我国酒店业的发展起到了一定的推动作用,带动了我国酒店业向新的台阶迈进。

酒店管理由事业型向企业型转变,经验管理向科学管理转变,酒店设施和服务日趋完善。改革开放以来,我国的一部分酒店为适应经济领域内的深刻变革和市场经济的需要,由原来的高级招待所具有的以政治接待为主,以完成接待任务为目标,不搞经济核算,不讲经济效果,实行传统的经验管理的特征,逐步开始转变。实现了由事业单位管理向企业管理、从经验管理向科学管理的大转变,以新的姿态和面貌进入国际市场。为适应现代化旅游和商务多元化的发展,满足多类别海内外客人的需求,我国酒店的建筑和设施引进了先进的硬件标准,质量不断提高。同时酒店的设施也向着多功能方向发展。现代大型酒店附设了先进的信息传递设备,如国际直拨电话、传真、电传、闭路电视、文字处理机、卫星转播设备、电脑等;康乐设施,如桑拿浴、保龄球、健身房、按摩、舞厅等;旅游服务设施,如航空公司代理处、旅行服务处、外汇兑换处等;购物设施,如经营旅游纪念品、珠宝等诸多用品的商场。服务规范逐渐完善,服务质量也不断提高,使酒店的管理和服务日趋现代化。

我国现代酒店的发展虽然有了十分可喜的成就,但以国际标准要求,尚存在不少问题。主要突出反映在服务质量上。当然,客观地说,如果要面对我国社会人口素质明显低于发达国家的现实,那么,与我国其他服务行业相比较,酒店的服务质量水平还是遥遥领先的。但由于相当一部分酒店管理者固步自封于某些客观现实,自觉或不自觉地“重硬件、轻软件”,对服务质量采取得过且过的态度,没有真正给予重视和下大力气去抓或抓紧,因此,使得我国酒店业的服务质量在本来就落后于国际酒店业水平的情况下,一些酒店又交替出现不稳定或是“下滑”现象,而房价又在普遍上升,以至于一些海外客人指出:“一些酒店这样的房价我们不是付不起,而是不值。”这些严肃而又中肯的批评,应该引起我们的高度重视。

第三节　酒店业在我国经济发展中的作用和地位

一、酒店业在我国国民经济发展各个阶段的贡献

(一)改革开放之前我国的酒店业:不是真正意义上的商品经济

我国的酒店在20世纪50年代初期没有得到长足的发展,那时间国民经济正处于恢复阶段,建立社会主义公有制经济,经济成分中主导产业的公有化成了当时促进经济发展的主要措施。“文化大革命”中,整个国民经济生产处于一种非正常的状态,各行各业“停工干革命”,把意识形态活动当做社会生活的唯一活动,大

量的“红卫兵”全国大串联，人口流动规模空前宏大，这些人员一般是走到哪里住到哪里、吃到哪里，许多人吃饭、乘车、住店都是免费的，没有为国民经济发展做出任何贡献。大串联结束后，全社会上下都在“割资本主义尾巴”，人员外出要各个单位的证明，否则可能作为“投机倒把”被抓起来。那时的酒店业有点像封建社会的驿站，完全是为了满足官方的行政需求，规模小且水平低，经营好坏都无所谓——员工都是政府发的工资，酒店的“经营”状况与员工工资无关，甚至与酒店所有者的收益无关。

（二）改革开放初期的酒店业：起步时期

从1980年到1988年，是我国改革开放后旅游业，也是酒店业发展的起步阶段。在这个阶段我国酒店业高速发展，从262家迅速增长到1000多家，尽管还存在着种种不足之处，但是这个起步已经相当可观了。由于私人开办酒店还需要办理一系列的手续，许多民间资本没能进入这个行业，在这个行业中，依然是国营酒店占居垄断地位。这个时期的酒店也在满足人员流动需要，满足商品流动需要方面，起到了举足轻重、不可替代的作用。同时还安排了许多社会待业人员，为国民经济的增长拓宽了渠道。

（三）从1988年到1991年的酒店业：阵痛时期

这个阶段由于酒店业的自身发展显现出很强劲的势头和拉动经济增长的强劲动力，由于在安排人员就业、投资少、工作危险度低等方面存在着竞争优势，许多民间资本也迅速进入酒店业这个行业，一时间酒店数目大增，增长速度远远超出市场所需的增长速度。因此酒店业市场呈现出争相压价的恶性竞争局面。初次进入者没有认识到通过提高服务质量来招徕顾客的经营之道，竞争无序地展开着。这一时期实际上是酒店业发展的调整期，调整使人认识到真正的“商道”在于高质量的服务，在于正确的经营理念。

（四）从1991年到1997年：再次起飞

随着国民经济的迅速增长，我国国民人均收入也迅速增长，市场活跃、经济腾飞，人员流动和物资流动都年年创新高。这样，酒店业应运而起，再次迎来一个迅速增长的时期。这一阶段星级酒店数目激增，各个价位的、各个层次的酒店如雨后春笋。据统计，这个时期酒店业以每年新增800家、10万间客房的速度高速增长，市场也由原来的卖方市场转向买方市场。在各个景区，不拘一格的家庭旅馆也纷纷上马，由于规模小，经营灵活，家庭旅馆显示出其因天时地利人和的种种竞争优势，成为酒店业的一批名符其实的黑马。

(五) 从1997年到现在:艰难的旅行

市场经济是社会经济的正常形式,其核心准则有三个:一是公平交易,物有所值;二是诚信交易,相互无欺;三是契约原则,有诺必守。改革开放之初,由于放开经营形式,搞活多种所有制经济,一时间大有"全民皆商"之势。人们调侃中国的经济形势说:"十亿人民九亿商,还有一亿忙开张",毫无疑问,这是建设社会主义市场经济的"大跃进"。因为没有充分的市场经济生产发育,全民皆商使得人人都在遵守着自己的准则:欺诈消费者、不守诚信、不践诺,弄得假冒伪劣盛行,几乎成了"中国制造"的代名词。更有甚者,制造毒饺子、毒奶粉、毒豆芽、假鸡蛋,等等。中国的奶业已经为其行业中存在的欺诈行为付出了惨重的代价,但是其他行业还不能引以为戒,其中包括酒店业。1997年至今的酒店业已经有了更大的发展,但不公平、不讲诚信、欺客宰客的行为还普遍存在,这当然制约着这个行业的发展。在一些景区,酒店依仗着自己的地利,任意宰客,坑蒙拐骗,不指望这些客人做"回头客"。竞争中通过不正当手段,迅速调高自己酒店的星级,挂一张更高级别的酒店牌子,就可以提高房价,丝毫不提高服务质量。相比较而言,这些不符合商业规则的行为,在酒店相对稀少的地方更为严重。

这一阶段酒店业的发展体现为:酒店绝对数目的大幅度增长;分布更为合理,遍布城乡各处;星级酒店大幅度增长,也带动了酒店业的评级制度;家庭旅馆、钟点房等便民、利民的酒店纷纷出现,满足了不同消费需求的旅客需要;网上预定酒店,网上搜索酒店,互联网成了促进酒店消费的强有力的推手;快捷酒店的连锁经营可以调剂房源,使得酒店业经营更为经济合理。

二、现阶段我国国民经济中酒店业的地位和贡献

在改革开放后三十多年的学习和摸索之中,中国的酒店业不断发展、成熟,并随着国民经济的发展和国民消费需求的不断升级和分化,创造了辉煌的业绩,为GDP总量的增长做出了突出的贡献。

(一) 酒店业和国民经济增长的关联度

在国民经济保持持续增长的态势下,一般认为酒店经营市场周期与宏观基本面联系是0.914的关联度,GDP上涨10%,酒店业绩上升9.14%,供给随之增加。因此,酒店这个与内需有关的消费领域会有一个较快的增长。据统计:2006—2010年的"十一五"期间,中国国内生产总值年均增长率达11.2%,在此期间,30个城市中合肥、西安、天津和武汉增长率位居前列。与此对应的是,这几个城市的

国际品牌酒店客房供给量复合增长率分别是:38%、10%、27%、13%。

(二)产业政策向第三产业倾斜,服务业、旅游业发展推动酒店业发展

国民经济各个行业中,以服务产业为主的第三产业较其他产业更能够产生较多的商务旅游需求,尤其是金融服务业和商务服务业,差旅需求更大。预计至2015年,国内生产总值年均增长7%,"十二五"规划中明确提出:把推动服务业大发展作为产业结构优化升级的战略重点,至2015年服务业增加值比重增加4个百分点达47%。贵阳、济南、西安、武汉、哈尔滨、南京等城市的第三产业所占比重较大,苏州、天津、宁波、合肥等城市第三产业发展迅速,这些城市的发展将进一步扩大商旅住宿需求。

由于第三产业的迅速发展,旅游业的行业地位和GDP占比将得到前所未有的提高。2010年中国旅游收入总额为1.57万亿人民币,同比2009年增长21.7%。据世界旅游组织预测,到2015年,中国将成为世界第一大入境旅游接待国和第四大出境旅游客源国。从2011年到2015年,旅游业总收入的年均计划增速为10%,高于5年中全国GDP年均增速7%。与此同时,愈加完善的交通网络无疑将使城市间商务和旅游活动更加密切,也必将带动酒店需求的增长。

(三)可以预见的促进酒店业增长的因素

随着世界经济一体化进程不断加快,中国越来越成为国际旅游的有机组成部分,一系列友好外交活动都有效地推动着国际旅游区域合作的发展。同样,中国旅游业受国际影响越来越大,国际市场的风吹草动很快会波及中国。而从国内的社会环境来说,城镇化、老龄化趋势增强,人口增速是基本趋势。国民受教育程度提高,人口素质提升,加上随着休假制度的调整,特别是带薪休假逐步落实,国民休闲时间会进一步增多,也会更加关注生活品质,消费也将更理性。

在这样的宏观条件下,中国酒店业在供应大幅增长的情况下盈利较好。

三、中国酒店业发展现状

(一)高档星级酒店

据中研普华《2012—2016年中国宾馆酒店行业深度调研及前景咨询报告》显示,2012年1月中国酒店业协会公布了最新的五星级酒店名录,共计660家,分布在31个省市自治区(除中国台湾未列入外,所有省市自治区均已有五星级酒店)。除了这660家挂牌五星级酒店外,各地待建、在建及刚建完的按照五星级标准设

计的酒店项目约有500家。据统计，过去3年全国星级酒店数量整体年均增长率为6%，而五星级酒店数量的年均增长率超过15%，远超中国GDP的增速，尤其是在近几年全球经济处于整体低靡的情况下逆市上扬。而与五星级酒店数量快速增长相对的则是略显低靡的市场行情，2011年前9个月，中国大陆酒店的入住率是61%，亚洲最低；2011年酒店行业的平均离职率约为29.1%，比上一年上升了近5个百分点；还有众多高星级酒店被摘星。种种数据反映的问题，具体如下：

1. 国际联号品牌扎堆中国高档酒店

目前我国700余家五星级酒店，其中20%为奢华酒店。这些高档酒店的业主基本上都属于中国投资人，但国内投资商所建造的奢华酒店的运营管理几乎为国际奢华酒店品牌所独享。世界排名前十的国际酒店管理集团均已进入中国市场，而且在未来几年，国际酒店管理集团管理的酒店数量还将迅速增加。

2. 中国本土高档酒店品牌意识开始觉醒

一直以来，国内的酒店品牌多定位为中低档，仅满足一般的旅游住宿需求，其文化附加价值更是很少被充分挖掘。现在这种情况慢慢出现了变化，首旅集团推出号称第一个属于中国人自己的奢华酒店品牌"诺金"。万达紧随其后，已开业28家五星级酒店，并且计划到2015年开业70家五星级和超五星级酒店，营业面积170万m^2，已与凯悦、希尔顿、雅高、喜达屋、洲际等15个品牌建立管理关系。越来越多的本土旅游企业和地产集团开始发力打造自己的酒店品牌，安麓、诺金、谭阁美、唐拉雅秀、JHotel、万达瑞华、万达文华、万达嘉华、铂瑞、铂骊，等等，这些暂时还相对陌生的品牌名字开始陆续出现，这也意味着中国本土高档酒店品牌意识开始觉醒、萌芽。

3. 中国房地产的迅猛发展带动高档酒店建设

部分房地产开发商在开发土地的过程中，常会建设高星级酒店以提高整个楼盘档次，从而提高周边写字楼和住宅的营销均价，万达、恒大、绿地等都是典型的例子。另外，房地产的快速发展所带来的地皮增值也是高档酒店快速发展的原因之一，如丽思·卡尔顿当年声称带动周边地价上升25%到30%，业主经营几年后把酒店整体出售往往可以获取不菲的经济效益，导致许多业外资本，主要是房地产行业资本、房地产投资基金等财务投资者，纷纷进入中国的酒店业。房地产开发商可以把企业所得转化为酒店的固定资产投资以减少税款，可以从银行或基金拿到大额贷款，同时酒店每天能够产生较大的现金流。

4. 国内高档星级酒店利润率偏低

由于人口红利的减少，能耗成本上升、平均房价相对国际品牌偏低，无序发展导致高密度分布从而出现恶性竞争，同时许多酒店需要支付给国外管理公司高昂的管理费用，这一切都造成企业成本高，盈利能力不足。据华美酒店顾问机构首席知识官赵焕焱调查,中国星级酒店 2009 年全行业亏损亿元,2010 年进行统计的 11781 家星级酒店利润总额仅为 50.6972071 亿元,甚至呈现出星级越高盈利能力越弱的怪圈,国内品牌五星级酒店的经营深处泥潭,如何提高国内品牌酒店集团的快速发展已经成为中国酒店业的当务之急。

(二) 中档商务酒店

1. 中档商务酒店缺少有影响力的连锁品牌

中国旅游研究院研究数据显示,2011 年中国全部三星级、四星级档次酒店超过 4 万家,而其中中档连锁酒店约为 800 家,仅占市场的 2%。市场竞争主体由大量传统单体酒店构成,市场品牌分散,集中度极低,中档连锁存在巨大的成长与整合空间。

2. 商务活动的兴旺加快了中档商务酒店的发展进程

统计分析显示,中国每年的商务旅行支出高达 103 亿美元,约占亚洲商务旅行市场的 17%。中国可能于 2020 年超过美国而成为世界第一大商务旅行目的地,2020 年我国将吸引 1.37 亿海外商务旅行者,占全世界海外商务旅行者总数的 8.6%。可见,我国正在成为全球商务旅游消费的重要市场之一。日理万机的商务客相对旅游客来说,对酒店的选择更挑剔,但同时也愿意为服务支付高价格,但是二三线城市大多缺少品牌酒店,本土酒店更多的是面向低端客户,服务并不能满足顾客的品质需求。巨大的市场空间,对酒店提出了新的发展要求,即填充市场不足,提高酒店品质,为海内外八方来客提供标准化、干净、温馨、舒适、贴心的酒店住宿产品和服务。

3. 地区发展不平衡,商旅服务专业化经营程度不高

中国商务旅游在地区及城市间的发展呈现不平衡的特点。整个市场的格局演变为:以上海为首的东部城市商务旅游发展异常迅猛,占据了市场的主要位置;南部城市在坚持原先定位的基础上继续稳步发展;而西部、北部、中部的发展却未有过多变化,目前大多以省和直辖市为主要发展范围,扎根本土,近距离连锁。我国的商务旅游市场形成较晚,目前绝大多数的旅行社还没有真正能够做到像国外的运通等企业那样提供专业化的商务旅游服务,仅仅停留在代买机票、预订酒店等表面层次。在专业人才培养、营销策略、经营理念和客源网络上与国际知名商旅企业之间还存在相当大的差距。

(三) 经济型酒店

1. 经济型酒店扩张时重数量,轻品质,损害品牌形象

云南 2013 年的一个抽查显示,10 家快捷酒店的床单、毛巾仅 1 家合格。这个数据能反映快捷酒店的乱象。然而随着市场竞争激烈程度的加深,不少酒店只顾跑马圈地、扩大规模,而没有想方设法改善服务争取顾客。如此得到的结果,只会是品质不断下降,品牌形象越来越差,得不到消费者的信任。快速开店旨在提高效益的做法,不仅没有达到预期的盈利,反而稀释了酒店的管理能力,降低酒店在安全、服务等方面的投入力度,给经济型酒店的长远发展埋下隐患,短视必将带来品牌的覆灭。

2. 合租物业制约经济型酒店发展

经济型酒店在扩张时往往会选择在一些综合型建筑物内租赁其中几个楼层,酒店的楼上或楼下是餐饮或娱乐业,这种综合型建筑往往存在安全隐患。合租物业已成为国内经济型酒店的常态,一方面是因为适合开设酒店的独栋物业越来越少,租金也不断上涨。另一方面,经济型酒店即便租下了整栋物业,如果物业面积较大酒店自身难以消化,通常也会分租一部分物业给其他单位经营。这种方式,不但安全隐患大,并且在今后谈判中没有主动权。当租金上涨或者物业出现其他事件或纠纷时,酒店就会陷入非常被动的局面。

(四)中国酒店业未来发展趋势和战略

1. 各类型酒店将逐步走向集团化和连锁经营的模式

中国酒店业的整体规模已经非常庞大,但从酒店数量看,中国酒店业集团化管理比例仅为9.7%(美国和欧洲分别占80%和50%),绝大多数还是处于单体经营的方式。随着酒店集团的规模逐步扩大,酒店集团的经营优势也在进一步扩大,使得单体酒店的经营越来越困难,又反过来促进这些单体酒店加入到连锁经营中来。

一方面国内品牌酒店集团的发展速度开始加快;另一方面国际品牌酒店集团从专注于一线城市开始转向国内二三线城市,加快了全国布局的速度,国际品牌酒店在华房间数量在2008—2013年年均增长62%,某预测机构的数据是,2013年,中国最大的30个城市中,国际连锁酒店的数量又增加52%。一言概之,中国酒店业将迎来集团化、连锁化发展的新时期,许多微小的企业将在这次大浪淘沙过程中被兼并、重组,形成庞大的酒店管理集团,整个酒店业市场将重新洗牌。

2. 品牌建设将被提升到战略高度

随着酒店集团化的快速发展,品牌的重要性也日趋凸显,因此品牌建设将成为战略发展计划中的一部分。品牌是酒店争取市场份额的必备条件,也是酒店在竞争环境中追求差异化的重要手段。各国内品牌酒店尤其是酒店集团要重视品牌推广工作,推广方面的投入,要着眼于长期的社会效益和经济利益,而不应着眼于眼前的经济利益,提升自身的品牌价值,才能够更多地参与到与国际品牌酒店的竞争中去。

目前，中国本土酒店集团的企业品牌和产品品牌混淆，必须按照市场定位细分品牌系列；必须按照管理的原则重视和落实品牌的设计、营销、维护、推广等。我们要重视品牌研究和文化特色的研究，重视本土品牌的培育，争取有更多本土品牌的知名企业崛起于世界企业之林。

3. 各酒店集团从多元化逐渐回归到专业化经营

全球的酒店集团几乎都是专业化经营，而中国的酒店集团都是多元化经营。酒店企业的专业化经营有两层含义：一是指单体酒店通过细分市场形成专业化的酒店或专业化的酒店产品；二是指酒店企业集团的主营业务的专业化经营。对于单体酒店来说，专业化经营是克服产品雷同而导致的价格恶性竞争，通过差异化和经营特色来开拓或扩大市场。从全球《财富》500 强的淘汰率来看，多元化的管理原则已经落后。20 世纪 80 年代开始，多数企业又回到专业化的道路上，而恰在这时，我国有许多企业向多元化方向发展，失败率高达 90%。在今后的发展过程中，各企业将回归到专业化经营的道路上，或者只涉及紧密相关的上下游产业。

4. 营销手段越来越多样化

随着各种新媒体的快速发展，酒店的市场营销手段也日趋多样化，有机构预测到 2016 年，50%的旅游企业将把社会媒体作为获得收入和预订的一种方式，目前基于微博平台的微预订已经逐步成为各个酒店一种新的预订渠道，酒店集团或者酒店在社会媒体上投入的市场营销费用也逐年增多。相信随着社会媒体的影响力逐渐加大，酒店与社会媒体之间的联系将越来越紧密，酒店的传统市场营销手段与社会媒体的联系也将越来越紧密，社会媒体的应用将进一步丰富酒店的市场营销手段，互联网将成为酒店营销的最大平台。

5. 着重从内部提拔中高层管理人员

酒店业的迅速发展使得对中高层管理人员的需求不断扩大，但是由于中国酒店教育体制与行业的发展严重脱节，再加上酒店行业对实践工作经历的要求，使得酒店中高端人才的培养严重滞后，严重影响到了酒店整体的管理品质。随着招聘工作越来越难，各酒店将会更为注重基层员工的培养与提拔，打通多通路的上升通道，建立属于自己的人才培养机制，培养基层管理人员、中层管理人员和高层管理人员，确保各层级人员对酒店经营情况的熟悉程度以及忠诚度。

在激烈的市场竞争中，各酒店企业将会迎来不同的发展机遇，有的企业家抓得住机会，有的企业将错失良机。或许一部分被淘汰出局，或许一部分实施精品战略，或许一部分尝试新的业态，或许一部分由其他行业转入，他们如同百花盛开在春日，但能在枝头笑沐春风的，总是那些拥有自己独特魅力和美的企业。在市场的不断锤炼淘洗下，那些充满激情、勇于创新、坚持原则的企业被留下来，他们将不断为中国酒店业注入新的活力。

第二章

酒店管理理念

管理是决定酒店全局和发展的关键，因此，管理理念也称为发展理念。酒店管理人员，尤其是高层管理人员，要有长远的管理思想，把注意力集中在酒店未来发展的重大决策上。立足当前，面向未来，确立酒店的管理经营思想和管理经营目标。

一、树立全局意识

酒店以实现经济效益为目的。在市场竞争中，酒店管理者应具备全局观念，既按照市场规律制定酒店的经营计划，又自觉地遵守国家的宏观调控。

酒店上至高层决策者，下至基层服务员，都应树立全局意识。高层管理者由于岗位的原因，在全局意识方面比基层员工更重要。酒店应着重培养基层员工的全局意识，树立为酒店整体发展服务的思想。"以酒店为家、以员工为亲人"也是大局意识的表现。酒店每位员工都应为酒店的整体发展贡献自己的力量。无论是前台服务人员，还是后台工作人员，都应把酒店的发展放在第一位，不能过分强调个人利益，防止部门"本位主义"思想。

二、具备前瞻意识

随着国际酒店业竞争的加剧和酒店业自身存在超前性的特点，酒店管理者应时刻保持与国际接轨，第一时间将国际上最先进的软件、硬件转化为本企业发展的生产资料。同时，还应积极研发、自主创新，实现酒店在各方面的突破，保证酒店绝大多数员工能够接受先进思想、理念、技巧及能力的培训，提高酒店的整体竞争力。

三、紧扣市场观念

树立市场观念是使酒店管理者充分了解市场，积极面对市场竞争，并努力开发市场。充分了解市场就是要了解国内外酒店业的管理水平和服务水平、竞争对手的情况、市场需求等。面向市场是观察并总结市场变化的规律，把握市场发展和变化动向，做到酒店营销与市场需求相适应。同时，积极参与市场竞争，以取得最大的经济效益。开发市场要努力发掘新市场、新产品，并引导新的消费需求。

（一）充分了解市场

酒店要在激烈的市场竞争中生存下来，就要对环境进行充分了解和分析，了解国内外酒店业的变化规律，把握发展趋势，掌握最先进的管理和服务。对竞争对手的数量、实力、发展方向及动态进行深入了解，对市场的普遍性和个性需求进行分析，把握市场需求和变化规律，在激烈的市场竞争中取得一席之地。

（二）积极面向市场

对市场需求的把握才是市场理念的精华，酒店经营效益的实现最终以满足市场需求为前提。市场需求的分析主要是对消费规模、消费能力、需求动向、风俗习惯以及消费结构等进行分析，通过提供适销对路的酒店产品满足市场需求。

（三）努力开发新市场

不断开发新市场不仅是对酒店经营管理提出的要求，也是市场经济发展的内在动力。明智的酒店管理者对“如何将蛋糕做大”比“如何将蛋糕分得更均匀”更钟情。新市场的开发首先是开发尚未满足的酒店市场，酒店管理者应创造各种条件满足这类市场的需求。其次是开发尚未开发的市场，酒店管理者应积极进行引导，倡导新型消费，生产新产品，满足新需求。

三、人本理念

人本理念就是在酒店管理中坚持以人为本。强调员工与员工、员工与客人之间要和谐、尊重、理解和支持。人本理念对于酒店管理有特殊的意义。一方面，酒店效益通过客人的认同来实现，酒店经营管理中强调“宾至如归”也是人本理念的体现；另一方面，员工是酒店的重要资源，酒店应尊重员工、理解员工、爱护员工、体贴员工，充分发挥员工工作的创造性和积极性，对员工进行人性化管理。

（一）树立"宾客至上"的意识

酒店效益如何，取决于客源状况，所以，酒店必须树立"客人就是上帝""客人永远是正确的"等服务理念。这就要求酒店管理者要认真分析客人的需求，根据客人的需求提供适销对路的酒店产品。酒店不仅要满足客人的现实需求，还要努力挖掘并满足客人的潜在需求。在不断满足客人需求的同时，提升酒店的整体形象，保证酒店稳定的客源。

（二）树立"员工第一"的意识

员工是酒店产品的主要生产者，产品质量主要取决于员工的素质。员工素质是酒店拥有稳定客源的重要保证。"没有满意的员工，就没有满意的客人"成为酒店管理的重要思想。这要求在酒店管理中，把员工的利益放在第一位，建立以人为本的管理制度，为员工创造良好的工作环境。对员工负责，把员工的个人发展同企业的发展密切联系起来，解决员工的后顾之忧，实现员工在酒店的主人翁地位。

"宾客至上"与"员工第一"并不矛盾，是一个事物的两个方面，二者相辅相成。酒店在经营上要坚持"宾客至上"，在管理中实施"员工第一"。

四、服务理念

服务是酒店产品的重要组成部分。由于酒店产品具有生产与消费同步进行的特点，客观上要求酒店产品的质量必须保持稳定的水平，因为产品一旦出现问题就很难补救。这既充分显示酒店服务的独特性，也说明了强化服务理念的重要性。

（一）强化质量意识

酒店要牢固树立服务质量是酒店生命线的思想。酒店要建立强有力的质量保障体系，制定和执行质量目标、标准和服务规程。严格按照操作规程进行生产，保证最大限度地满足客人的需求。树立全员服务质量意识，全方位、全过程、全员参与酒店服务质量与生产。

（二）专业化意识

随着酒店生产力的发展，市场竞争的加剧，市场细分越来越细。酒店作为劳动密集型的企业，专业化发展方向和专业化意识也越来越强。首先，高科技的应用，使得酒店在设备设施的使用维护和管理上需要专业化的员工队伍。其次，酒店管理、酒店营销、酒店服务、酒店培训等酒店管理的内容越来越细，专业酒店管理公司、专业酒店策划、专业酒店培训机构的设立，表现出专业化的趋势。所以，酒店经营管理中应该越来越重视树立专业化意识。

五、竞争理念

酒店竞争体现在理念竞争、管理竞争、服务竞争、人才竞争、技术竞争、价格竞争、文化竞争和品牌竞争等方面。竞争是市场经济发展的必然结果，可以使酒店资源得到优化配置。

（一）树立理性竞争理念

从竞争的发展态势上看，竞争可以分为价格竞争和非价格竞争。树立理性竞争理念就是对竞争态势进行科学地把握。价格竞争是围绕酒店价格这一市场要素展开竞争，往往出现降价竞争这种低水平的原始竞争。随着理性竞争理念的出现，价格竞争渐渐过渡到了质量竞争、服务竞争、环境竞争、文化竞争，最终会上升到高层次的形式——品牌竞争，即酒店综合实力的竞争。

（二）共赢理念

共赢理念是指酒店在开展积极竞争的同时，寻求酒店与酒店、酒店与相关企业的合作，实现双方或多方的共赢。共赢理念也是竞争的最高追求。如当酒店超额预定而又无法满足时，把客人介绍到同地区其他酒店的做法就是共赢的一般表现，实现酒店和客人共赢。在竞争中寻求共赢，在共赢中展开竞争，形成了市场竞争的良性循环。

六、创新理念

创新是一种思想及在这种思想指导下的实践。把创新理念融入现代酒店管理中，是酒店发展的必然要求。酒店业的发展是一个不断创新的过程，创新是酒店发展的内在要求。酒店管理者只有在观念上不断创新，才可能进行组织创新、制度创新、目标创新、技术创新、结构创新、环境创新以及文化创新，才会在不断发展中寻求一条适合自身的发展之路，保证组织目标的实现。

七、品牌理念

随着市场经济的深入发展，竞争日益激烈。酒店及其产品如何树立形象，保持稳定的市场需求和竞争优势，树立品牌意识，品牌营销是一条行之有效的方法。

在消费者需求日益多元化、个性化、理性化的情况下，品牌营销也越来越重要。酒店品牌的树立，对客人的消费偏好、酒店的感情和品牌的忠诚度大大提高。酒店经营可以通过硬件和软件两个方面的建设来树立品牌效应。硬件方面包括酒店标识、建筑物、色彩、装饰等；软件方面包括酒店管理、服务、理念、文化等。

名牌产品通过对品牌产品的成功经营实现。名牌的优势集中表现在酒店以其良好的形象开展营销，同时，稳定的客源、忠诚的客人以及稳定的产品分销渠道，都是名牌酒店的优势。作为非基本消费的酒店产品，客人对酒店产品属于高层次的需求，所以，在选择酒店时，享受性、炫耀性成为影响客人的重要因素。而名牌酒店无论是从硬件还是软件都可以满足客人此方面的需求。所以，名牌意识是酒店品牌经营高层次的实现。

八、风险理念

酒店管理的决策和计划都是针对未来一段时期的预计性规划，存在一定的风险。虽然酒店可以通过市场预测，运用各种数据模型和科学的分析方法，将这种风险降到最低，但是，毕竟存在经营风险。如果对风险的把握出现失误，可能出现无法挽回的局面。酒店是独立的经营实体，实行自主经营、独立核算、自负盈亏，承担一定的经营风险。酒店产品为非生活必需品，一方面具有较大的需求弹性，另一方面由于酒店产品的非专利性特点，使得酒店产品具有很强的替代性。因此，酒店要时刻保持经营风险意识，采取一切合理的方法，使风险降到最低限度。

在酒店这个“微型社会”中，随时都有可能导致各种安全事故的发生。同时，由于酒店经营涉外性的特点，国内外的安全事件如恐怖袭击、流行疾病等，都可能对酒店经营造成影响。所以，酒店安全意识绝不可松懈。

九、法治理念

市场经济为酒店的自主经营提供了广阔的发展空间，但是，酒店在经营过程中必须认真学习、掌握和执行国家有关的方针政策和法律法规，认真执行合同法、公司法、价格法、劳动法、反不正当竞争法、消费者权益保护法等，规范经营行为，维护消费者的合法权益。

十、环保理念

随着社会的不断进步和文明程度的不断提高，环境保护意识已深入人心，并在企业管理中得到应用和加强。企业间竞争的加剧，迫使一些企业在经营管理过程中采用特殊的手段，很大程度上对环境产生一定的影响。酒店在原材料的使用、能源利用、产品开发和生活垃圾排放等方面对环境产生影响。因此，酒店在日常工作中应该树立可持续发展、绿色经营、节能、绿色消费等理念，为社会的可持续发展做出贡献。

第三章

酒店营销管理

随着国民经济的发展,各行各业市场竞争激烈。树立正确的营销观念、运用正确的营销策略成为酒店管理的中心工作之一。酒店要有现代营销的观念,要培养一支现代营销队伍并管理使用好这支队伍,才能够在激烈的市场竞争中脱颖而出。

一、酒店营销的概念

营是经营市场;销是营销产品。营销学的发展是从营销到市场,需研究透客户的需求再制定产品。酒店营销就是为了满足客户的合理要求,为使酒店盈利而进行的一系列经营、营销活动,营销的核心是满足客人的合理要求,最终的目的是为酒店盈利。

酒店营销是市场营销的一种,也是酒店经营活动的重要组成部分。它始于酒店提供产品和服务之前,主要研究宾客的需要和促进酒店客源的增长的方法,致力于开发酒店市场的潜力,增进酒店的收益。市场营销涉及满足宾客需求的产品,贯穿于从酒店流通到接待宾客的一切业务活动,最终使酒店实现其预设的经营目标。

酒店营销的目的就是创造客人。创造客人就是根据目标市场客人的需求,有针对性的提供产品和服务,培养客人与酒店的感情,进一步培养忠诚客户,使客人主动购买产品并同时获得物有所值的感受。酒店营销的重点是不断达成供需双方之间的交易行为和过程。酒店营销的重点包括:瞄准目标市场,做好市场开发和客源组织,吸引客人来酒店消费,提供优质产品和服务,随时分析市场的反馈信息,掌握客人需求变化及其对产品和服务的意见、要求和建议,不断调整产品和服务,使营销与内部管理和服务形成良性循环,保持市场供给和需求的最佳组合。酒店营销的目的是双方受益,一是使客人获得满意的酒店产品和优质服务,二是使客人利用酒店开展经营活动、获得效益。

二、酒店营销的特点

顾客对酒店的需求除了宿、食等基本要求外，还包括美食、购物、娱乐、信息交流、商务活动等综合需求。现代酒店营销与酒店各部门的员工密切相关，只要有一名员工的服务使宾客不满意，就会导致前功尽弃。酒店的服务具有综合性、全面性，食、住、游、购缺一不可。酒店客源不均衡，旺季忙、淡季闲，客源有着明显的季节性问题。如何开拓酒店客源，使全年的客源较均衡的分布，是酒店管理者真正应思考的问题。

服务是酒店的主要产品，酒店所有的产品都伴随服务出售，对酒店产品的质量评价，取决于顾客对由服务支配的酒店产品的主观感受。酒店产品被顾客购买后，只是在一定时间和空间拥有使用权，而无法占有他们。

三、营销应该具有的六要素

（一）满足顾客需要

营销活动的首要任务应是发现并满足顾客需要。顾客已经有了什么，他们还缺少什么，这两项之间一定存在差距。顾客需要什么，他们对自己的需要是否已经意识到，这些都是从事营销的人必须了解的。

（二）营销具有连续性

营销是一种连续不断的管理活动，不是一次性的决策，后者只能被看做是整个营销管理的一项内容。

（三）营销应有步骤地进行

良好的营销是一个过程，应有序地一步一步去做。

（四）营销调研起着关键作用

营销活动若要有效地进行，则非进行营销调研不可，惟此才能预见并确认顾客需求。

（五）企业内部各部门之间必须发挥团队精神，搞好合作

企业的任何一个部门都不可能独立地承担营销的全部活动。没有各个部门的精诚合作，营销便不能成功，企业便不能游刃有余地参与市场竞争。

（六）企业还应注意与同行、相关行业搞好合作

同一行业中各企业，在进行营销时有着许多合作的机会，既竞争又合作，整个行业才能蒸蒸日上。

四、营销部的地位、作用与管理

（一）营销部是酒店市场调查、产品营销、公关宣传的职能部门。

营销部的主要任务是研究、预测和拓展客源市场，适时有效地宣传推销酒店，树立良好的市场形象，并根据市场状况及酒店的条件和特点，选择自己的目标市场，与主要客户保持和发展良好的业务关系，提高市场占有率，创造最佳的社会效益和经济效益。

（二）营销部的主要工作

营销部的主要工作是在总经理的领导下，负责市场调研、预测与分析。确立自己的目标市场；建立信息反馈系统，收集各种信息资料，当好企业领导决策的参谋；研究新产品的开发和老产品的优化，保持和扩大市场份额，也就是维系老客户和开发新客户；与酒店内各部门搞好沟通和协调，完成和超额完成本酒店的各项营业指标和营销任务；与新闻媒体保持良好合作关系，全方位，多层次，广角度地宣传酒店，提高本酒店的知名度，树立企业形象；统一管理本酒店所有的宣传和促销活动，确保企业营销活动的整体性和营销目标的实现。

（三）酒店营销经理的职责

1. 酒店营销经理职务的具体职责

主要包括：参与制定企业具体的营销计划和进行营销预测；组织与管理营销团队实现企业产品营销目标；控制营销预算、营销范围和营销目标的平衡发展；激励、支持与考核营销人员；发展与协调企业同经销商和代理商之间的关系；收集市场信息，并反馈到企业的各个部门；参与制定和改进企业的营销政策，使之不断适应市场的变化。

2. 酒店营销经理的知识要求

对酒店营销经理的知识要求主要是具有满足市场发展要求、符合企业的经营模式和流程的市场营销知识。该知识要求主要在操作层面，包括：市场预测与市场调查、消费者市场研究、产业市场研究、竞争对手研究、市场分析与定位、市场的战略与战术、企业广告管理、营销的组织与控制管理等。

3. 酒店营销经理要求的关键技能

酒店营销经理除要求具备计划能力，执行能力，沟通协调能力外，还应具备以下关键技能：

(1) 在总经理和市场营销总监的领导下负责酒店的市场开发，客源组织和酒店营销工作。

(2) 及时掌握国内外旅游市场动态，定期分析市场动向、特点和发展趋势，拟定市场营销计划，报上级审批后组织实施。

(3) 密切联系国内外客户，了解市场供求情况、客户意向和需求，积极参加国内外的旅游宣传、促销活动，与各地区客户建立长期稳定的良好合作关系，不断开拓新市场、新客源，制定工作计划。

(4) 经常走访客户，征求客户意见，分析营销动态，根据市场变化提出改进方案，把握酒店的营销政策，提高酒店平均房价和市场占有率。

(5) 协调各部门之间的关系，加强横向沟通，配合做好接待、营销工作。督导公关营销部助理、文员，联系各旅游部门、大型企业、酒店各部门，负责酒店的公关营销工作，制定公关营销计划，组织和招徕客源，掌握市场信息，做好内外协调沟通，确保酒店取得良好的经济效益和社会效益。全面负责酒店市场开发、客源组织和产品营销等方面的工作。定期组织市场调研，收集市场信息，分析市场动向、特点和发展趋势，制定市场营销策略。从经济效益和社会效益考虑，确定主要目标市场、市场结构和营销方针，每季度在总经理室的组织下，召开营销研讨会，与一线营业部门协商拟定季度营销意见，报总经理审批，并根据指示组织实施。根据酒店的近期和远期目标、财务预算要求，协调与前厅部、客房部的关系，提出营销计划编制的原则、依据，组织营销部人员分析市场环境，制定和审核酒店客房出租率、平均房租及季节营销预算，提出酒店价格政策实施方案，向营销部人员下达营销任务，并组织贯彻实施。掌握国内外旅游市场的动态。分析营销动态、各部门营销成本、存在的问题、市场竞争发展状况等，提出改进方案和措施，监督营销计划的顺利完成。经常保持同上级旅游管理部门、各大旅行社、航空公司、铁路客运站和本地的商社、办事机构、政府外事部门的密切联系，并通过客户建立长期稳定的良好协作关系。提出酒店重要营销活动和参加国际、国内旅游展销活动实施方案，组织人员、准备材料，参加营销活动，广泛宣传酒店产品和服务，对营销效果提出分析，并向总经理报告。联系国外驻本地区商社、公司等客户和国内外旅游商，掌握客户意向和需求，提出签订营销合同、包房合同意向和建议，并提出营销计划和价格标准。定期检查营销计划实施结果，定期提出营销计划调整方案，报总经理审批后组织实施。掌握酒店价格政策的实施情况，控制公司团体、散客及其不同季节的价格水平，定期检查平均房租计划实施结果，及时提出改进措施，保证酒店较高的平均房租水平。定期走访客户，征求客户意见，掌握第一手资料，并审阅营销人员提交的《熟公司走访记录》以及《新公司走访记录》。根据市场变化，为营销研讨会提供相关信息，且不断改进。掌握其他酒店的出租率、平均房价水平，分析竞争态势，调整酒店营销策略，适应市场竞争需要。签定住房优惠协议、旅行社房价协议及各种合作协议、认刊合同、广告宣传服务协议。审阅《工作报表》并批复有关请示，审阅宾馆对外认刊及发布的宣传稿件，统筹和落实酒店内外的公关宣传工作，对外通过接待、出访、新闻媒介等，力求在公众面前树立宾馆的最佳形象。审批《美工制作申请表》，组织并督导美工人员进行美工设计、制作，审核制品质量，维护宾馆的格调和声誉。对重大美工制作，如重大宴会会场布置、大型广告等，聘请并监督广告专业人员完成并审核。负责酒店服务标识和追溯性的统筹和监控。对馆内各项重要接待、会场布置、场景气氛组织好拍摄记录工作的跟进。制定筹备礼品计划，上报总经理室审批并按批复执行落实。

（四）营销工作人员

1. 素质要求

具有大专毕业学历或同等文化程度，熟悉酒店营销政策及经济合同法等法律知识。通过酒店英语中级水平达标考试。从事酒店前台工作1年以上，性格外向，表达能力强，善于交际，能熟练使用计算机。最佳年龄：20～35周岁。

2. 岗位职责

计划、组织对酒店新、老客户的访问次数和时间。用电话或通讯形式与新、老客户保持经常性的联系。开发散客、团体、会议新客户。组织并举办产品促销活动，提高酒店的知名度，增加酒店收入。开展与国内外旅行社和客户的推销性通讯，参加与酒店经营有关的各种公关和社交活动。分类建立客户营销信息登记、存档制度。执行有关市场调查任务，并向部门经理汇报市场上竞争者的定价等营销策略和推销动态。及时回复顾客和重要客户的信件、传真和预订。密切与有关部门合作，安排好客户预订的住宿、餐饮、服务和特别活动。编制并每月上交工作报告和下月工作计划。配合部门经理编写营销部每月工作报告，包括营销工作动态、市场信息反馈和竞争者的活动以及其他专项、专题工作报告。

3. 营销人员工作内容

参加部门经理主持的有关会议。做电话营销。陪同客户参观酒店，推销酒店产品。与酒店有关部门和班组沟通协调，跟踪落实有关活动的安排。完成部门经理临时委派的各项工作。整理客户档案。每日填写营销报告。月底写出当月总结报告。

4. 营销员工作程序

（1）拜访客户的工作程序

工作项目	工作标准	工作程序
拟定拜访计划预约登门拜访	目标明确，开发新客户，稳定老客户，征询意见，处理投诉。准确掌握市场动态，了解竞争对手。获取有价值的信息，跟踪营销。	——制定拜访计划 ——电话预约 ——准备推销所需的各类资料 ——登门拜访 ——自我介绍（微笑、谦虚、开朗、有分寸） ——确认与之发生业务的决策者 ——根据准备的资料做介绍 ——听取客户的意见 ——了解有关信息 ——有针对性地推销
填写每日拜访报告	字迹清楚，拜访内容填写详尽。	——访问客户名称 ——访问时间 ——访问的内容 ——访问的结果 ——附客户名片和该公司介绍

（2）电话营销的工作程序

工作项目	工作标准	工作程序
电话营销	声音清晰，音量适中，语速快慢有度。掌握市场动态，了解客户状况，获取有价值的信息。	——自我介绍 ——说明电话拜访意图 ——聆听客户反映 ——介绍营销的产品 ——约请客户来店参观 ——了解信息 ——有针对性地推销

(3) 带领客户参观酒店设施的工作程序

工作项目	工作标准	工作程序
预约带领客户参观	了解客户需求和兴趣,保证所推销产品处于最佳状态。态度热情,介绍详尽。	——了解客人需要参观的项目 ——与客人约定在双方都较方便的时间 ——每批参观人数控制在10人以内 ——事先检查将参观之设施,以确保其处于最佳状态 ——按约定时间迎候客人,态度热情,积极礼貌 ——介绍全面、详尽、并根据客人需求,为客人策划安排

(4) 签订协议的工作程序

工作项目	工作标准	工作程序
了解客户订房量,确立价格,签协议	了解客户预计订房量,根据客户订房量确定价格。协议严密、清楚、明确、无误。	——了解客户订房量或预计房量 ——根据客户客源量提出协议价格 ——与客户商谈价格,双方达成一致 ——根据所谈价格准备协议 ——签署协议 ——将协议内容通知有关部门 ——存盘

(5) 接洽会议及大型活动的工作程序

工作项目	工作标准	工作程序
带领客户参观活动场地	了解客户需求和兴趣。保证所推销产品处于最佳状态。态度热情,介绍详尽。	——了解客人举办活动的形式 ——与客人约定在双方都较方便的时间 ——事先检查将参观之设施,以确保其处于最佳状态 ——按约定时间迎候客人,态度热情,积极礼貌 ——介绍全面、详尽、并根据客人需求为客人策划安排
登门拜访	准确掌握市场动态。了解竞争对手。获取有价值的信息。跟踪营销。	——自我介绍(微笑、谦虚、开朗、有分寸) ——确认与之发生业务的决策者 ——交换名片 ——根据准备的资料做介绍 ——听取客户的意见 ——了解有关信息 ——有针对性地推销

续表

工作项目	工 作 标 准	工 作 程 序
洽谈活动	了解客户活动要求。态度热情、主动为客人出谋划策。	——记住客人举办活动的具体要求 ——根据经验。为客人出谋划策 ——逐项与客人商谈细节 ——与客方明确活动所需费用 ——洽谈内容全面、详尽、周到
签订协议	了解客户预计活动内容，根据客户总体活动形式确定价格，协议严格，清楚、明确无误。	——公司中、英文名称 ——联系人姓名 ——对活动的整体内容和价格，双方进行签字、盖章、以示确认
拟定接待计划	字迹清楚、思路清晰、条理分明、内容详尽准确。跟踪落实活动的各项安排，确保无误。	
大型活动的跟踪	安排合同恰当，对客户热情周到，解决问题迅速，礼貌，适时地递送感谢信。	——安排好客方活动的布置 ——及时解决活动中出现的问题 ——活动结束后向客方征询意见和建议，并递送感谢信
填写活动报告	字迹清楚，内容详尽准确。	——记录活动的名称、联系人、时间、地点、人数、收入 ——客人对活动安排的菜肴及服务的意见和建议 ——营销经理在接待工作中遇到的问题及处理结果 ——附客户名片

（6）填写每日营销报告的工作程序

工作项目	工 作 标 准	工 作 程 序
填写营销报告	字迹清楚，营销结果明确。提出建议。	——访问客户目录 ——访问时间 ——访问的目的 ——商谈的结果 ——确定下次跟踪时间

(7) 制定每周拜访计划的工作程序

工作项目	工作标准	工作程序
制定拜访计划	目标明确。走访的客户数量足。	——确定拜访的对象:老客户、新客户单位名称 ——具体联系人和地址、电话 ——拜访的时间 ——拜访中可能出现的情况

(8) 接受预订的工作程序

工作项目	工作标准	工作程序
接受预订	铃响3声内,声音清晰、柔和,音量适中,语速快慢有度。 所有信息准确无误,热情、礼貌。	——问候 ——记录预订的全部内容:时间、地点、人数、具体要求、付款方式 ——复述预订,确保无误 ——感谢预订

(四) 营销员工的培训内容

1. 如何接近客人。

2. 如何争取客人的好感。

3. 如何向客人展示酒店的形象。所谓形象,与其说是企业公关营销人员期望在客人心目中努力营造的东西,不如说是客人心目中实际存在的关于企业的印象的总和。营销人员可以努力地去为自己的企业创造一个良好的形象,但一个企业的实际形象却是由企业的全体管理人员与雇员以及企业的产品和服务所塑造成的,了解本企业在客人心目中的形象,意味着企业能够正确地进行市场定位,向合适的客人提供合适的产品与服务。

4. 如何介绍酒店产品的优、缺点。

5. 如何解决客人的投诉。

6. 如何进行推销洽谈。

7. 如何结束推销过程。

8. 如何保持与客户的关系。

9. 如何找出潜在客人。

10. 如何增进自己的产品知识。

11. 如何与其他部门协调。

12. 如何了解市场文化趋势。

13. 如何制定营销计划。

14. 如何写好营销报告。

15. 营销与内部、外部的协调。

五、酒店营销

近年来，酒店业市场竞争激烈，使得确立酒店营销观念、正确运用酒店营销策略成为酒店经营管理的重要问题之一。做好酒店营销工作，首先要深刻理解现代酒店营销的内涵。

（一）酒店营销的含义

酒店营销是指酒店营销管理者将酒店现有的资源进行整合，不断提高服务质量和产品形象，同时利用传播、沟通等手段深入了解客人需求，通过客人主动购买行为实现酒店经营目标的过程。正确认识和理解酒店营销的含义，应把握三点：

1. 酒店营销的出发点是创造客人。创造客人，就是根据目标市场客人的需求，有针对性地提供产品和服务，培养客人与酒店的感情和忠诚客户，使客人主动购买产品并同时获得物有所值的感受。

2. 酒店营销的重点是不断达成供需双方之间的交易行为和过程。酒店营销的重点就是正确运用营销策略和手段。包括：瞄准目标市场，做好市场开发和客源组织，吸引客人来酒店消费；提供优质产品和服务，随时分析市场反馈信息，掌握客人需求变化及其对产品和服务的意见、要求和建议，不断调整产品和服务，使酒店营销和内部管理与服务形成良性循环，保持市场供给和市场需求的最佳组合。

3. 酒店营销的目的是使双方受益。酒店营销从经营者的角度分析，其主要为：一是提高设备、设施的利用率，获得良好的经济效益；二是提高服务质量，提供优质产品和服务，满足客人的消费需求，获得良好的社会效益；三是在经营过程中创造良好的消费环境，获得良好的环境效益，确保酒店营销活动的顺利开展。从消费者的角度分析，其主要目的：一是使客人获得满意的酒店产品和优质服务；二是使客人能利用酒店开展经营活动，获得经济效益。所以，酒店营销的目的是创造客人，使酒店经营者和客人都能获得各自的利益。

（二）酒店营销的管理体制

酒店营销管理体制是对酒店市场开发、客源组织、产品销售等组织领导工作及管理制度做出的规定。现代酒店营销应建立健全总经理负责、销售部为龙头、业务部门配合、专业化服务为质量保证的市场营销管理体制和工作体制。具体包括:(1)酒店营销领导工作。酒店营销是酒店各项业务开展的龙头,关系酒店经营管理的全局,因此,酒店营销领导工作必须坚持总经理或主管副总经理负责制。其主要职责是研究制定市场营销方针、营销策略、市场目标、产品价格,做好市场营销预算,为酒店的市场开发、客源组织及部门营销活动的开展提供具体的目标。(2)酒店营销的客源组织。酒店营销部门要贯彻酒店营销方针、营销策略,配备专职市场销售代表,深入各旅行社、旅游公司、政府机构和企事业单位等客源机构,广泛联系客户,组织客源,实现酒店产品的销售。(3)酒店营销的质量保证。酒店营销以满足客人的需求为中心,集中表现为酒店的产品质量和服务质量是否符合客人的消费追求。当酒店各部门掌握了客人的消费需求、消费心理,有针对性地提供优质产品和服务,赢得了客人的信赖、好感和支持,就可以提高市场声誉,树立酒店形象,吸引回头客,增加新客源。所以,酒店各部门的业务工作及其和营销部门的配合,既是酒店营销的质量保证,又是酒店营销管理体制的重要组成部分。

(三) 酒店营销的任务

酒店营销是一项复杂而细致的工作,其任务主要包括:(1)确定营销目标。酒店营销目标包括市场目标、质量目标和销售量。营销目标的确定方法是在市场调查的基础上,进行市场细分,确定市场范围和领域及主要目标市场,做好市场开发和客源组织、客源构成、产品价格安排等。质量目标根据所选择的目标市场、客人的消费需求,确定产品质量和服务质量必须达到的水平及质量管理的方法和措施。销售量目标包括客房、餐饮、商品和康乐的销售收入等。通过营销预算,确定客房出租率、平均房价、客房销售收入、接待就餐人次数、人均消费额、食品饮料收入和商品及康乐收入等指标,形成酒店销售部和各部门的工作目标。(2)选择营销策略。酒店营销策略包括产品策略、价格策略、渠道策略、促销策略、形象策略、各种具体销售手段和方法等。营销策略的选择要根据市场目标、客人需求变化和市场竞争来确定。(3)广泛组织客源。客源组织主要通过销售部、前厅部深入客户和客源机构推销,不断扩大客源市场,定期检查销售结果,随时根据市场竞争、市场动向及其发展变化,调整销售手段、产品价格,从而吸引客人前来消费。(4)提供优质服务。酒店各部门只有做好质量管理,提供优质服务,才能满足客人的消费需要。

(四) 酒店营销的工作程序

酒店营销的工作程序是:第一步,收集营销资料即开展市场调查。在掌握市场动向、特点、发展趋势的基础上,收集分析与酒店营销有关的社会、经济、文化、技术、旅游的发展趋势、地区客源总量、客源构成、酒店数量、档次结构、价格水平、市场竞争、客户和客源机构等各种资料，并对这些资料进行分析整理，为酒店销售决策和营销方案的制定提供客观依据。第二步，做出营销决策。即将市场信息资料和本酒店的实际情况结合起来，研究制定开展市场营销、组织客源、扩大产品销售的决定。酒店营销决策主要是确定市场发展方向、面向哪些阶层的客人、联系哪些客户、各类客源的构成比例、市场销售必须达到的水平等。第三步，制定营销方案。即根据市场信息资料和营销决策，制定实现营销决策目标的方法和措施。包括客源组织方案、价格实施方案、产品预订方案、人员安排方案、团队及VIP客人接待方案、销售统计方案、公关活动和广告宣传方案等。第四步，开展营销活动。即组织营销部的团队、会议、商务、海外销售代表深入市场，做好具体销售活动，同时，通过旅游交易会、博览会和酒店各种销售活动吸引客人。第五步，评价销售效果。即定期检查市场销售和客源组织的完成情况，分析客房出租率、平均房价、客源构成、客房收入和餐厅上座率、接待人次、餐饮收入等各项销售指标达到的水平，以及同酒店营销预算的差距及存在的问题，提出改进措施，保证酒店营销目标的顺利完成。

六、酒店市场定位

酒店市场定位是指根据目标市场上同类产品的竞争状况，针对客人对该产品某些特征或属性的重视程度，为酒店产品塑造强有力的、与众不同的鲜明个性，并将其形象生动地传递给客人，求得认同。市场定位的实质是将本酒店和其他酒店区分开来，使客人明显感觉和认识到这种差别，从而在客人心目中占有特殊的位置。

市场定位与产品差异化有密切关系。在营销过程中，市场定位通过为产品创立鲜明的个性，塑造出独特的市场形象来实现。产品是多个因素的综合反映，包括性能、成分、包装、形状、质量等。市场定位就是要强化或放大产品的某些因素，形成与众不同的独特形象。因此，产品差异化是实现市场定位的手段。但是，产品差异化并不是酒店市场定位的全部内容。市场定位不仅强调产品差异，而且通过产品差异建立独特的市场形象，赢得客人的认同。

（一）酒店市场定位

1. 市场定位有利于形成酒店及产品的特色，是酒店参与市场竞争的有力武器。现存酒店市场竞争异常激烈。酒店为使自己的产品有稳定的销路，必须从各方面培育产品的特色，树立鲜明的市场形象。如希尔顿酒店集团以“快速服务”著称;假日酒店集团在中低档酒店市场上成功地塑造了"廉价、卫生、舒适、整洁"的市场形象。

2. 酒店市场定位决策是制定市场营销组合策略的基础。酒店市场营销组合受酒店市场定位的制约。如某酒店销售优质低价的组合产品,这样的定位就决定了产品的质量要高,价格要低,广告宣传的内容要突出酒店产品质优价廉的特点,让客人相信货真价实;同时各部门要默契配合,提高工作效率,尽量减少浪费,保证低价出售仍能获利。即酒店市场定位决定了酒店必须设计与之相适应的市场营销组合策略。

3. 酒店市场定位的步骤

(1) 确定竞争对手。酒店竞争对手就是酒店的替代者,具有与本酒店产品相同或相近的特点。如郑州索菲特国际酒店和河南中州皇冠假日酒店互为竞争对手,同为五星级商务酒店,相距只有百米,价格也很接近。但是,郑州一家三星级酒店不会与上述酒店构成竞争,因为它们之间的差别较大,难以互相替代。两家酒店产品是否是竞争替代产品,一个简便的测定方法是:一家酒店降价时,另一家酒店的客人如果转移过来,说明这两家酒店是竞争对手,转移过来的人越多,说明竞争程度越高;反之,竞争程度就越低。

(2) 对竞争对手的产品进行分析。确定竞争对手后,可以派有关人员入住竞争对手酒店,收集竞争对手的有关资料,询问员工和客人有关问题。这是一种实地考察体验的调查方法,能掌握竞争对手的一些真实情况。

(3) 确立产品特色。确立产品特色是市场定位的出发点。首先,要了解竞争者如何定位,他们的产品或服务有什么特色。其次,要研究客人对某类产品和属性的重视程度。最后,考虑酒店自身的条件。

(4) 树立市场形象。酒店产品特色是有效参与市场竞争的优势,要发挥优势,影响客人的购买决策,需要以产品特色为基础树立鲜明的市场形象。通过积极主动与客人沟通,引起客人的注意和兴趣,求得客人的认同。

(5) 巩固市场形象。客人对酒店的认识不是一成不变的。由于竞争者的影响或沟通不畅,会导致市场形象模糊。所以,树立市场形象后,酒店应不断强化客人对酒店的看法和认识。

4. 酒店市场定位的策略:

(1) 与竞争对手定位相同的市场,以争取更多的市场份额。这一策略又称迎头定位。即选择与竞争对手重合的市场位置,争取同样的目标客人,彼此在产品、价格、分销、供销等方面稍有区别。采用迎头定位,必须做到知己知彼,自己是否拥有比竞争者更多的资源和能力,能否比竞争对手做得更好。否则,迎头定位可能是一种非常危险的战术。

(2) 定位需求尚未被发现和满足新市场以获取利润。这一策略又称避强定位,是一种避开强有力的竞争对手的市场定位策略。不与对手直接对抗,定位于某个市场"空隙",发展目前市场上没有的特色产品,开拓新的市场领域。这种定位能使酒店迅速在市场上站稳脚跟,并在消费者心目中树立一定的形象。该定位方式市场风险小,成功率较高。实际工作中,以上两种定位方法往往结合起来加以使用。

(二) 酒店产品策略和价格策略

酒店营销组合策略是指酒店为取得最佳经济效益,对酒店的产品(product)、价格(price)、营销渠道(place)、促销方式(promotion),即"4P"四个因素进行组合,使其互相配合,发挥综合性作用的整体营销策略。

1. 产品策略

产品策略是酒店为了在激烈的市场竞争中获得优势,在生产、销售产品时所运用的一系列措施和手段。包括产品组合策略、整体产品设计策略和新产品开发策略,是酒店销售组合策略中最基本的策略。

酒店产品可以从广度、长度、深度和密度四个方面进行组合,形成不同的酒店产品系列。产品组合的广度是指酒店拥有的产品数量,即酒店经营的不同种类产品的数量,如客房产品、餐饮产品、娱乐产品、康乐产品等。产品越多,说明产品组合的广度越宽。

(1) 产品组合的长度是指酒店每类产品中包含的不同服务项目的数量。如康乐服务包括 KTV 包厢、台球厅、游泳池、网球场、健身房和桑拿中心等项目。

(2) 产品组合的深度是指每一服务项目能提供多少相关的服务内容。如 KTV 包厢中能提供卡拉 OK 演唱、茶水服务、水果拼盘等。

(3) 产品组合的密度是指产品中各服务项目之间在使用功能、生产条件、销售渠道或其他方面的关联程度。酒店可以通过扩充或缩减产品组合的广度、长度和深度,提高或降低产品组合的密度等调整产品组合,使得酒店产品更具竞争力。如扩大产品组合的广度,增设产品生产线,有利于分散营销风险,提高竞争力,扩大销售领域,提高经济收益;增加产品组合的深度,就是增加服务内容,挖掘潜力,增加花色品种,满足更多细分市场的需求;提高酒店产品组合的密度,有利于适应市场变化,不至于发生牵一动百的局面。

2. 整体产品设计

整体产品是向客人提供具有完整效用的产品,给客人带来完整的消费满足。整体产品包括核心产品、形式产品和延伸产品三部分。

(1) 核心产品。核心产品是酒店产品最重要的组成部分,是酒店产品满足客人需求的中心内容,是客人希望从产品中获得的最根本利益。酒店把不断提高服务质量,创造使客人物有所值的优质服务作为酒店的核心任务。

(2)形式产品。形式产品是酒店产品的外在表现形式。既表现为实体产品,又表现为无形的氛围、环境、服务等。酒店建筑、地理位置、周围环境、店内氛围、价格等均是酒店的形式产品。借助于形式产品,客人可以更直观、清晰地了解酒店产品的核心利益所在。因此,酒店的形式产品在一定程度上直接影响客人的购买决策。酒店营销可以利用产品的特色,创造独特的气氛。如圣诞期间,酒店可以通过冬雪、圣诞树、圣诞老人、马车、袜袋、白雪公主等形式产品突出酒店圣诞节服务产品的核心利益,吸引客人购买酒店产品。

(3)延伸产品。延伸产品是指酒店为客人提供的各种附加价值与利益。如许多连锁酒店集团纷纷成立以酒店品牌命名的俱乐部,发行VIP会员卡。俱乐部会员作为酒店的VIP顾客,既可以享有集团酒店内部的优惠价,又可以参加酒店定期举办的交友联谊活动,同时也是身份和地位的象征,满足了客人自我实现的需求。随着酒店竞争的加剧,客人的消费选择很大程度上取决于酒店产品所提供的附加价值和利益。延伸产品的设计,可以增强酒店产品的市场竞争力。

3. 新产品开发

酒店产品一般要经历投入期、成长期、成熟期和衰退期四个不同的生命周期。酒店应依据产品生命周期的变化,及时调整产品组合,不断开发新产品,满足人们不断变化的需要。

新产品是指在技术、功能、结构、规格、实物、服务等方面与老产品有显著差异的产品,是与新技术、新概念、新潮流、新需要、新设计相联系的产品。新产品不等于全新产品。如一间客房,改进了房内的设备设施,就可以成为新产品;即使不改进设备设施,但改变了房内的文化氛围,也能成为一种新产品。新产品包括以下三类:

(1)全新新产品。采用新原理、新结构、新技术、新材料研制而成的新产品,技术含量高,是人们过去未曾了解的产品。如客房内的VOD视频点播系统、高速网络宽带等。

(2)改进新产品。是指采用各种技术,对现有产品在性能、结构等方面加以改进,提高其质量,以求规格、式样等多样化。如酒店餐厅在保留原有菜品口味和特色的基础上,采用无公害原材料和低盐、低油的烹饪技法,突出健康饮食的概念;酒店客房在原有设备设施和装修基础上搭配全新的装饰风格,如以奥运、卡通人物、电影场景等为主题。

(3)仿制新产品。是指市场上已经存在,酒店通过模仿而生产出来的产品。如客房部借鉴其他酒店的成功经验开展个性化服务;餐饮部引进流行菜品等。开发新产品是酒店是否具有活力和竞争力的表现，也是酒店适应营销环境变化的一种策略。酒店应本着创新、对路、有利可图、量力而行的原则不断开发新产品，满足客人“求新求异”的需要。

4. 价格策略

酒店产品价格是客人购买酒店产品或服务时支付的货币总额，是酒店产品包含的社会必要劳动时间的耗费，由有形物质产品的价值和无形服务产品的价值决定。此外，酒店产品的价格还受产品成本（生产成本、销售成本、环保成本等）、市场条件及环境、汇率变动、政府干预等因素的影响和制约。通常以单项价格的形式出现，如餐饮价格、客房价格等。

（1）定价目标

价格是酒店整体营销组合策略中最活跃的因素，是酒店营销的重要手段。一般来说，有以下几种定价目标：①以获得最大利润为目标，以利润作为定价导向。但由于很难确定“最优价格点”，因而经常凭经验定价。②以争取产品或服务质量领先为目标，是酒店产品或服务的质量以较高的价格为前提。采用这种定价目标的酒店，一般在消费者中享有一定的声誉。③以扩大市场份额为目标，是以低价作为向市场渗透的工具。酒店不是在价格不变的情况下提高产品服务质量，就是在产品或服务质量不变的情况下降低价格。④以维持酒店生存为目标，当酒店产品在市场上严重滞销时，酒店被迫以生存为目标。这种定价目标往往导致酒店倒闭。⑤以避免竞争为目标，是参照竞争者的状况，根据酒店实际制定的差异价格。这是一种比较稳健的定价目标。

（2）影响酒店价格的因素

①成本。酒店生产和销售产品要获得一定收益来弥补其成本开支。成本既是价格的组成要素，又是产品定价的主要依据。产品定价一般不低于成本。②市场。主要是指需求状况和竞争状况对价格的影响。价格是调节需求的有效手段之一。高价会减少一定的需求量；低价则会引起需求量的猛增。在竞争激烈的情况下，酒店产品处于下风，价格应趋向下限；竞争对手较少，或产品在市场上占有优势，定价时可靠近上限。同时，还应考虑同类产品在市场上的定价情况。③营销。目标酒店在不同时期有不同的目标，或是为了扩大销售量，提高市场占有率，或是为了击败竞争对手，站稳脚跟，或是先打开知名度再扩大美誉度等。不同的营销目标会影响酒店产品的定价高低。④政策。这是影响市场定价的政治因素。酒店定价时应首先服从国家的价格政策，在政策范围内再参照其他因素定价。⑤酒店产品。酒店产品价格的高低通常和质量成正比，即优质优价。产品的生命周期、品牌、知名度等都会影响酒店产品的价格。⑥通货膨胀。当酒店所在地区发生通货膨胀，酒店的各项成本均会不同程度的上扬，迫使酒店提高价格，不至于

亏损。

(3) 定价步骤

①评估目标市场购买力。调查客人可自由支配的收入及其愿意将收入用于酒店消费的比例，再通过专家评估或直接向目标市场发放问卷调查的形式，分析客人的购买力，估测理想的价格水平和价格上限，同时，了解客人对价格的敏感程度、能够接受的非价格竞争方式等。②估测产品单位成本。首先预测产品的总需求，再估测酒店为满足总需求而进行生产的总成本，总成本除以总需求即为产品的单位成本，依据平均单位成本可以估算出酒店可以接受的最低价格。③分析市场环境。酒店了解并分析竞争者的价格水平、国家的价格政策以及酒店面临的各种机会及威胁。④确定定价目标。了解目标市场的价格要求、本酒店的产品成本、竞争者的价格、国家的价格政策以及市场环境中其他相关因素后，确定选择何种价格目标。⑤确定定价策略。根据市场和本酒店状况确定定价策略，如新产品定价策略、心理定价策略、促销定价策略。⑥确定定价方法。包括成本导向定价法、竞争导向定价法和需求导向定价法。成本导向定价法是以酒店的生产要素供给者所提供的生产要素价格为基础，再加上一定比例的利润，最终形成产品价格。竞争导向定价法即随行就市法。需求导向定价法是以客人的满意程度作为定价的主要参考指标。

(4) 定价策略

①新产品价格策略。新产品进入市场能否有效地打开销路，价格起着非常关键的作用。价格制定得合理，能增加产品受关注和受欢迎的程度。常用的新产品定价策略有：其一，撇脂定价法。产品以高价进入市场，以迅速收回投资。当有竞争者进入时，采用降价的方法限制竞争者进入。这种定价方法要求酒店提供的产品具有一定的优质性或独特性。其二，渗透定价法。产品以低于预期的价格进入市场，以获得“薄利多销”的效果。在买方市场的情况下，许多新开业的酒店以这种方式进入市场。其三，满意定价法。吸取撇脂定价法和渗透定价的优点，选取一种比较适中的价格，既保证酒店获得一定的利润，又能被广大消费者接受。

②心理定价策略。利用客人的心理因素进行合理定价，巧妙刺激客人的消费欲望。常用的心理定价策略有：其一，尾数定价策略。酒店产品用非整数定价，在客人心目中留下了价低的印象。适用于低档产品的定价。其二，整数定价策略。以整数定价，说明酒店产品有较高的质量。其三，吉祥数定价策略，根据人们对数字的崇拜和禁忌心理而采取的一种定价策略。如选吉祥数字6、8或9作为产品的价格。其四，声望定价策略。即针对消费者“便宜无好货、价高质必优”的心理，对在消费者心目中有一定声望，具有较高信誉的产品制定高价。如酒店的总统套房定价很高，购买这些产品的客人往往不在乎价格，关心的是产品能否显示其身份

和地位。

③折扣定价策略。包括即期折扣策略和延期折扣策略。即期折扣策略即客人在购买酒店产品时立即获得优惠,包括以下几种:其一,数量折扣。酒店根据客人购买产品的多少或次数决定是否给予折扣及折扣幅度,目的是鼓励客人多买或重复购买。其二,季节折扣。根据客人购买行为的发生时间确定是否给予或给予多少折扣。酒店产品是季节性很强的产品,有淡、旺季之分,酒店可以利用季节作为打折的机会。其三,时间折扣。根据每天早、中、晚不同的时间段,或一星期中每天客流量的变化拟定不同的价格。其四,现金折扣。对用现金支付的客人给予的一种优惠。其五,功能折扣。依据客人的身份或产品的功能确定折扣。酒店一般给中间商较大幅度的折扣,给散客的折扣幅度较小。其六,整体折扣。将酒店产品组合成一个整体,客人购买"打包"产品比单项购买能够得到更多的优惠。

④延期折扣策略。是指客人购买酒店产品时获得的下次购买才能享受的优惠。包括以下几种:其一,价值返还。即向客人提供一种附加值,但这种附加值只能在以后享用。如酒店向在本店举办婚宴的客人赠送结婚周年消费券。其二,连续购买优惠。客人购买酒店产品后获得酒店优惠券,使客人下次购买酒店产品时得到优惠。其三,代理佣金。主要是针对中间商的价格折扣。如年初酒店和中间商以书面的形式商定,如果双方签订的目标在年底实现,酒店即把佣金支付给中间商,若没有实现,则不予兑现。酒店在实施价格策略时应严格执行国家的有关价格政策,防止利用虚假价格。开展营销活动,也要防止卷入削价竞争的泥沼。

七、营销渠道策略和促销策略

营销渠道又称分销渠道,是指客人从产生消费动机、进入酒店到最终消费酒店产品整个过程中所经历的路线,以及相应活动的总和。市场经济条件下,大部分酒店产品依靠一定的销售渠道将产品转移到消费者手中。不同的销售渠道,决定了营销活动的质量和效果。

(一) 营销渠道的种类

酒店产品的营销渠道主要包括直接销售渠道和间接销售渠道两类。

1. 直接销售渠道

直接销售渠道是指酒店不通过任何中间商直接向客人销售产品,即客人直接向酒店购买产品。通常有三种直接销售渠道可供选择:①酒店——客户(销售点为酒店现场),酒店向直接登门的客人出售酒店产品。这是传统的销售方式。②酒店——客户(销售点为客源地、客户公司或客人家中),客户通过电话、传真、网络等向酒店预定产品。随着信息技术的广泛应用及电脑的普及，网络已成为酒店营销的重要渠道。③酒店——自设销售网点——客户（销售点为网点现场），酒店在经营区域或目标市场内自设零售网点，如酒店在机场设立销售点，直接面向消费者。

2. 间接销售渠道

随着酒店之间竞争的加剧，许多酒店借助批发商、零售商、代理商等销售机构和个人开展销售活动。借助中间商将酒店产品转移到最终消费者的途径称为间接销售渠道。

（二）联合营销是营销渠道的发展趋势

随着市场竞争的加剧，酒店依靠单一的营销手段已显得越来越力不从心，因此，选择联合营销，组建全国乃至全球性的营销网络，可以充分拓展营销渠道的长度和宽度，以更灵活的方式在最接近客人的地方进行营销。时段分享是一种全新的酒店营销方式。具体做法是：按一定的标准在全国各地乃至世界各地选择合适的酒店组成一个网络，将这些酒店的部分客房按每年一定时段（如每年一周或一月等）的住宿使用权，以一定的价格、年限（如 20 年、10 年、5 年、3 年或 1 年）一次性出售给客户，实现客户的六大权益（使用权、交换权、赠让权、受益权、交易权、优惠权），向全社会推出一种既是消费又是储存，既可自用又可赠送的特殊产品——酒店共享权。时段分享安排的优点在于盘活了酒店资产，为酒店组建了一个灵活的营销网络，扩大了酒店产品与客人的接触面，同时为客人带来一定的利益，特别适合大公司、大商社或常年出差的客人使用。如一位客人每年都去西班牙度假，购买了 TimeShare 网络上西班牙酒店一间客房 20 年每年 8 月份第 2 周的使用权。如果某年他不想去西班牙度假了，他可以用该客房的使用权交换其他加入 TimeShare 网络任何地方的任何酒店的使用权，他也可以把该客房的使用权赠送给他人。

（三）促销策略

促销是指酒店通过一定的手段，将有关酒店及其产品信息传递给消费者，从而促进消费者对酒店产品的了解、偏爱，以达到酒店销售的目的。通常通过广告、公共关系、营业推广、实物推销、人员推销等方式实现。促销策略是指信息沟通手段和过程的系统化、规范化，即对促销对象或领域、促销任务、促销目标、促销效果、促销投入、各种限制条件进行科学选择、分析、配置、控制，提高促销活动的效果和效率，达到低投入高收入的目的。

1. 酒店常用的促销手段

①酒店广告。广告是指酒店用付费的方式选择和制作有关酒店产品的信息，由媒体发布，唤起客人注意，说服客人购买或使用，扩大酒店影响和知名度，树立酒店和产品形象，达到促销目的一种广告形式。如媒体广告、灯箱广告、招牌广告等。②公共关系酒店。公共关系是指为了使酒店与公众相互了解，协调各方面的关系，树立酒店良好形象，提高酒店的知名度和声誉，为酒店营销活动创造良好外部环境而开展的一系列专题性或日常性活动的总和。包括专题公关活动，如新闻发布会、庆典、酬宾活动等；或日常性活动，如广告、礼仪活动等。③营业推广。酒店营业推广也称销售促进，是酒店用来刺激早期需求或引发强烈市场反应而采取的各种短期促销方式的总称，目的在于诱劝消费者购买某一特定产品。营业推广包括产品展销、现场操作、赠送样品等促销方式。营业推广能使消费者产生强烈而快速的反应，但其推广效果往往是短期的，对于建立长期品牌的效果并不理想。④实物推销。实物推销是指酒店利用实物产品，如康乐产品、餐饮原材料陈列、实物模型陈列、现场烹制、美食发布会、食品展销等对客人进行产品销售。⑤人员推销。人员推销是指酒店通过人际交往向客人进行介绍、说服等工作，促使客人了解、喜欢、购买本酒店产品。如走访代理商、中间商、机关、团体、VIP及散客。该促销方式在于强化交易过程中的感情色彩，有利于培养稳定的客人。产品策略、价格策略、营销渠道策略和促销策略犹如酒店这辆汽车的四个轮子，共同决定酒店营销活动的成败。酒店应加强对这四大策略的有效控制，提高酒店的整体营销效果。

2. 酒店营销创新——酒店绿色营销

(1) 绿色营销是指酒店在经营过程中，将自身利益、客人利益和环境利益统一起来，以此为中心，对酒店产品进行构思、设计、销售和制造。绿色营销认为，酒店的服务对象不仅仅是单一的客人，还包括整个社会，整个环境。要求酒店在营销活动中，不要以短期、狭义的利润作为行为导向，应具备强烈的社会意识和环保意识，维持社会、环境与企业和谐均衡的发展。

(2) 绿色营销从战略高度框定企业营销目标。绿色营销理念提倡客人在酒店中适量消费，反对传统营销理念提出的高消费、多消费。企业本着“少即多”(即减少消费的物质占有量，提高消费的满足度)的原则实现企业、社会的可持续发展。在绿色营销理念中，利润导向依然存在，企业获取长期利润需要和谐的社会环境。

(3) 绿色营销从社会范围确定企业营销对象，从社会背景、环境背景下研究人的消费行为，通过开展绿色营销活动促成消费者从毫无约束的消费物质资源转向保护和节约自然资源，在此基础上，全方位提高人的生活品质。

(4) 绿色营销从发展角度研究企业营销活动。传统的营销活动围绕客人的需求是否得到满足开展，绿色营销则认为客人的需要是多种多样的，企业应适时引导客人产生合理的需要。

(5) 绿色营销管理。绿色营销管理不仅局限于开展各种节能环保活动，还要求酒店树立正确的绿色消费理念，开展绿色营销活动。①培养绿色理念。酒店是资金密集型的企业，投资大，一旦出现盲目投资和结构不合理，就会造成很大浪费。如酒店在运转过程中，每天倒掉大量的剩余饭菜，水电空耗，棉织品一天一换，牙膏、洗发水、沐浴液、香皂等低值易耗品尚未用完就换掉，牙刷用一次就扔掉。酒店要以“社会整体利益至上”代替“经济效益至上”，加强员工的社会责任感和历史使命感。②成立组织机构。环保问题涉及资源利用、形象设计、设备改造、绿色教育等诸方面的内容，因此，酒店视实际情况可以增设相关机构，切实推进绿色工程。

(6) 推行绿色培训。酒店绿色培训的对象包括内部公众和外部公众两类。

①内部公众的培训本着自上至下的原则，从高层管理人员到基层普通员工中反复强调开展绿色酒店的意义。如香格里拉酒店新员工入店，人手一份《绿色之旅》说明书，结合员工手册进行培训。同时，酒店还对各部门领导进行绿色酒店具体实施办法和环境政策的培训。②外部公众的培训主要侧重于让公众理解开展绿色酒店的意义以及谋求怎样与公众合作。一些酒店在房间内放置“绿卡”提醒客人：为了减少对环境的污染，请将不需要更换的毛巾等放回原处。

(7) 拟定相关制度。绿色营销活动的落实有赖于一套完整的规章制度。酒店应将各种相关制度融入酒店基本制度中，成为员工日常行为规范之一。如1993年，香格里拉酒店就根据绿色营销观念，建立了详尽的环境管理系统(EMS)手册，摸索出了可以用于整个酒店操作的100多种“最佳实践方针”，并在能源使用、水电消耗、资源节约、废液和固体垃圾的限制和处理上制定了详细的制度和要求。

(8) 开展绿色活动。酒店应从环保角度入手，将绿色理念落到实处。①加强废物处理和控制。②科学适量地采购各种物品。按照“统筹兼顾、保证重点、照顾一般”的原则对物资进行定额管理，并参照历史资料，着眼现状，对各类物资进行动态管理。③节约能源消耗。能源消耗主要是指水、电、油、气的消耗。酒店应教育员工养成节能的好习惯，杜绝长明灯、长流水现象，制定并实施具体的奖励计划。同时，改良相应的设备设施，尽量采用先进的节能设备，如节能灯、感应水阀等。④购买使用绿色产品。酒店应尽量采购一些无污染的绿色产品，如天然棉麻制品、绿色蔬菜等，尽量少使用含氯、氟的产品。⑤采纳合理化建议。广泛征求并采纳员工、客人提出的各种合理化建议，并认真研讨各种反对意见和建议。

3. 酒店品牌营销

(1) 酒店品牌营销是指酒店通过针对消费者的品牌需求，创造品牌价值，最终形成品牌效益的营销策略和过程。通过运用各种营销策略使目标客人形成对酒店品牌和产品、服务的认知，即把酒店品牌深入到消费者心中。酒店产品具备无形性、不可储存性、不可转移性等特点，客人消费和评价服务又带有很强的主观性；同时，我国酒店业还面临着国际酒店集团的冲击和知识经济的挑战。因此，加强酒店品牌的建设，探索符合我国国情和企业实际的品牌建设模式，树立企业品牌形象，走与国际接轨的酒店管理道路，是我国酒店业发展的重要战略。

（2）酒店品牌建设。酒店品牌建设遵循观念先导、品牌诊断、品牌定位、品牌扩散四个步骤。

①观念先导。以品牌意识为指导认识品牌工程。酒店产品是一种以服务为主体的商品，具有无形性的特点。谁拥有了著名的品牌，谁就掌握了"点金术"。如假日集团依据雄厚的品牌资本，不断扩张实力，不断实现品牌的持续增值。1953 年，假日集团第一次销售其品牌特许经营权时，每份特许经营权的转让费是 500 美元；1970 年，假日集团的特许经营权每份上升为 1000 美元，20 世纪 70 年代后期又上升到 15000 美元，另外还有各类特许经营费用，如标志费用、广告提成、推销费用等。可见，品牌具有很强的增值功能。在产品供给和潜在的生产能力大于市场需求的情况下，品牌是现代企业竞争的主要源泉和富有价值的战略财富。

②品牌诊断。诊断品牌现状从三方面着手：一是客人，包括客人对品牌的态度和看法；二是品牌的内部管理，包括酒店有无专职的品牌管理人员，企业如何管理品牌；三是品牌成长的外部环境，即品牌产品销售所面临的市场环境。可借助以下指标进行诊断：

A. 知名度。知名度是指社会公众对品牌的知晓和了解程度，以及品牌的社会影响的广度和深度，是衡量酒店品牌现状的"量"的指标，揭示了酒店品牌被人知晓范围的大小以及品牌在市场上的领先能力。

B. 美誉度。美誉度是指社会公众对品牌的信任和赞美程度，以及品牌对社会影响的好坏和美丑，是衡量酒店品牌现状的"质"的指标，揭示了酒店品牌被人评价性质的好坏。

C. 满意度。满意度是衡量酒店产品品质最权威的指标，表明消费者接受酒店各项消费后获得的生理和心理的满足程度。客人满意程度越高，表明酒店产品的品质越好。良好的产品品质保证了酒店品牌资产的持续增值。

D. 忠诚度。忠诚度是客人对某一酒店品牌产生的感情的度量，反映了客人的偏好由一个品牌转向另一个品牌的可能程度。一旦建立品牌忠诚，就可以节约促销费用，扩大并延续品牌的宣传效果，让品牌充当商品或服务的"无形推销员"，在短期内扩大产品的市场份额，减少价格弹性，确保竞争优势。

（3）品牌定位。品牌定位是在品牌诊断的基础上，针对消费者的心理采取行动，将品牌的功能、特征与消费者的心理需要联系起来，让品牌进入消费者的视觉，引起他们的注意。

①酒店面对的是一个庞大的异质市场，在这个市场上，消费者的需要、爱好、特征等不同。酒店进行品牌定位，要结合自己的长处，选准市场的空缺，树立独特、鲜明、新颖的企业形象。对酒店而言，可供选取的空缺有：经营上酒店应根据不断变化的市场和需求，开发全新的经营方式。酒店中日渐增多的定制化服务项目，就充分考虑了客人的个性需求，开拓了新的经营天地。

②年龄上。酒店可以根据不同年龄消费者的偏好进行定位。如针对年轻人感性消费这一特点，一些休闲餐饮店在产品配方、店堂布置、服务安排等方面迎合了他们的需要。近年来，银发市场以其特殊的魅力引起了酒店的普遍关注。

③性别上。有的酒店专门设置女宾楼层，在客房布置上充分考虑了女性的生理和心理特点。如镜前灯明亮、柔和，适合女性化妆；洗发液的量相应多一些等。男性客房内备有剃须膏、剃须刀等。

④时间上。即根据不同时间段的消费特点进行定位。如近年来，年夜饭市场越来越火爆，因此，春节成为餐饮市场的重要销售时机。又如，每年六月一些酒店推出高考房，给考生提供了一个安静的复习迎考环境，同时，推出一系列适合考生需要（补脑健脑、补充体力）的菜肴食品，赢得了考生和家长的欢迎。

⑤生活上。酒店可以根据消费者不同的生活习惯进行定位。如杭州的凤凰寺酒店定位于清真酒店，成为众多新疆人的聚集地；一些酒店推出"无烟房"，满足了女性客人的需求。

⑥地域上。不同的地域环境有不同的民俗风情，酒店可以根据地域上的特征进行定位。如延安的一家窑洞酒店，依据其所处的地域（黄土文化和红军革命文化）进行定位，以黄土高原特有的窑洞作为酒店的客房，以红军长征中发生的感人事迹作为菜名，打出了自己独特的品牌。

⑦利益上。酒店可以考虑利用利益上的空缺进行市场形象定位。比如，定位于理想的家庭旅游酒店，可以通过开辟儿童娱乐室，提供儿童代管服务，组织客人去动物园游玩等突出自己的形象。

(4) 品牌扩散，以传播沟通为手段展现品牌特色。在市场竞争日趋激烈的今天，酒店要善于通过对外传播和对内沟通，全方位、多渠道、多角度、多层次地进行品牌宣传，系统开发品牌信息载体，大力宣传品牌信息，树立酒店品牌形象。酒店在进行品牌宣传时，应出奇制胜，或用精练的语言，或以幽默的画面表达既有特色又能被广大公众乐意接受的品牌信息。

(5) 酒店主题营销。酒店主题营销是指酒店为了引起社会公众的关注，令其产生购买行为而开展的一种营销策略。酒店主题营销的突出特点是，赋予酒店营销活动以某种主题,酒店的环境布置、相关产品、服务、色彩、灯光、服饰等都为主题服务,以引起客人的关注。

酒店主题营销的实质是以不同文化为基础的差别化营销。不同文化可以是不同地域、不同国家、不同民族的文化,也可以是现实、怀旧、复古、未来、想象,还可以是娱乐、体育、文学、艺术等。如"迪斯尼酒店"、"金字塔酒店"、"奥运酒店"等都以特殊的文化背景创造酒店主题,开展酒店主题营销。

差别化是酒店策划人员别出心裁地创造出来的独特、新颖、能够引起客人关注的主题。如火车蜜月酒店、末代皇帝盛宴等,均以独具特色的差别化主题开展营销活动。所以,主题营销实质上是以某一特定文化为基础的差别化营销。正确运用酒店主题营销的策略和方法,要做好以下工作。

主题类型包括主题酒店、主题客房、主题餐厅、主题活动。每一方面主题具有不同的表现形式。如主题客房,可以是老年客房、儿童客房、蜜月客房,也可以是卡通人物客房,还可以是不同地区、不同民族风情的客房。同样,以主题活动作为主题营销的内容,也有各种类型。如以节假日为主题的营销活动,以民族风情为主题的营销活动,以复古为主题的营销活动等。选择主题类型是一个丰富、大胆、奇特的创意过程,要根据酒店市场状况、客观环境、客人需求变化、消费发展趋势、经济实力等确定,并在此基础上设计一个响亮、好听、好记的名称,为酒店主题营销活动的开展创造良好的基础和条件。如杭州开元之江度假村酒店曾举办特色鲜明的"春天的旋律"、"浪漫夏日"、"金色秋天"和"温馨冬季"四季主题营销活动,酒店主题营销活动中的"热气球婚宴"、"草坪嘉年华"等活动更是堪称经典,不仅使酒店保持了旺盛的生命力,还拥有了一批主题营销活动的忠诚客户。

4. 设计主题产品或活动

酒店主题营销通过主题产品或主题活动满足客人的需求。

(1) 主题产品设计。主题产品的设计主要表现在酒店客房、餐厅、康乐设施的内部装修、家具选用和环境布置等方面,主要采用招投标方式,在明确各类产品的主题内容、主题风格、表现形式的基础上,请专业装修公司事先做好室内设计,经酒店经营者审核同意后再施工。所以,主题产品设计与酒店建筑、装修或改造密不可分,是一个复杂的过程。

(2) 主题活动设计。主题活动设计是在选择主题活动类型和名称的基础上,对环境、装饰、美化、家具、用具等按主题活动的要求和表现形式进行设计和布置,以烘托主题活动的气氛,创造独特的主题意境,形成酒店主题活动营销的吸引力。

(3) 开展主题宣传与推销。酒店主题营销的目的是用独特、有吸引力的主题吸引客人、扩大产品销售。开展主题营销宣传要做好计划、制定宣传创意,利用报纸、电台、电视、横幅、户外广告等各种方式广泛宣传,使主题营销活动的内容、形式、特色、服务项目、价格等为目标市场的客人了解。与此同时，还应对主要客户发出邀请信、消费卡、优惠卡，采用电话推销、人员推销等形式，认真做好主题营销活动的客源组织和产品推销工作。

(4) 做好主题营销组织和管理。主题营销组织和管理是指按照主题产品、主题活动的要求和表现形式，做好日常接待服务的组织管理工作。一是主题产品和主题活动的环境布置、美化和气氛，突出主题；二是以主题为中心，组织服务人员切实提供有主题特色的优质服务；三是随时收集客人的建议和意见，不断改进和完善营销主题，提高设施利用率，获得良好的经济效益。

5. 酒店网络营销

酒店网络营销是以互联网为传播形式，借助网络、电脑通信和数字交互式多媒体等技术沟通供求之间的联系、销售产品和服务的一种现代营销方式。随着信息革命、电子计算机和信息网络化的迅速发展，酒店主要通过网上预订系统开展营销活动。著名的网上预订系统有"旅行网络"、"世界一流酒店组织"、"e 龙网"、"携程网"等。我国几乎所有参加国际酒店集团的酒店都加入了所属集团的全球预订系统，开展网络营销，取得了良好的营销效果。

酒店开展网络营销，主要是建立内部管理网（Intranet）和外部业务网（Extranet）。内部管理网是用电子计算机将酒店预订、接待、分房、收款等各项管理工作联结起来，并与本公司或集团的酒店联网，使酒店内部各部门之间和酒店集团内部各成员酒店之间实现信息共享、资源共享。外部业务网是酒店参加酒店集团或独立的国际互联网，然后在国际互联网上发布本酒店的广告、图片、产品和价格信息，开展网上预订和营销。如假日酒店简体版中文网站。

正确运用网络营销，酒店要做好以下三个方面的工作：

(1) 参加国际或国内互联网络。酒店开展网上营销，必须参加国际或国内互联网络，建立自己的计算机系统。这是开展网络营销的物质基础。酒店选择实力较强、设备技术先进、成本较低、加盟费用较低并且业务范围对口的网络或网站，运用自己的计算机系统，通过互联网开展网上营销，能收到较好效果。

(2) 做好网站设计。互联网没有时间和空间限制。酒店只要认真做好网站或网页设计，就可以在网页或网站上发布自己的信息，开展网上营销。

(3) 积极开展网上营销。积极开展网上营销，就是在酒店网站或网页设计的基础上，在酒店销售部或预订部配备专业网上营销人员，不断发布本企业的网页信息和广告，待客人点击和浏览后询问、了解预订信息时，在网上回答客人咨询，受理客人的订房和宴会、会议预订工作，在网上为客人提供优质服务，满足客人的消费需求。

第四章

酒店服务与质量管理

第一节 酒店服务

酒店是为客人提供住宿、餐饮、康乐、购物、商务等一系列综合服务的企业。酒店提供的产品是有形产品与无形产品的结合，作为无形产品的服务，在酒店产品中占有重要的比重。"一切为客人着想"是酒店各项工作的出发点。牢固树立酒店服务的理念，加强酒店服务质量管理，是酒店管理的重要内容。

一、酒店服务的概念与特点

（一）酒店服务的概念

酒店服务是酒店向客人提供的各种劳务活动的总称。

从酒店的角度理解服务，酒店服务是酒店向客人提供的具有一定品质的无形产品。酒店服务以手工劳动为主，尽管服务有时需要借助一定的设备设施才能实现，但酒店服务水平的高低主要取决于员工的综合素质和服务能力。

从客人的角度理解服务。人们在酒店消费过程中，希望能够满足物质、精神和心理上的需要，而这些需要，只有通过酒店服务才能实现。在酒店服务中，客人有时可能没有得到物质性的结果，却得到了精神和心理上的享受。客人在酒店感受到的是一种来自酒店的综合体验。对于客人来讲，他们更关注酒店服务的过程，更注重在酒店的感受，而不仅仅是得到什么服务的结果。

从以上分析可以看出，酒店服务由提供服务的员工和接受服务的客人双方组成，是一个动态、复杂、综合的过程。服务的目的是为了实现酒店和客人的效益目标。随着我国社会主义市场经济的发展，酒店行业进入微利时代，酒店之间的竞争将更加激烈，酒店服务成为酒店树立品牌、扩大销售、争夺市场、提高效益的重要手段，服务将在很大程度上决定着竞争的胜负。酒店服务包含有形服务和无形服务两方面，决定前者的主要因素是酒店的硬件水平，决定后者的是软件。酒店的服务必须做到：无形服务的有形化；服务过程的程序化；服务行为的规范化；服务管理的制度化；服务结果的标准化。无形服务的载体是有形服务的各要素，只有无形服务的实现才体现出有形服务的存在价值；有形服务则通过无形服务得以充分体现。

1. 有形服务对酒店的影响

在酒店营销管理中，要切实做好有形服务的管理工作，以便能有效地向客人传递产品信息，吸引目标客源。良好而完整的有形服务能够塑造酒店优秀的市场形象、给客人营造高享受的氛围、给客人以深刻的印象、使客人信任酒店、提高客人感觉中的服务质量、促使酒店提供更优质的服务，使客人满意。酒店的一切有形服务主要由服务要素体现，有形服务要素时时刻刻地在向客人展示着酒店的形象和档次，从而获得顾客的欢心，给予顾客惊喜。注重有形服务要素，对于以提供无形产品为主的酒店行业，特别是现在处于微利时代的酒店来讲，有着十分重要的意义。酒店的有形服务要素有以下体现：

(1) 酒店的地理位置。酒店的最佳选址是在商业行政中心，或是交通方便的主要风景名胜区，这是因为来酒店的客人大多是为经商、公务或旅游，他们需要有一个方便的地理位置。如位于市中心的广州花园酒店给客人感觉是商务型酒店，而位于风景区的广州鸣泉居度假村会被认为是度假型酒店。

(2) 建筑风格。酒店的建筑设计、外部造型、内部装饰和陈设一定要有特色，酒店特色可以突出民族特色、地方特色或特别现代化的时代特色等。如高耸入云的广东国际大酒店，坐落于珠江白鹅潭、环境独特的广州白天鹅宾馆，都展现了豪华型酒店的特征。

(3) 装饰布置。酒店注意装饰会使客人感到愉快和舒适，这是一家优秀酒店不可缺少的独特项目。如装饰典雅别致的大堂酒吧会促进客人的消费，又如大堂饼屋的蛋糕陈列，印制精美的酒店宣传资料等，都在时时刻刻地向客人传递着酒店的品质信息。

(4) 服务环境。酒店服务环境是有形产品的派生物，是有形产品综合作用而形成的一种感受，如顾客和服务人员的数量、外表、行为等都决定着客人是否愿意在此逗留。

(5) 餐饮出品。酒店餐饮出品是酒店标榜自我、区别与其他同行不同的关键，酒店提供美味佳肴是满足客人需求的重要方面，也是吸引客源、开拓市场的重要条件。一家优秀的酒店应拥有制作特色菜肴、面点以及懂得服务心理学的特级、一级厨师和点心师。白天鹅宾馆招待英国女王的菜式至今仍为人津津乐道，这是其他酒店难以媲美的。

(6) 酒店员工。酒店训练有素的餐厅服务员，仪表端庄的接待人员，稳重而彬彬有礼的管理人员等都给客人营造了一种可信度，这也是酒店服务质量得以保证的“软件”因素，良好的酒店员工应具有优良的思想素质、业务素质和心理素质，还能把这些素质表现在日常的酒店工作中，可以具体化为丰富的酒店服务知识、随机应变的服务能力和热情周到的服务态度。

(7) 服务设备。酒店的接待用车、大堂的行李车、餐厅的桌椅等都为客人推测酒店的档次和质量提供了证据，这是酒店服务质量得以保证的“硬件”因素。白天鹅宾馆的奔驰接待车就是身份的象征。

(8) 店徽、商标。酒店店徽、商标能够将本酒店与竞争对手区别开来，使客人联想到其服务特色，刺激客人的购买欲望，提高酒店的营销效果。如广州中国大酒店的灯笼店徽就塑造了一种高贵独特的市场形象。此外，店徽、商标还可以体现一个企业的精神和文化，形成有效的舆论气氛。

可见，有形服务是促进酒店营销的原动力，只有拥有完整的、高档次的有形要素，酒店才能在众多的竞争对手中树立起酒店的独特形象，让顾客有消费的欲望与信心，酒店的效益才能够得到保障，酒店才能不停地发展。先进的有形服务还是酒店提供优质服务的基础，也给无形服务提供巨大的支持，是无形服务的原动力，同时也要努力使无形产品和服务有形化，使客人有更身临其境的感觉。

2. 无形服务对酒店的影响

无形服务在酒店提供的服务中占重要地位，提高无形服务质量，能有效提高宾客的满意度。特别是无形的那部分商品是酒店产品区别于其他行业的一个重要特征，使顾客从心理和情感层面上得到最大的满足，使之成为忠诚度极高的回头客。因此酒店员工就要对酒店所提供的无形产品给予特别的重视，意识到自己的一言一行都是构成酒店商品价值、使酒店产品价值升值的重要因素。无形服务的一般内容包括：服务态度、服务技能、服务效率、服务方式、服务细节等。

服务态度是指员工对客人的态度，一般包括服务语言、服务礼貌礼节等，要求员工对客人要热情、主动、耐心、周到、有爱心；服务技能是指员工的操作技能、处理特殊事件的技能、推销技能、沟通技能等；服务效率是酒店素质的综合反映，要求员工提供服务要殷勤敏捷，准确无误；服务方式体现着酒店的管理水平和对客人的沟通强度；服务细节是酒店员工爱心与服务技能的体现。

(二)酒店服务的特点

1. 综合性。酒店除了满足客人住宿、饮食等方面的基本需要外,还需满足客人在商务、购物、娱乐、健身、通讯、交通、旅行等方面的需要。酒店服务的综合性,要求酒店要不断完善服务项目和服务设施,满足客人日益增长的需要。酒店服务的综合性,要求酒店内部各部门之间要加强沟通与合作,加强酒店与社会上相关行业和部门,如交通(航空、铁路、公路、航运)、金融、保险、通讯、邮电、公安、卫生、医药、商业、餐饮、娱乐、旅行社等的密切联系,满足客人的各种需要。同时,还应从经济学、管理学、社会学、文化学、民俗学、宗教学、心理学、美学等不同学科的角度理解酒店产品的含义。

2. 无形性。酒店提供的是虽然没有一定形态,也不能触摸,但可以让人感觉和体验的"无形产品"。这种产品只有在员工与客人同时参与的服务过程中,通过客人的感觉、体验和评价而存在。酒店服务结束时,客人只能获得对酒店服务的享受和回味。因此,客人更关注消费过程中的综合感受,而不是得到什么样的结果,即得到一个什么样的酒店产品。再优秀的服务也将随着服务过程的终结而消失,只能给客人留下一个美好的回忆。

酒店服务的无形性,为客人购买酒店产品带来一定影响。因为酒店不能预先将产品全面展示给客人,客人也不能预先试用或感知酒店产品。要消除酒店服务无形性带来的负面影响,可以采取有形展示等渠道,将酒店产品的无形性变得可以让客人感知和触摸。

3. 生产与消费同步性。客人对酒店产品的需要,决定了酒店产品的生产。产品一旦生产出来,立即进入销售和消费环节。因酒店产品的生产、销售和消费是同时进行的。酒店服务的这一特殊性决定了酒店服务是在员工与客人之间面对面进行,客人直接参与了酒店产品生产的全过程。员工的一言一行、一举一动都让客人看在眼里,记在心上。这为酒店服务提出了更高的标准,即要求给客人提供的每一项服务都要尽可能的完善,尽可能不要给客人留下遗憾。因为酒店服务给客人造成的不满和遗憾具有不可弥补性。

4. 差异性。酒店服务的差异性由客人和员工双方共同决定。

首先,客人存在职业、职务、经济状况、学历、性格、爱好等方面的差异,对酒店产品有不同的要求,所以,酒店提供的服务也将随着接待客人、时间、地点和内容的变化而不同,导致酒店给客人提供的服务存在差异。客人需求的差异性和复杂性,为酒店服务带来一定的难度。

其次,由于酒店员工存在知识、素质、能力、技能、心理、性格等方面的差异,提供给客人的服务不可能完全相同。酒店不仅要求员工依据酒店服务标准和规范提供标准化、规范化的服务，还要依据客人的爱好、性格和特殊需求等提供因人而异的个性服务。酒店应高度重视客人对酒店产品的个性需要。酒店服务是规范服务和个性服务的有机结合。

5. 不可储存性。酒店服务的价值具有时间上的限制，具有就地消费的特点，酒店服务的不可储存性，使供需双方矛盾突出。酒店因为客流量和客人需求的随机性而导致生产的数量难以确定。况且，客人进入酒店后立即就要消费酒店产品，这就要求酒店要及时提供让客人满意的产品和服务，对酒店的服务效率提出更高的要求。酒店服务的即时性，决定客人不能跨越时空的界限消费酒店服务，为消费酒店产品带来了一些不可逾越的障碍。

二、酒店服务中应树立的基本观念

(一) 宾客至上，服务第一

酒店服务中，首先应树立“宾客至上，服务第一”和“客人就是上帝”的观念。“宾客至上，服务第一”就是把客人放在酒店工作的首位，想客人之所想，急客人之所急。把最大限度满足客人合理、正当的需要作为各项工作的出发点。

世界著名的假日酒店以“从客人的实际需要出发，为他们提供周到的服务”作为酒店工作的座右铭。随着酒店市场竞争的日益加剧，客源争夺越来越激烈。为最大限度吸引客人并满足客人的需要，酒店的服务项目和服务范围不断增加和延伸，如一些酒店为满足商务客人的需要，增设了秘书、翻译、办公自动化、个人保险、贴身管家等服务。

一切为客人着想，不断满足客人的需要是酒店各项工作的基础，是酒店服务的宗旨。

(二) 客人永远是正确的

1. “客人永远是正确的”是被称为“现代酒店之父”的斯塔特勒先生的著名格言。他认为，不管什么原因，服务员都不应该和客人争吵，否则会永远失去客人。

“客人永远是正确的”成为酒店业普遍奉行的信条，是做好酒店服务工作的基本指导思想，是无条件全心全意为客人服务的具体实践。酒店每一名员工应深刻理解并全面贯彻这一理念。

从酒店服务与管理的角度理解，只要客人的需求不违反国家的法律、法规，所有合理的需求都应得到满足。酒店不能以任何理由和借口拒绝客人的要求。因为只有客人满意了，才会消费酒店产品。客人是酒店效益的源泉，是酒店生存和发展的基础。

酒店服务中坚持“客人永远是正确的”，有利于维护客人的自尊。酒店以客为尊，主动谦让，取悦客人，才能提高客人对酒店产品的满意度，并在客人满意的基础上为酒店带来口碑效应。否则，会因客人对酒店工作不满而影响酒店的声誉和形象。

酒店服务中倡导“客人永远是正确的”，不是说客人没有错的时候，员工没有正确的时候，而是要求员工在酒店服务中坚持“把错误留给自己，把正确让给客人”。加强对员工宽广胸怀和较高心理素质的培养。为了酒店的利益和发展，员工在工作中要有宽宏大度、委曲求全和谦让客人的思想和心理准备。

在酒店服务中倡导“客人永远是正确的”的同时，还要注意维护员工的利益。一些酒店设立了“委屈奖”，奖励在酒店工作中因为维护客人利益而受到委屈的员工。对员工进行物质和精神方面的奖励，使员工得到精神和心理上的安慰。这不仅使“客人永远是正确的”得到落实，还体现出了酒店对员工的关心、理解和支持。

2. 在“客人永远是正确的”的前提下，可以保证酒店对大范围、最大程度上来招徕顾客，但这同时也要照顾好员工的利益。“宾客至上”与“员工第一”似乎存在着矛盾、冲突，要处理好这两者的关系，是酒店管理者的一项重要课题。

以往的若干年，酒店的经营管理工作始终强调的是“宾客至上、服务第一”。随着管理水平的提高，管理观念的更新，管理者将人本观念与管理观念相结合，使“宾客至上、员工第一”的现代管理观念越来越多地运用于现代酒店管理。

“宾客至上”与“员工第一”范畴不同，应该相互并列。从“宾客至上，服务第一”转到“宾客至上，员工第一”，有的管理者和员工会误以为员工第一就是把员工放在宾客之上，会削弱员工的服务意识，降低服务质量，这是没有真正理解“宾客至上，员工第一”的辩证关系。“宾客至上”和“员工第一”并不在同一范畴中同时出现。“宾客至上”是指酒店员工及管理者对待客人的态度；而“员工第一”则是指管理者对待员工的态度。也就是说当客人与员工在各自范畴中时是至上、第一的，两者是并列的、不相矛盾的。

“宾客至上”是目的，“员工第一”是保证。酒店是服务行业，服务行业的商品是服务，购买商品的是宾客，而提供商品的是员工，那么员工与宾客之间的关系就不言而喻了。酒店经济效益与宾客消费水平成正比。也就是说，在服务中要体现“宾客至上”，提供优质服务，使客人在酒店感受到“家”的温馨、“家”的温暖，最终赢得客人对酒店的信任，并为酒店带来经济效益，就必须遵循“要让客人笑，先让员工笑”的规则。员工是提供服务的保证，有了满意的员工，才会创造满意的服务，才会有满意的客人，才会有企业良好的效益。这就要求管理必须为员工营造一个“人格有人敬，成绩有人颂，困难有人帮，饥苦有人疼”的良好的企业氛围，让员工切实感受到领导对他们的关心与爱护，增强员工对企业的凝聚力和归属感。如可以设立评比“服务之星”、“技能之星”等，都是员工第一的具体体现，都极大地调动了员工的工作积极性，也使员工认识到自己的工作与酒店发展紧密相联，才能发自内心地爱企业，真诚地对待客人。

“员工第一”不是疏于管理后的第一。常言道“没有规矩则不成方圆”，严格的制度、规范的管理是企业发展的保证。“员工第一”是体现在管理者对员工严格管理下的关心、爱护与培训上，是在指正员工不足的同时，正面引导激励员工，帮助他们健康进步，并为员工创造工作、学习、发展的环境、机会，使员工在企业有一种荣誉感和归属感。

“以人为本”为员工创造更好的生活环境。当我们把“以人为本”融入管理时，就已将人力资源作为企业的最大资源和财富。怎样发挥人力资本的最大价值或发挥人的积极因素，“员工第一”做出了答案。训导工程的启动，为员工创造出工作、学习、发展的环境和机会，给了员工明天的“饭碗”；“服务之星”的评比，激励了员工敬岗、爱业；“委屈奖”的设立让员工感受到酒店的温暖。另外还应让员工切身感受到我与企业兴衰的紧密关系。换句话说，只有酒店极大的昌盛，员工的个人福利才会大幅度地提高，二者成正比关系。

3. 正确理解“客人永远是正确的”。如何对待一时出了差错的客人，如何处理酒店与客人之间的关系，酒店工作中要认真分析。“客人永远是正确的”不能只停留在口头上，而要落实在行动上，贯彻在各项工作中。

“客人永远是对的”这一观念，就是要求酒店站在客人的立场上去考虑问题，给客人以充分的尊重，并最大限度地满足客人的要求。具体体现在以下四个方面：

(1) 要充分理解客人的需求：对客人提出超越酒店服务范围、但又是正当的需求，这并不是客人的过分，而是酒店的不足，所以酒店必须作为特殊服务予以满足，若确实难以满足，必须向客人表示歉意，取得客人的谅解。

(2) 要充分理解客人的想法和心态：对客人在酒店外受气而迁怒于酒店，或因身体、情绪等原因而大发雷霆，对此出格的态度和要求，酒店必须给予理解，并以更优的服务去感化客人。

(3) 要充分理解客人的误会：由于文化、知识、地位等差异，客人对酒店的规则或服务不甚理解而提出种种意见，或拒绝合作酒店，所以必须向客人作出真诚的解释，并力求给客人以满意的答复。

(4) 要充分理解客人的过错：由于种种原因，有些客人有意找茬儿，或强词夺理，酒店必须秉着“客人至上”的原则，把理让给客人，给客人以面子。

（三）在客人面前不能说“不”字

在酒店服务中，不能对客人说“不知道”、“不清楚”、“不归我管”等话。不能推诿和敷衍客人提出的任何问题。酒店员工由于岗位的不同，可能对酒店其他部门和岗位的情况不十分了解，遇到客人提出自己解决不了的问题时，要帮助客人通过相关人员解决问题；问题实在解决不了，要向有关领导反映，直到给客人以满意的答复。

（四）“酒店服务无小事”

酒店服务工作是由具体复杂的琐碎小事组成的，服务工作看起来微不足道，但是一件事情处理不好，就会影响客人对酒店服务工作的整体评价。细微之处出了问题，会导致酒店各项工作前功尽弃。通常情况下，大问题能引起酒店的高度重视，而细节之处却往往被忽视，造成“抓大放小”，导致客人对酒店服务不满意。

在激烈的市场竞争中，酒店要赢得客人，必须在细微之处下功夫。酒店要重视小事、关注细节，把小事做细、做透，因为细微之处见真情。细节显示差异，细节影响品质，细节体现酒店的品位。

（五）“100－1＝0”

“100－1＝0”是对酒店整体工作评价时常用的一个公式。该公式的含义是：尽管酒店服务绝大部分都是合格、优秀的，只要有一个环节或一位员工存在让客人不满意的地方，就会影响客人对酒店整体工作的评价，甚至导致酒店工作的前功尽弃。

酒店是一个有机整体，各项任务的完成，需要每个部门、班组、员工的通力合作才能实现。离开任何一个部门，酒店服务都不可能完善。这就要求每位员工在酒店工作中树立全局一盘棋的思想，顾大体、识大局，共同维护集体的荣誉。

“100－1＝0”也反映出，客人眼里的酒店产品是一个整体产品。一位员工工作中出现问题，客人就认为是酒店服务中存在问题。员工不仅代表自己，还代表整个酒店。因此，在酒店工作中，要树立整体意识，不要因为一位员工在工作中存在问题而影响客人对酒店的整体评价，影响整个酒店的形象和声誉。

三、酒店服务的内容

酒店是一个向客人提供综合性服务的场所，其服务主要包括以下几方面。

（一）礼貌服务

酒店是服务性机构，礼貌服务是酒店服务最基本的内容，也是酒店服务最主要的特征。礼貌礼节是对进入酒店工作的每一位员工培训的首要内容。酒店服务中应体现出文明礼貌、热情周到、彬彬有礼。主动问候客人，向客人行适当的礼节。服务员通过良好的仪表仪容、规范的礼貌礼节和语言行为将友好和关爱传递给客人。

礼貌服务表现在员工的语言、行为、表情等方面。员工要主动问候客人，问候语要因人而异，灵活机动，不要只会死板生硬地说“你好”或“欢迎光临”，尽可能用姓氏、职务或头衔称呼客人。礼貌是客主双方都应该遵守的，酒店工作中，服务员应掌握处理下列问题的方法。

对客人不礼貌的语言和行为，服务员怎么办？

(1) 服务员要尽量克制自己的情绪，保持冷静、理智的态度，努力做到骂不还口、打不动手。

(2) 对于客人的一般不礼貌行为，服务员要尽可能做到照常为之服务，该道歉的道歉；或当事人可适当回避，由其他服务员代替服务。

(3) 对于客人的严重不礼貌行为，服务员也不可与客人出手对打。应立即报告保安部，由他们解决，当事员工应尽量回避。情节严重，由酒店保安部门拨打110帮助解决。

在酒店服务管理中，要在员工中树立“人人都是经理”的大局观念。

上面已述及，在酒店服务中有一个非常著名的公式“100－1＝0”，这个公式揭示了酒店服务中的一条真理：由于酒店服务的不可储存性，决定了酒店服务中的每一个细节都不能出错，每一个环节和细节上的失误都会导致整个服务的被否定。如何才能做好细节服务呢？细节服务看似简单，仿佛举手之劳，但真要做好，却并非易事，因为许多时候需要掌握时机，灵活应变，见缝插针，这既取决于员工自身的素质，又和整个酒店企业文化的潜移默化、耳濡目染密不可分。树立“服务无小事”的意识，在日常服务中，几乎找不到能称之为大事的工作，但小事有一件做不好，都会直接影响到客人对酒店整体服务质量的印象。正因为服务都是琐碎的“小事”，所以才会使人产生疲沓、厌倦等情绪。所以如何使员工牢固树立“服务无小事”的意识，并能自觉地执行，是酒店管理者所必须认真考虑和研究的问题，也是做好细节服务的关键所在。从管理者做起，管理者的带头作用在任何工作中、任何时候都是有效的。例如在餐厅，如果一名经理发现一位顾客的酒杯空了去倒酒，那么相信站在旁边的服务员就一定不会再站着不动了，且他会记住这一幕，在以后的工作中也不会再让客人的酒杯空着了。同时在酒店服务中管理者的带头作用还有一个非常重要的附加作用，那就是客人会感到他在该酒店受到了特殊待遇，从而增加了对酒店的信任度和忠诚度。所以说，成功与失败的距离并不遥远，它们的差距往往就在毫厘之间，就在细微之处，而管理者的身先士卒，往往会起到事半功倍的效果。员工素质很重要，细节服务是一项经常性、日常性的工作，和员工的素质密不可分。首先，细节服务需要员工有敏锐的观察力和判断力，有良好的职业修养和职业道德，其次，还要有良好的服务技能。

如在客房服务中，经常会遇到客人散落在桌上写过字的纸和吃剩下的食品等情况，处理时就需要有很好的判断力。企业文化具有潜在作用，人是需要精神支柱的，而细节服务则需要企业文化的潜移默化。从另一方面说，细节服务也可以丰富企业文化，细节服务做多了，积累多了，就能从中总结提炼出许多好的精神，且这些精神是源自于自身，因此就更容易被消化，更容易引导和指导员工的工作细节。服务贵在坚持，要使员工在一段时期内做到类似于“微笑、称姓”等细节服务并不难，困难在于让每一位员工、在每时每刻、对每一位宾客都能做到这一点。

如果哪家酒店能坚持做到这一点了，那么这一家酒店一定是一家具有一流服务水平的酒店。

所以说，细节服务的成功就在于“坚持”二字，要坚持做到：微笑多一点，嘴巴甜一点，做事勤一点，谈话轻一点，效率高一点，行动快一点，点子多一点，理由少一点，脾气小一点，肚量大一点，小事糊涂一点，人情味浓一点，遇到困难冷静点，商业秘密保守点，处理问题灵活点，待人接物热情点，了解问题彻底点，工作紧张用心点，工作方法慎重点，心胸大度宽容点，互相学习进步快一点，公私分明赏罚现实点。

（二）微笑服务

微笑是人类最美好的语言，是一种不分国界的语言，是一张向客人表达美好祝愿的明信片，也是酒店热情服务的一种体现。有了微笑，客人会感到友善、祥和、宽容、温暖，如沐浴春风；有了微笑，会缩短客人与酒店之间的距离和陌生感，使员工与客人之间的误会和不理解得以消除。没有幸福愉快的员工，就没有愉快满意的客人。酒店服务中要通过每一位员工发自内心、真诚、亲切、甜美、恰到好处的微笑去感染每一位客人，赢得每一位客人。有人说，微笑无需任何成本，却能创造出许多利润。酒店业的先驱康纳德·希尔顿也这样来要求他的员工：“你今天对客人微笑了吗？”

微笑服务要求员工在酒店服务中遇到客人要笑脸相迎，并保持自然、真诚、恰到好处的笑容。为此，酒店对员工要进行微笑方面的训练，开展微笑服务评比工作。如每月或每季开展“微笑小姐”、“微笑大使”等评比活动，不断提高酒店服务的水平。

微笑给人以一种亲切、和蔼、热情的感觉，加上适当的敬语，会使客人感到亲切、安全，到酒店有宾至如归之感。微笑服务可以使酒店顾客的需求得到最大限度的满足。酒店除了满足顾客物质上的需求外，也应满足顾客精神、心理需求。实践证明，诚招天下客，客从笑中来；笑脸增友谊，微笑出效益。笑有多种多样，要笑得亲切、甜美、大方、得体，只有对酒店顾客尊敬和友善及对自己所从事工作的热爱，才会笑容满面地接待每一位顾客。微笑服务应作为一个规范，贯穿于工作的全过程，并应对所有酒店顾客都一样。笑要自然，因为顾客是"上帝"；笑要甜美，因为客人是"财富"；笑要亲切，因为客人是嘉宾。因此，职业素质要求酒店工作人员能做到一到岗位，就把个人的一切烦恼、不安置于脑后，振作精神，微笑着为每一位宾客服务。

由于地理和人文环境的卓越优势，我国的旅游业已经跃居成为第三产业的龙头产业，展现出强劲的发展势头和发展前景。行业竞争日益激烈，各旅游企业要想在竞争中立于不败之地，为旅游者服务是根本指向，所以不论从硬件设施还是软件服务上，行业内的比拼和较量从未停止过，而做好微笑服务更是旅游企业的一个重要增值点。

以"微笑"为主题，并将之作为服务宗旨和企业文化，这样的国内外著名酒店不胜枚举。因为任何一家酒店的管理者都明白，微笑是不用翻译的世界语言，微笑传递着亲切、友好、愉快的信息。

有人可能会说，微笑不过是人的一种表情，强调"微笑服务"也不过是一种概念化、理念化的东西，又有何成本可言。然而作者认为如果将"微笑服务"视为一项可以为企业利益增值的活动策划方案，那么对于"微笑服务"的贯彻实施将不再显得概念化，而是可以看得见和摸得着的行为，那么很显然，对于这件行为的实施是有成本可言的。

"微笑服务"所能带来的酒店效益得益宾客对酒店的满意度，这个服务的"收益"主要来自于住店宾客的再次入住消费和介绍其他客人的第一次入住消费。假设在酒店正常营业的某一天内，"微笑服务"活动得到了很好的实施。入住的所有客人由于得到了很好的服务并对此满意，其中有部分客人将再次入住消费或者介绍其他客人第一次入住消费，很显然实施"微笑服务"活动，一天的收益是远远大于所要支出的成本。所以从功利主义哲学的角度而言，这是符合"幸福最大化"原则的。

康纳德·希尔顿提出的经营旅馆业的座右铭是"你今天对客人微笑了吗?"这也是他所著的《宾至如归》一书的核心内容。许多大型酒店成功的秘诀无疑是将"微笑服务"上升为品牌文化。一个成功的酒店管理者也不会仅仅将"微笑对客"挂在嘴边，如何贯彻这项服务宗旨，取决于促成这项宗旨的各项措施，并使之上升为酒店的特色，甚至是企业的文化。微笑服务不仅仅只是对客人微笑，要有源于内心的愉悦而产生的微笑；要排除客人的烦恼，将微笑传递给顾客；要有适时的微笑和准确的肢体语言；要与顾客进行感情沟通和准确的意思表达。

（三）称呼服务

称呼是人与人之间交往的通行证。称呼必须符合客人的年龄、性别、身份和职业等特征。称呼得当可以使对方感到亲切，获得心理上的满足，达到沟通顺畅，交往成功的目的。

主动热情地称呼客人是一种服务的艺术，也是一种艺术的服务。有些酒店规定，在为客人办理入住登记时，至少要称呼客人名字三次。

(1) 对于回头客，不能笼统地称“先生”、“小姐”，应亲切地称呼客人的姓氏和职务，如王局长、张总经理等。

(2) 对于年长者可称之“爷爷”、“奶奶”、“叔叔”、“阿姨”等，更显亲切。

在大厅、走廊遇到客人时要主动打招呼，主动让路，若知道客人姓名，早上见面应称呼：“××先生(小姐)，早安！”对不熟悉的客人面带笑容，有礼貌地说：“先生(小姐)，早安！”或可点头致意说：“您好！”对相隔一段时间没见的客人要招呼道：“××先生(小姐)，很高兴见到您，您好吗？”在行走中，有急事需要超越客人时，应先对客人讲：“先生(小姐)，对不起，请您让一让。”然后再超越。若遇两位客人同行时切忌从客人中间穿过。因工作需要，要与客人一同乘坐电梯时，要请客人先进；若电梯拥挤时，不要强行进人，更不要与客人抢搭电梯。出电梯时应按着电梯开关，让客人先出。客人正在谈话，有急事找他，不要冒失打断客人谈话，而要有礼貌地站在客人一旁，双目注视要找的客人。客人意识到你有事找他，向你询问时，应先向客人表示歉意：“对不起，打扰您一下。”然后讲述事由，说话简明扼要。待客人答复后应向其他客人表示歉意，“对不起，打扰了”，然后有礼貌地离开。若客人未觉察到你要找他时，应在客人谈话的间隙说：“对不起，打扰几位一下，可以吗？”经得同意，方可插话。当客人提出的问题，自己不清楚，难以回答时，要请客人稍候，向有关部门请教或查询后再回答，不能使用“不知道、我想、不能”等词语去答复客人。若问题较复杂，可以请客人回房稍等，弄清楚后再答复客人。若经努力仍无法解答也应给客人回言，耐心解释，表示歉意。当你在岗位上工作时，一客人缠着你聊天，你可以询问客人是否有事需要帮忙。也礼貌地向客人解释，工作时间不便长谈。若客人不罢休，可以借故暂避。

（四）热情服务

热情服务、真诚待客，是酒店服务的宗旨。没有热情就难以体现酒店服务的盛情。中华民族有着数千年的历史与文明，人与人之间特别强调亲情和友情。酒店服务中突出以情感人、以情动人。情感服务成为酒店服务的灵魂。

热情服务往往通过微笑、礼貌、主动等服务体现。酒店要求员工视客人如亲人、如朋友，以满腔热情去真心帮助客人。员工在热情服务中也要自然、大方，不卑不亢，不矫揉造作、不低三下四。

注意：

(1) 热情服务时要避免"服务过剩"，注意把握好"度"。过分热情的服务，会让客人感到不自然、太拘谨，甚至引起客人的反感。

(2) 把握好服务的时机。该出现的时候出现，不要让客人感到有"多余服务"的感觉。

(3) 充分尊重客人的隐私权和生活方式，为客人"保留一定的自由空间"。

酒店服务应满足客人不同的需求，有针对性地提供无干扰服务，酒店标准化的规范是死的，而人的需要是活的。客人各种各样的需求中也包括"无需求"这种需求。充分了解客人的"无需求"，有针对性地提供无干扰服务，是酒店应对服务员培训的内容。酒店服务中要把握好服务的"度"，不要让客人感到服务的多余。要把握客人的需求，适时提供无干扰服务，如留心观察客人的体态表情。要留心观察客人的体态表情，热情过度的服务，会造成客人拘谨、压抑的感觉和无奈的表情。听话时要分析客人的言语，客人的言语能反映出客人的需求趋向，服务员应学会领会客人的意思，该出现的时候出现。否则，过度热情服务，会引起客人反感。要注意客人所处的场所。一般来讲，选择安静角落就餐的客人，希望服务员站得远一些，尽量少打扰他们。服务员一味按酒店操作规范提供服务，结果往往适得其反。

(五) 标准服务

标准服务是酒店向客人提供的统一、可检验的重复服务，标准服务可以满足客人普遍、共性的需要。

标准服务是酒店服务的基础，是确保酒店服务质量的关键因素。酒店要不折不扣地执行服务规范和程序，提供规范服务。如客房服务中，进客房要先敲门并自报家门；做卫生要干湿抹布分开。餐厅服务中，进入餐厅的客人落座后，服务员先为客人送上小毛巾，让客人擦拭手和脸；服务员为客人斟酒时应站在客人右边，身子侧向客人，右手执酒瓶，并且商标对着客人，等等。遇到刁难的客人时，要遵照"客人总是对的"的原则，有礼有节地耐心解释，要注意听客人的问题，分析其刁难服务人员的原因，尽力帮助客人解决难题。若客人要求与酒店相悖，则需要解释，若是无理要求，则婉转地回绝。当服务中出现小差错时，要向客人表示歉意，并及时采取补救的办法。事后查找原因,如实向上级汇报,吸取教训。客人当面批评,应虚心听取,诚意接受,向客人表示歉意,马上加以纠正。客人书面批评,我们也应虚心接受,好的意见要采纳并纠正我们的缺点,若客人还未离馆,应主动上门,征求意见,向客人道歉,表示感谢。遇到衣冠不整、欠礼貌的客人时,应以友好的态度对客人表示歉意后,以婉转的语言动导、提醒客人,使客人能遵守酒店的规则,切忌与客人争论,绝不能多人同时以生硬的态度指责客人。在服务中,不管在什么情况下都应该忘记自己的私事,把精神投入到工作中去。要经常反问自己在服务中是否做到脸带笑容和给人留下愉快的印象,只要每时每刻都记住"礼貌"两字,便能够在服务过程中自我约束,给客人提供良好优质的服务。伤残人士进酒店消费时,服务员要尽量提供方便,使他们得到所需要的服务,不要感到奇怪和投以奇异的眼光。如果他们要自己做,就要灵活适当地帮助他们,使他们感到你的帮助是服务而不是同情。因此,我们一定要留意伤残人士所需要的服务。客人投诉服务员态度欠佳时,要遵照宾客至上的宗旨,无论情况怎样,均要向客人道歉,向客人表示我们改正的决心。发现客人损坏酒店物品时,服务员应马上上前清理碎片,询问客人有无碰伤,若有碰伤应马上采取措施,并在客人用膳完毕婉言向客人收取赔偿费。在电话中,客人有事需要服务员帮忙转达时,要集中精神耐心听清楚,并认真做好记录。待听完后,向对方复述一遍以防错漏,并要记上接听电话的时间,客人或上司回来后马上转告。遇上客人有伤心的或不幸的事,心情不好时,要细心观察和掌握客人的心理动态,做好我们的服务工作;要尽量满足客人的要求,客人有事需求时要尽快为他办妥;态度要和蔼,服务要耐心,语言要精练;要使用敬语安慰客人,但不要喋喋不休,以免干扰客人。对客人的不幸或伤心事,要抱同情的态度,不能聚在一起讨论、讥笑、指点客人或大声谈笑等。若需要整个酒店的集体帮助,要及时向上司反映,有必要时采取适当的措施,确保宾客安全。

我国酒店业中普遍存在服务不规范、不标准的问题,导致员工在服务过程中主观、随意的现象时有发生,让客人感到服务的差别较大,有时客人应享受到的服务大打折扣,客人对酒店服务质量存在意见。

酒店实行标准服务是对员工工作行为的制约和规范,但并不是要求员工只能循规蹈矩。酒店服务中,要注意调动员工工作的积极性和创造性,激励员工在标准服务的基础上创新地开展工作。

张先生是一家针织厂的厂长,因公务经常出差。某三星级酒店离他办事的公司较近,因此,张先生每次出差都住在该酒店。一次,张先生去总台退房结账,前厅服务员王小姐一边熟练地为他办理离店手续,一边热情地同客人寒暄。说话间张先生拿出一根烟点上,王小姐赶紧送上烟灰缸。正在这时,电话响了,是客务中心打来的,说张先生所退房间的地毯上烧了一个烟洞。王小姐当即询问客人,但客人矢口否认自己在房间里抽过烟。王小姐看看客人手上的烟，觉得处理此事有点为难。

正确的处理方法是：既能让客人接受这次赔偿的事实，同时也尽可能为客人着想，维护客人的权益。前厅服务员可以告知客人，酒店查房制度非常严格，上一个客人退房时，服务员经过了认真检查，在房间物品没有任何问题的情况下才让下一位客人入住。现在地毯上有烟洞，应该是这位客人不经意间烧的。因为客人不是故意的，所以赔偿的也仅仅是此地毯的部分价格。由于这块地毯的破损，酒店要把此房列为维修房。新地毯完全铺好起码需要一天，这一天此房不能出售，所以，酒店的损失不止是这块地毯的价格。希望客人能理解酒店的难处，协助共同维护酒店的制度。当客人有赔偿的意愿时，可以采用灵活的方法处理此问题。酒店可以采用变通的方式给张先生一个常住客人的优惠价，以弥补客人的这次损失。

综上所述，酒店要严格查房制度，有破损的要报维修，不能将就，以免冤枉客人，给客人造成不良感觉。同时酒店也要注意维护每一个客人的权益。前厅服务员要注意处理问题的技巧和艺术性。既要维护酒店的制度，又要注意给客人留面子，不能得理不饶人。适当的变通方式，既维护了酒店利益，又让客人能够接受。

（六）个性服务

个性服务是酒店因人而异提供的周密、细致的优质服务。如客人人格被尊重，个人癖好被满足，特殊疑难问题被解决等。个性服务的特别之处在于，为客人服务时不仅想客人之所想，而且想客人之未想；不仅让客人满意，而且让客人惊喜。这是个性服务追求的境界。

1. 酒店如何实现个性服务

(1) 超前了解客人的生活习惯、爱好和特点。只有超前了解客人的生活习惯、爱好和特点，酒店服务才能提供有针对性、主动、灵活、具体、细致和超出常规的服务。因为规范服务满足了客人普遍的、共性的需要，而客人个别、偶然、特殊的需要只有通过个性服务才能满足。

(2) 建立一套扎实的规范服务的标准。个性服务是建立在规范服务基础之上的更为出色、周到的服务。只有建立一套行之有效的规范服务的标准，才能确保个性服务的实现。

(3) 加强对员工的培训。个性服务的实现有赖于高素质的员工，有赖于员工强烈的敬业精神、丰富的专业知识、娴熟的服务技能、灵活的应变能力和深厚的文化底蕴。只有不断加强对员工进行思想道德、服务意识和业务知识的培训，才能更好地为客人提供个性服务。

2. 标准服务与个性服务的关系

标准服务与个性服务是酒店服务的两个方面，具有辩证统一的关系。标准服务是基础和前提，个性服务是酒店服务的提升和追求的更高境界。标准服务强调服务要遵守规范和程序，个性服务强调服务的灵活性和针对性。

标准服务和个性服务对不同层次的酒店其要求也是不一样的。一般来说，低星级酒店注重规范服务，打好基础，然后在这个基础上提供个性服务；高星级酒店则更强调个性服务，努力做到优质、高效，提高酒店的服务质量，增强酒店产品的竞争力。酒店一方面严格要求服务人员执行服务标准，培养自觉遵守服务规范的职业习惯；另一方面又鼓励、引导员工灵活运用规范与标准，使日常操作升华为个性服务。忠于规范，又高于规范，标准服务与个性服务一起才构成酒店的优质服务。

当年，斐济国总统访华，他访问了我国几个城市后来到上海，下榻锦江酒店。这位身材高大的总统有一双出奇的大脚。在访问中国期间，他没有穿到一双合脚的拖鞋。当他走进锦江酒店的总统套房，一双特大号拖鞋端端正正摆在床前，总统穿上一试，刚好合脚。他不由哈哈大笑，问道："你们怎么知道我的脚的尺寸？"服务员说："酒店公关部人员早就把您的资料提供给我们，我们特地给您定做了这双拖鞋，您看合适吗？""舒服，太舒服了。大小正好！谢谢！"当总统离开中国时，特意把这双拖鞋作为纪念品带回了斐济。

为做好特色服务，一方面，酒店要建立好客户档案。酒店客户档案包括：客人的常规档案、个性档案、习俗档案、反馈意见档案等。客户档案是为客人提供个性化服务的依据。保存所有下榻本酒店贵宾的档案资料是锦江酒店的不同凡响之处。为了接待好斐济总统，锦江酒店通过我国驻外使馆、外事机构，以及查阅有关资料和观看有关录像片等多种渠道，事前尽可能详细地搜集资料，及时掌握前来酒店下榻国宾的生活爱好、风俗习惯等有关情况，尤其是对一些细节也不放过。这些客户档案为锦江酒店赢得客人的一致赞誉奠定了扎实的基础。另一方面，把客人的需要放在第一位。酒店的服务员不可能都去接待外国元首，但锦江酒店"把客人的需要放在第一"的服务理念值得学习。每位服务人员心中都应有一本客情档案。服务员要做有心人，客人的娃名、国籍、爱好、忌讳都要记在心上，以帮助提供有针对性的服务。

（七）主动服务

主动服务是酒店传统的被动服务观念的转变。想客人之所想，想客人之未想，是酒店主动服务追逐的目标。如何变客人潜在需求为现实需要，主动服务起着至关重要的作用。

（八）细微服务

常言说，细微之处显真情。细微服务是员工与客人之间心灵的沟通。只有员工用心去观察、去服务，才能够发现客人点滴之处的需要，为客人提供至真至美的服务。细微服务要求服务员学会察言观色，及时洞察客人的要求，及时为客人提供耐心、主动的服务。优秀的酒店往往把他人忘却、忽略了的细枝末节作为提升酒店服务水平的突破口。细节是酒店服务的魅力所在。细节出口碑，细节出真情，细节出效益，细节是酒店制胜的法宝。正是细微服务，做到了客人心坎上，让客人感动，让客人对酒店认可。此外，酒店不仅要加强对员工洞察力的培养，还需要制定行之有效的管理措施，确保细微服务的实现。

（九）耐心服务

酒店员工的工作内容单一、枯燥，劳动时间长，劳动强度大，工作非常辛苦。并且，服务员面对的客人复杂、多变，有时还会遇到苛刻、挑剔，甚至是无理取闹的客人。因此，酒店要教育和培养员工认真对待每一位客人，对待每一件事情，努力做到百问不厌，持之以恒。保持一颗平常心，耐心细致地做好酒店工作。

例如：遇到客人醉酒，服务员怎么办？

(1) 在餐厅、酒吧、歌舞厅遇到醉酒客人，服务员应请其朋友帮忙将其带离营业场所，以免影响酒店正常营业，并停止对其供应酒水。若是独自一人，也应停止向其提供酒水，将其搀扶到休息处。

(2) 酗酒后的客人回到居住的房间，服务员应将卫生纸、纸杯放在床头柜上，在床边放好垃圾桶，并注意观察客人的情况，及时采取措施。

(3) 对于酗酒后破坏酒店设备、物品的客人，酒店保安要出面制止，服务员应对损失情况予以登记，以便赔偿。

（十）超前服务

服务员要善于想客人之所想，想客人之未想。在客人提出问题的前三秒钟想到并且做到。超前服务要以充分了解客人爱好、性格、需要为前提。超前服务能给客人带来惊喜，甚至终生难忘的记忆。

一次，美国客人史密斯先生住在曼谷东方酒店。他落座后向服务员要了一杯咖啡。咖啡送到后，服务员立即往杯中放了两块糖，正想说“请慢用”，客人先开口：“小姐，你怎么知道我要两块糖？”客人的表情明显带着不满，弦外之音是：你太自作主张了！服务员马上向这位客人深深地鞠了一躬，说：“史密斯先生，五年前你在这里喝咖啡是要求放两块糖的，所以我就这么放了。如果有什么不对，我立即改正。""你还知道我的名字？你还记得五年前的情形？"史密斯先生顿时展开笑颜，冲着服务员伸出拇指夸奖。

从这个案例中可以看出：酒店要加强对员工职业能力的培养。为客人提供优质服务，酒店要培养员工的观察力、记忆力，思维能力、应变能力，而这些能力发挥的前提条件是员工的工作态度。工作态度由职业意识、职业习惯和职业心态构成。在为客人提供服务之前，要超前了解客人的需要。曼谷东方酒店的这位服务员能做到超前的个性化服务，取决于其超前了解了客人的爱好和需要，不等客人开口，所有的要求即可满足。

（十一）超常服务

超常服务是用超出常规的方式满足客人个别的、偶然的、特殊的需要。超常服务最容易打动客人的心，最容易给客人留下美好的印象，最容易招徕回头客。例如有一家酒店在接待客人时，发现客人说话很不流利，一问才知道客人正患口腔溃疡。客人外出回到酒店后发现，有治疗口腔溃疡的药放在床头。第二天，服务员为还客人送来了柚子汁和小黄瓜，因为客人不便说话于是留了便条，说是希望对康复有帮助，很贴心！以后这位客人每次到这个城市就要住进这家酒店，并且给酒店介绍了许多客人。

（十二）快捷服务

酒店服务讲求时效性，迅速、准确地为客人提供服务，既可以提高工作效率，又可以避免客人长时间的等待。因为服务效率问题，已成为客人投诉的焦点问题之一。对每个人来讲，时间都很宝贵，长时间的等待会让客人心急。因此，酒店服务追求快捷、高效的目标。酒店员工要牢记"一切为客人服务"的理念，把客人的需要放在工作的首位，不拖拉、不推诿，努力在最短的时间内解决客人的问题，或给客人以满意的答复。一些酒店提出"服务一次到位"，就是为了提高服务效率；还有些酒店实行"首问负责制"，就是将客人提出的问题在最短的时间内尽快予以解决。世界著名的希尔顿酒店就是通过"快捷"来实现服务的效率，注重对客人要求的快速反应，以此突出酒店的特色。

如郑州四季同达生态园是河南省第一家集绿色、生态、人文为经营特色的生态、观光餐饮企业。餐厅为客人提供了一个与大自然零接触的就餐环境。该餐厅有一个特色，传菜员都是穿着旱冰鞋为客人提供传菜服务。餐厅传菜员精湛的服务，不仅吸引了就餐的客人，最重要的是突出了服务的快捷，大大提高了传菜的效率。

（十三）适度服务

适度服务是在最恰当的时间、最适宜的场合，提供给客人恰到好处的服务。强调在服务中把握好“火候”与“度”。当客人需要服务时，服务员立即为客人提供周到的服务；当客人暂不需要服务时，服务员应该回避，避免过度服务情况的发生。

过度服务是指由于酒店员工未能充分了解客人的需求，提供不为客人接受、认可并且干扰客人在酒店正常消费的服务项目、内容和方式。过度服务看上去是对客人需求的关注，事实上可能影响客人在酒店的正常生活和消费，让客人感到服务的多余，生活的不自在和拘谨。

酒店关怀客人，要以客人自由为前提。过度服务不仅给客人带来额外的负担，还会浪费酒店的资源，增加成本的支出。酒店服务是一门艺术，客人需要张弛有度、恰到好处的服务。服务太过了或不到位，都不能得到客人的认可。酒店员工要善于把握服务的“火候”与“度”，随时洞察客人的需求，并准确捕捉到有用的信息来满足客人的需求，这样才能提高客人的满意度，甚至超出客人的期望值。

（十四）金钥匙服务

1. 金钥匙服务的概念

金钥匙是指由为服务行业献身的酒店委托代办金钥匙成员们组成的国际专业组织。金钥匙是国际酒店业中一个知名的服务品牌。体现在三个方面：

（1）金钥匙柜台即酒店前台的礼宾部（Concierge）。源于法语，原意是指古时宫廷或酒店的守门人，负责迎来送往并掌握客房钥匙，后来是指法国酒店的委托代办。

（2）金钥匙服务即酒店礼宾部所提供的委托代办服务。金钥匙服务几乎无所不包，只要不违反道德和法律，客人的任何要求金钥匙服务都尽力满足。金钥匙服务已成为世界各国高星级酒店服务水准的形象代表，成为高档酒店个性化服务的重要标志，被称为“现代酒店之魂”。

（3）金钥匙会员是指被国际金钥匙组织正式接纳为成员的优秀酒店礼宾部负责人（礼宾司）。“国际金钥匙协会”会员身穿燕尾服，领子上别着十字形金钥匙，成为金钥匙的标志。这些交叉着的金钥匙不只是一个识别标志，更是信誉的保证和优质服务的标志。

2. 金钥匙服务的特点

（1）专业化金钥匙成员是具有强烈的服务意识、丰富的专业知识和高超服务技巧的专业服务人员，提供从客人下榻酒店开始，围绕客人住店期间的需要开展的一条龙服务。金钥匙服务让客人自始至终都感受到一种无微不至的关怀与宾至如归的感觉,是在酒店具有高水平的设施、设备以及完善的操作流程基础上,更高层次酒店经营管理艺术的体现。对高星级酒店而言,酒店金钥匙是管理水平和服务水平成熟的标志。

中国酒店金钥匙服务的项目包括以下内容。①行李及通讯服务:运送行李、电报、传真、电子邮件及跑腿;②问询服务:指路等;③快递服务:国际托运、国际邮政托运、空运、紧急包裹、国内包裹托运等;④接送服务:汽车服务、租车服务、接机服务;⑤旅游:个性化旅游服务线路介绍;⑥订房服务:房价、房类、折扣、取消预订;⑦订餐服务:推荐餐馆;⑧订车服务:汽车及轿车等租赁代理;⑨订票服务:飞机票、火车票、戏票;⑩订花服务:鲜花预订、异地送花;⑩其他:美容、按摩、跑腿、看孩子、邮票等。

(2) 个性化金钥匙根据客人的特点和要求提供有针对性的个性化服务。酒店金钥匙对中外客人来说是酒店服务的总代理,一个旅途中可以信赖的人,一个充满友谊的忠实朋友,一个解决麻烦问题的人,一个提供个性化服务的专家。

美国总统布什是在美国遭受"9.11"事件后,于2001年来中国上海参加APEC会议的。布什下榻于上海波特曼丽嘉酒店,这家酒店曾接待过美国前总统克林顿。酒店一个很重要的准则,就是为每一位客人提供个性化的体贴入微的服务,当然包括布什总统这样一位特殊的客人,使他感到在中国很安全,酒店就像他的家一样温馨。

由于种种原因,这一次,布什总统没有携带夫人一起来,但酒店知道他们是一对很恩爱的夫妇,于是,就从美国找来一批放大的照片,其中有他夫人和女儿的照片,还有他两条爱犬的照片,准备悬挂在总统客房的最显眼处,让他一走出电梯就可以看到。由于安全的原因,布什上楼的路线一改再改,所有照片也只得一移再移。最后在18日晚上,布什来到总统套房的楼层,一眼就看到自己夫人的照片时,顿时非常感动地问酒店管家:"你们是怎么找到这些照片的?"管家告诉他:"这是一个秘密,我们只希望能给您带来一些家的感觉。"他笑眯眯地说:"我已经有这个感觉了。"

布什总统有早锻炼的习惯,而且特别喜欢跑步。酒店特意为他准备了一个放满各种跑步用品的包,里面有镶着他名字的运动衫、短裤、袜子、毛巾,甚至连鞋子上也有他的名字。他很喜欢这份特殊的礼物。他的管家第二天早上告诉酒店,总统收到礼物的当天晚上,就穿着运动服在房间里跑来跑去。

丽嘉酒店的服务颇具个性化,对客人的爱好了如指掌,细微之处令人惊叹。美国第一夫人最大的爱好是阅读,她在大学里学的是图书管理。酒店考虑到布什在上海时间紧,没有机会买东西送给夫人,于是就买了一套英文版的《红楼梦》,并在外面用绸缎做了一个精美的盒子，作为礼物送给第一夫人。更有趣的是，布什总统十分疼爱他的两条狗，以前去哪里都带着它们。酒店想方设法为两条狗专门做了两件中国绸缎的衣服，上面还绣了狗的名字。结果布什对这些特殊的礼物爱不释手。布什总统是得克萨斯州人，他身边许多工作人员都是他以前做州长时的老部下。除了布什总统外，怎样才能让他的工作人员在上海有宾至如归的感觉？送他们每人一枝黄玫瑰，因为黄玫瑰是得克萨斯州的州花，送黄玫瑰就是欢迎归来的意思。于是酒店在半年前就订了6000多朵玫瑰，一方面采用黄玫瑰来做大堂中间的巨型盆花，另一方面包括记者在内的所有客人进入大堂时，都会得到一朵黄玫瑰。这个效果出奇的好，当客人看到黄玫瑰时，万分惊喜。后来，布什总统的公关顾问回美国后，给丽嘉酒店总经理寄来一张卡片。她告诉总经理，当她的美国朋友听到布什在上海时住的是波特曼丽嘉酒店时，许多人马上说："哦，这是一个美国酒店集团。"但她马上纠正他们："这个酒店比美国酒店还要好。"

布什总统离开的那天，当他再次经过酒店后台时，突然在洗衣房门口停了下来。他不顾外面60多辆车子都在等他，走进洗衣房与员工一一握手，而且主动提出要与员工合影留念。这是很少见的，难怪白宫工作人员后来评价丽嘉酒店的工作几乎接近完美的境界。

这是一个非常成功而有启发性的案例。通过个性化、情感化的服务，体现了中国人民热情好客的优良传统和美德。布什总统是一国元首，这次接待不仅是一种荣耀，还体现了酒店因人而异的个性化服务和酒店的温馨服务、细致服务，体现了酒店就是要给客人营造一种家的感觉和温馨。

(3) 网络化。网络化是金钥匙通过建立城市中的服务关系网以及会员之间的服务协作，为客人提供跨行业、跨地域的服务。以友谊和诚信为纽带而形成的服务网络，使酒店服务打破了同行之间合作的障碍，使服务从酒店内部延伸到了酒店外部，延伸到了世界不同国家和地区。

(4) 国际化。随着金钥匙服务网络化的不断发展，其国际化的发展趋势也日益明显。金钥匙服务已打破了国家和地区的限制，客人不论在哪里提出服务的要求，金钥匙成员将通过国际酒店金钥匙组织使其愿望得以实现。例如，一天，南京金陵酒店的金钥匙打电话给广州白天鹅宾馆的金钥匙，称金陵酒店一位已赴广州的客人误拿了另一位新加坡客人的行李，请求广州方面协助查寻。白天鹅宾馆的金钥匙获悉立即赶赴机场，找回了被误拿的行李。但当他们回复金陵酒店的金钥匙时，金陵酒店方却说这名新加坡客人已飞赴香港。于是他们又与香港方面的金钥匙联系，香港方面的金钥匙接到消息后，马上在香港机场找到了这位新加坡客人，告诉他行李找到了，他们又用特快专递将新加坡这位客人的行李发送到新加坡，并与新加坡方面的金钥匙联系落实此事。几天后，新加坡方面的金钥匙回电，这件几经周折的行李已"完璧归赵",送到客人手里。

国际金钥匙组织创始人费迪南德·吉列特说,国际金钥匙组织遵循友谊与服务的格言——无论在世界的哪个角落,金钥匙们都会倾尽全力,去延续肩负的使命:以真诚服务于我们的职业,我们的酒店,乃至整个旅游业。

3. 金钥匙的服务理念

要在不违反法律的前提下,使客人获得满意加惊喜的服务,国际金钥匙组织要求"忠诚",即对客人忠诚,对企业忠诚,对社会、法律忠诚。要求金钥匙服务中坚持"宾客至上,服务第一"的原则,通过高超的服务技巧和广泛的联系网络,急客人之所急,解客人所难,犹如一把万能的金钥匙一样为客人解决一切难题。

4. 金钥匙的价值观

先利人后利己,在客人的惊喜中找到富有的人生。

5. 金钥匙的工作准则

如果符合法律和道德约束,永不言"不";中国酒店金钥匙组织的座右铭:"友善待客之道为服务之本";工作口号是"友谊、协作、服务";使命:"为全世界旅行者提供高效、准确、周到、完美的服务,倾尽全力将卓越的服务体现在我们所做的每一项工作中,为客人解决难题,带来惊喜"。

四、酒店服务的艺术

酒店服务不仅是一门科学,还是一门艺术。员工在与客人打交道的过程中,不仅要了解客人心理,还要处理好对客服务的技巧。

(一) 角色艺术

1. "角色"一词在中文中是指生活中某种类型的人物;在英文中角色(role)一词有"任务、作用"的解释。综合上述两种含义,角色就是某人在某一位置上发挥某种作用和去完成某种任务的意识。角色在社会生活中具有多重性。在人生的大舞台上,每个人扮演着不同的角色。对于酒店员工来说,在家里可能既是女儿、又是母亲,在社会交往中既有朋友、又有同学,到了商场变成了顾客,而在酒店工作岗位中则成为一名服务员。这就要求每个人要有角色感,不论你是何人,也不管你有什么个性,只要在酒店这个特定环境中,就要处理好自己的角色。

2. 角色转换。不论酒店员工在社会生活中有多少个角色,一旦进入酒店,就要做好角色转换。在社会生活的其他领域,也许是别人服务于你,而在酒店,你要服务于他人,实现这种角色转换,并不是一件容易的事情。因为现在酒店员工以年轻人居多,不少员工在家是独生子女,生活方面基本上依靠父母,很少为他人服务。性格上也表现出自信、任性、固执、骄傲的一面，缺少为他人服务的意识。这为酒店管理带来一定难度。酒店要重视加强对员工服务意识和角色意识的培养和教育。让员工充分认识到，豪华、舒适的酒店是为客人提供的，不是供员工享受的。角色不清，把自己的位置摆错了，为客人提供优质服务的目标就难以实现。

酒店管理人员在帮助员工树立好服务角色的同时，也要认识到酒店小环境与社会大环境之间的差异。员工在遇到各种不利于服务角色发挥的困难和矛盾时，管理人员要主动关心员工、爱护员工。为了酒店的利益和客人的利益，酒店要求员工在对客服务中做到骂不还口、打不还手，为此，员工可能会受到一些委屈。事后，酒店管理人员要对员工进行精神上和心理上的安慰。对员工予以理解和支持，帮助他们树立工作的信心。

3. 服务角色。酒店员工要树立一切为客人着想，全心全意为客人服务的思想。树立角色意识，正确认识服务角色。始终把客人放在工作的中心位置，处理好对客关系。要求员工不要以自己的情绪去控制、指挥他人。不能让客人围着自己转，看自己的脸色行事。

4. "非个性"的角色。对酒店工作而言，不管你是何人，也不管你有什么个性，只要你处于酒店员工这种角色，你就要按照社会对酒店服务人员的角色要求去行动。生活中的员工可能较内向，不善于言谈，但是见到客人就要主动问候客人，积极与客人沟通，甚至在短暂的时间内与客人"一见如故"。

角色是"非个性"的，而扮演角色的每个人却是有个性的。有个性的人扮演"非个性"的角色，"非个性"的角色由有个性的人来扮演，这就造成了人与角色之间的矛盾。一种情况是，一些员工个性上的弱点使他们扮演不好自己所承担的角色；另一种情况是，一些员工认为他们所承担的角色束缚了自己的个性，很难胜任自己的角色。

酒店服务角色的"非个性"，要求每个员工在酒店服务中不要以自己的喜、怒、哀、乐影响别人，不要以个人的喜好而强加于别人。酒店服务的客人有个人爱好、性格和特长。如何针对有不同个性特征的客人提供个性服务，在酒店服务工作中应引起高度的重视。

一天，雨淅淅沥沥下个不停，花园酒店来了两位年轻人。这两位客人一进门就大声嚷嚷："伞放哪儿？"服务员感到客人不甚礼貌，就漫不经心地往身后的伞架一指，两位客人没找到，转过来恼怒地问："开什么玩笑？"服务员不高兴了，一声不吭把他们领到拐角处的伞架旁，转身走了，憋不住轻声嘟囔了一句："没看见！"两位年轻人听成"没长眼"，立即回道"你才没长眼"，与服务员发生了争吵。

酒店大堂副理与这位员工交谈时发现，她没有摆正自己的角色。她以日常生活中"人与人平等"的观念来处理这件事，认为客人一进来就不礼貌，后又出言不逊，认为客人先不尊重她，她为什么要以礼相待，最终从角色错误导入服务误区。

酒店服务中提倡“客人永远是对的”，培养员工“得理也得让人”的涵养和气度。只要客人不违反国家法律法规和酒店制度，就不能与客人“平起平坐”讲道理，针锋相对争谁是谁非。只要员工找到了自己的服务角色和合适位置，服务工作中存在的一切问题都能顺利解决。

（二）沟通艺术

1. 沟通在酒店工作中具有重要的意义。社会生活中有人的地方都需要沟通，酒店是服务行业，与建筑、消防、食品、卫生、商业、餐饮、娱乐、运输、金融、保险、工商、税务等相关行业有密切的往来，酒店应加强与这些行业的沟通。酒店内部部门与部门之间、上下级之间、员工与客人之间每天也需要及时的沟通和交流。

酒店要提高服务质量，赢得客人满意，沟通是一种重要方式。沟通，是相互的，是员工与客人、员工与员工之间的相互理解、相互支持、相互协调、相互帮助。理解是沟通的前提，员工要理解出门在外客人的心理和想法，客人也要理解员工工作的艰辛与不易。

2. 沟通的主要形式：沟通主要通过思想、心灵、语言、行为等形式实现。

(1) 思想沟通。思想沟通是最高境界的沟通，是酒店各项工作的基础。酒店工作中的思想沟通体现在，员工要想客人之所想、想客人之未想；视客人为亲人、为朋友；多站在客人角度考虑问题等方面。酒店要求员工在短时间内与陌生人主动进行思想沟通，从员工角度考虑确实有难度，为此，酒店要加强对员工人际关系、交往能力等方面的培养，尽快缩短员工与客人之间的思想距离。

(2) 心灵沟通。酒店服务是员工与客人之间心灵的交流，是心贴心的服务。将心比心，是沟通最重要的手段和技巧。员工一个眼神，一个手势，一声祝福，一脸笑容都能达到超乎语言的境界。

(3) 语言沟通。语言是实现人与人之间沟通的重要形式。美好的语言，可以表达彼此美好的祝愿、衷心的祝福。酒店服务中，员工要善于使用语言与客人进行交流，用真挚、美好的语言与客人进行面对面的思想和情感交流。“您好”、“谢谢”、“感谢您的支持”等礼貌用语不仅表现了酒店对客人的尊重、感激，还缩短了酒店与客人之间的距离，使客人有“家”的温馨和温暖。加强员工语言表达能力的培养，是酒店的一项重要工作。

(4) 行为沟通。行为是人们日常生活交往的一种方式。员工的一举一动不仅代表酒店为客人提供服务，还是实现与客人沟通不可缺少的方式。员工在工作中要严格执行酒店员工的行为规范，努力做到行为与语言的统一。

（三）换位艺术

酒店服务中存在着提供服务的员工和接受服务的客人，员工与客人扮演着不同的角色。不同的角色决定了他们处于不同的位置，有不同的权利和义务。对于员工来讲，他代表酒店为客人提供服务，满足客人的需要。也就是说，在客人面前，员工不仅代表他本人，而且代表酒店。员工不仅是酒店利益的忠实维护者，还是客人利益的代表者。员工在酒店服务中不仅要为酒店考虑，而且要替客人着想，这为酒店服务工作提出了更高的标准和要求。基于双方所处的位置不同，角色不同，酒店要求员工在工作中应多站在客人的角度考虑问题。一些酒店开展“假如我是一名客人”的活动，让员工多进行换位思考，设身处地为客人着想。换位思考是酒店服务工作的一种艺术，是将心比心。员工和客人只有多站在对方角度考虑问题，才能设身处地为他人着想，充分理解和支持对方。

（四）语言艺术

语言是人们用来表达意愿、交流思想感情的工具。酒店服务过程中语言的恰当运用，对加强员工与客人之间的思想和情感交流，协调酒店与客人之间的关系，起着极为重要的促进作用。酒店服务语言不仅讲究准确、完整、规范等科学性，还要强调谈吐高雅、语调亲切、音量适中、嗓音甜美、语言流畅等艺术性以及风趣、幽默、得当、委婉等技巧性。

1. 语言表达要亲切文雅

亲切文雅是一种行为方式，以人的知识、教养和内涵为背景，是真、善、美的统一。亲切文雅的语言，隐含着一个人温和、善良的品质和恭敬他人的态度。亲切文雅的语言不能简单等同于礼貌用语，它的内容更丰富，是酒店员工语言表达必须达到的基本要求。为此，酒店制定了一系列服务规范用语。如酒店服务中的“五声”：

客人来店有迎声：如“您好”，“欢迎光临”，“先生，早上好”等；

遇到客人有称呼声：如“王先生”，“张经理”等；

受人帮助有谢声：如“谢谢您的帮助”，“给您添麻烦了”等；

麻烦客人有致歉声：如“打扰您了”，“实在很抱歉”，“对不起”等；

客人离店有送客声：如“欢迎您下次再来”，“一路平安”，“再见”等。

酒店客房、餐厅、走道、卫生间等地方有时会有一些提醒客人的告示性语言，也要注意用语的温情与温馨。避免使用“严禁”、“不要”等生硬的措辞。如三星级的绍兴酒店通过真情挚意和具有环保意识的话语，将酒店规章制度、对客服务的承诺呈现在客人面前。酒店客房床头柜上有一块“欢迎参加我们的环保活动”的醒目牌子:"欢迎参加我们活动,您只需在离开房间前做几件事:将房间灯熄灭,关掉空调、电视;减少被单、浴巾的更换次数,节约用水。绍兴酒店的全体同仁对您为节约资源所做的一切表示衷心的感谢!"牌子另一面写着"床上请勿吸烟"。卫生间梳妆镜旁草绿色的牌子上写道:"世界各地千万家旅馆中所使用的床单、浴巾每天都需要更换清洗,用掉了以几百万加仑计的水和以吨计的清洁剂。通常我们每天都对客人的浴巾、毛巾进行换洗,如果您觉得不必要,请将继续使用的浴巾、毛巾放到毛巾架上;若需要换洗,请将它们放在梳妆台下藤筐里。"充满了文明礼貌与环保意识的话语让客人感受到一份温馨。

2. 讲究表达的语言艺术

(1) 语言表达要得当。服务人员要注意说话的场合,考虑客人的民族、民俗、禁忌、爱好等,恰如其分地使用好语言。

(2) 讲话注意委婉、灵活。根据不同的地点、场合和具体情况,灵活、自如地使用语言。

(3) 适当使用幽默、风趣的语言达到引人入胜的境界。如果说委婉、灵活的语言是人们交谈中的"软化剂",幽默、风趣的语言则是谈话中的"润滑剂",可以使一时紧张的气氛变得轻松,比直截了当的话更易让人接受。

例如,一次几位客人到一家餐厅用餐。客人对他们点的"一虾双吃"中的竹节虾不满意。没好气地说:"小姐,你这是竹节虾吗?我看比虾米大不了多少!把你们经理叫来!"今天酒店的活虾确实不如平时的大,但也小不了太多。服务员小葛急忙解释:"各位先生,您别看这虾小,它们是野生的,营养、味道远远超过人工饲养的大虾!"一会儿,主宾又对小葛说:"小姐,你对我有意见?这么多人,为什么偏偏把鱼头朝向我?""不敢、不敢,……"小葛急忙摇头。"你得给个说法,不然这鱼头酒,你替我喝。"小葛微笑着说:"这是条鳜鱼,您是今天的贵客,鳜(贵)鱼不朝贵宾朝谁呢?"服务员小葛的语言风趣、婉转和幽默,简短几句话,让客人不好意思再难为酒店服务员了。

3. 注意语言技巧

酒店服务过程中不同语言技巧性的应用,将使酒店服务得出不同的结果。

如保洁员小王正在八楼电梯口清理垃圾桶内的垃圾,这时,从客房通道走来一位打扮时髦的女士,来到电梯口,按了下楼的电梯后,从向日葵盘上抠出几粒葵花籽,放入嘴中,嚼了几下,噗!将嘴中的葵花籽壳吐到了小王面前的地毯上。小王看了一眼女客人,嘴巴动一下,想说点什么,但还是忍住了。她蹲下身子,将葵花籽壳捡了起来,放入垃圾桶内,时髦女客人意识到了这些,脸一红,微笑道:"哦,不要这样,你说一下我就注意了。"

小王没有想到自己的行为给客人带来难堪,脑子飞转在考虑如何回答客人。

小王脑子里有几种回答的方式。

第一种："哦，您是客人，我怎么可以说您呢。"但又很快给予否定，因为这样客人更难堪。

第二种："不、不、不，这是我应该做的。"这种回答更不行，因为，这样会让客人看贱自己。

第三种："不用客气，我想您也不是故意的。"这是最佳的回答。

此时，电梯到了，小王按住电梯，微笑着向客人道别："不用客气，我想您也不是故意的。电梯到了，请走好。"时髦女客人面带微笑乘电梯下楼了。

第二节　酒店服务质量管理

服务质量是酒店的中心工作，是酒店的生命线，是酒店生存和可持续发展的基础，是酒店在激烈的市场竞争中获胜的法宝。所以，对于酒店来说，没有比服务质量更重要的。随着酒店业竞争的日趋激烈，客人对酒店服务质量的要求不断提高。酒店必须强化服务质量意识，不断探索提高服务质量的途径和方法，以满足日益增长的客人需要，实现酒店的经济效益、社会效益和环境效益目标。

一、酒店服务质量的概念

酒店服务质量是指酒店提供的服务在价值和使用价值上适合和满足客人在物质、精神和心理上需要的程度。适合是指酒店为客人提供的价值和使用价值能否为客人接受和满意；满足是指价值和使用价值能否为客人带来身心的愉悦和享受。酒店提供的服务的价值和使用价值适合和满足客人需要程度的高低，反映了酒店服务质量的优劣。适合和满足客人程度越高，服务质量就越好；反之，服务质量就越差。酒店服务质量有广义和狭义之分。广义上的服务质量包括酒店设备设施、实物产品和劳务服务三要素；狭义上的服务质量是指酒店单纯由服务员提供的服务劳动。这里主要研究广义上的服务质量。

二、酒店服务质量的组成

酒店服务是有形产品和无形劳务的有机结合；酒店服务质量是有形产品的质量和无形劳务质量的统一。有形产品的质量是无形劳务质量的凭借和依托，无形劳务质量是有形产品质量的延伸和完善。二者相辅相成构成完整酒店服务质量的内容。

酒店服务质量由酒店设备设施的质量、实物产品的质量、劳务质量、环境质量和安全状况五个方面组成。

（一）设备设施质量

设备设施是酒店赖以存在的基础，是酒店服务的依托。包括供客人使用的设备设施和酒店生产经营使用的设备设施两大类。

1. 供客人使用的设备设施包括前厅、客房、餐厅、会议和康乐等部门提供的供客人使用的设备设施。为保证酒店服务质量，让客人用得舒适、放心和满意，酒店提供给客人的设备设施应做到：

（1）设置科学、结构合理。

（2）配套齐全、舒适美观。

（3）完好无损、性能良好。

（4）操作方便、使用安全。

目前国内许多酒店一直在意上星级，其实星级酒店要符合不同的“硬件”要求，其中五星级旅游涉外酒店客房设备设施的基本要求有：①至少有40间（套）可供出租的客房，70%客房的面积（不含卫生间和走廊）不少于20 m^2，至少有5个开间的豪华套房，有残疾人客房。②客房装修豪华，有豪华的软垫床、写字台、衣橱及衣架，茶几，坐椅，床头柜、床头灯，台灯，落地灯、全身镜，行李架等高级配套家具。③卫生间用豪华建筑材料装修地面、墙面、顶棚，用良好的排风设施，110/220V电源插座，电话副机，吹风机和体重秤。安装高级坐便器。梳妆台，浴缸并带淋浴喷头，配浴帘，晾晒绳，24小时供应冷热水。④有直拨的国内、国际电话，有彩色电视机、音响设备，并有闭路电视系统，播放频道不少于16个，自办节目至少有2个频道。⑤有与五星级相匹配的文具用品，提供开夜床服务，24小时提供冷热饮用水及冰块，免费提供茶叶或咖啡，客房内设置微型酒吧，24小时提供中西式早餐，正餐送餐服务。⑥提供叫醒服务、留言服务，衣装湿洗、干洗、熨烫和修补服务，提供擦鞋服务。⑦客房、卫生间每天全面整理，每日更换床单和枕套，客房用品和消耗品每天补齐。

2. 酒店还要具有经营使用的其他设备设施。为保证酒店经营业务活动的正常开展，酒店锅炉、制冷、供暖、厨房等设备应做到保证供应、安全运行。酒店设备设施往往成为客人投诉的主要内容，所以，酒店要在设备设施的投入、管理上下功夫，为酒店服务创造良好的基础条件。

（二）实物产品质量

酒店实物产品的质量包括菜点、酒水质量。菜点、酒水是酒店的实物产品，满足了客人物质消费的需要，其质量的高低，影响客人对酒店产品的满意程度。酒店要在菜点和酒水的选料、加工工艺、口味、卫生等方面严格把关，确保提供给客人色、香、味、形、器俱佳的菜品。另外，酒店必须高度重视客用品质量，客用品是供客人消费的各种客房生活用品，既包括可以反复使用的低值易耗品，如枕头、棉被、茶具等，也包括牙膏、牙刷、香皂、拖鞋等一次性消耗品。酒店客用品的质量必须与酒店档次相适应。酒店要对实物产品的质量严格把关。因为实物产品的质量，直接影响客人对酒店的印象，影响酒店的服务质量。

（三）劳务质量

1. 服务态度

服务态度是服务工作的基础，与服务质量有着极为密切的联系。因为酒店服务是客主双方共同参与的过程，所以，酒店员工的服务态度可以让客人直接观察和感受到，成为客人评价酒店服务质量的首要指标。因此，酒店要加强对员工职业道德、良好修养、综合素质的培养和工作积极性、主动性和创造性的培养，让员工自觉为客人提供热情、主动、耐心、细致、周到的服务。

2. 礼貌礼节

礼貌礼节反映了酒店和员工良好的精神状态和文明礼貌的程度。由于酒店服务提供给客人的是面对面的服务，所以，礼貌礼节直接影响酒店的服务质量。

酒店礼貌礼节要求员工在工作中遇到客人要主动问候；开展微笑服务；员工要有良好的坐、立、行姿态，语言文雅动听，动作优雅，举止大方；待客谦恭有礼；员工衣貌整齐。

3. 服务项目

为满足客人需求上的差异性，酒店应设置客房、餐饮、康乐、商务、会议、交通等服务项目，让客人不出酒店，所有合理的需要都能满足，为客人在酒店的生活带来方便。

4. 服务技能

服务技能是酒店服务员在灵活、恰当地运用操作方法和作业技能时所表现出来的技巧和能力。酒店业是服务性行业，对员工的服务技巧和能力有较高的要求。酒店提供的服务是面对面的服务，不能存在让客人不满意的地方，不能存在任何缺憾，因为酒店服务具有不可补救性。因此，酒店要加强对员工业务知识和操作技术的培养。只有娴熟的服务技能，才能保证提供优质的产品，才能给客人以美的感受，确保酒店的服务质量。

5. 服务效率

服务效率是指员工在服务过程中对工作时间和工作节奏的把握。在时间就是金钱，时间就是效益的今天，服务效率成为客人投诉酒店服务质量的主要因素之一。这就要求酒店员工要在尽可能短的时间内提供给客人最需要的服务，提供既好又快的服务。酒店服务效率有三种表示方法：

(1) 工时定额。如规定清扫一间客房用30分钟的时间。

(2) 服务时限。如总台为散客办理入住手续的时间不超过3分钟；服务员应在电话铃响三声之内把电话接起。

(3) 时间概念。有些服务效率，不宜将其量化，只能尽量缩短让客人等待的时间。如客人让酒店代其购买机票，酒店应尽力与航空公司联系，让客人的要求尽快实现。

（四）环境质量

1. 环境氛围

酒店环境质量是指酒店的环境气氛能给客人带来美的感受和心理上的满足。主要包括具有一定特色、符合酒店等级的建筑、装修、装饰、色彩、温度、绿化、美化、环境卫生和员工服饰等。高雅、舒适、清洁、温馨的环境能给客人以精神上的享受。因此，酒店应从环境设计开始，努力营造一个让客人满意、舒心的生活空间。酒店环境设计不仅要科学、实用、美观、安全，有特色，而且能让客人体验到视觉和心理上的美好感受，有鲜明的文化品位，给客人留下美好而深刻的印象。

2. 清洁卫生

酒店是公共场所，清洁卫生直接影响客人的身体健康，必须重点加强管理。酒店清洁卫生包括食品饮料卫生、日常用品卫生、员工个人清洁卫生、酒店各区域卫生（尤其是公共卫生间的卫生等）。酒店应严格制定并认真落实清洁卫生制度，注意清理卫生死角。给客人创造一个安全、清洁、舒适、放心的生活环境。

（五）安全状况

安全是人们出门在外关心的首要问题，是酒店各项工作的前提和基础。酒店是客人进行政治、文化、商务、社交等活动的场所，具有建筑楼层高、人员分布集中、电气设备多、可燃材料多等特点，一旦发生安全事故，经济损失大、人员伤亡大、救援难度大、社会影响大。因此，安全工作在酒店工作中占据着极为重要的地位。酒店要加强安全管理，确保客人与员工的人身和财产安全。

三、酒店服务质量的特点

为了更好地提高酒店服务质量管理，酒店员工必须深刻认识并全面掌握服务质量的特点。

1. 酒店服务质量组成的综合性

酒店服务质量的组成不是单一的，包括前述构成服务质量的五个方面。其中任何一个方面存在质量问题，都会影响酒店产品的质量。

酒店服务质量组成的综合性要求，酒店管理者在工作中要把服务质量作为一项系统工程来抓，全面了解客人对酒店服务质量的意见，分析影响服务质量的各种因素，从服务质量的每个组成因素入手，为客人提供满意的酒店产品。

2. 酒店服务质量评价的主观性

客人对服务质量的评价，由客人根据他们在酒店消费过程中精神、物质和心理上的满足程度决定，带有明显的个人色彩和评价的主观性。

酒店服务质量评价的主观性，要求酒店要高度重视客人对酒店服务质量的意见和良好建议，不断改进工作。与此同时，酒店要正确看待客人对服务质量的意见，既不能以偏带全，也不能一概而论。本着实事求是和不断改进服务质量的态度，正确对待提意见的客人和客人提出的意见。如果酒店无视客人对酒店服务质量的评价，将失去改进工作的机会，失去客源。只有在酒店工作中不断改善对客服务的水平，才能使酒店服务质量不断完善，相应提高。

3. 酒店服务质量对员工素质的依赖性

酒店服务质量通过员工的劳务服务创造并实现，所以，服务质量的好坏，很大程度上取决于员工的表现。员工的表现又受员工的业务能力、综合素质和个人情绪的影响，存在不稳定性。因此，酒店要加强对员工的管理和培训，不断提高他们的专业水平，并通过严格的规章制度约束员工的行为。通过各种行之有效的措施激励员工积极、主动和创造性地开展工作。因为只有满意的员工，才能创造满意的客人，才能提供让客人满意的酒店产品。

4. 酒店服务质量的情感性

酒店服务质量还取决于客人与酒店之间的关系。酒店与客人之间关系的融洽与和谐程度，影响了客人对酒店服务质量评价的高低。客主双方关系融洽，客人就比较容易谅解服务中的不周；关系不和谐，有时很容易让客人小题大做或借题发挥。酒店应充分认识服务质量的这一特点，积极采取各种措施，以优质的服务，争取客人对酒店工作的理解和支持。

5. 酒店服务质量内容的关联性

客人对酒店服务质量的评价通过他对酒店整个过程的认识和整体感受来得出结论。酒店提供给客人的产品，需要各个部门的共同努力和通力合作。服务过程的任何一个环节出现问题，都会导致影响客人对酒店产品的评价。这就要求酒店各个部门、各服务环节、每个员工之间要密切配合，确保酒店产品的“零缺点”。

四、酒店服务质量的评价

（一）酒店服务质量评价的主体

客人是酒店服务质量评价的最重要的主体。重视客人对酒店产品的意见，对提高酒店服务质量具有非常重要的意义。

（二）酒店服务质量评价的特点

分析客人评价酒店质量的特点，有助于了解客人的需求心理。

1. 差异性

首先，由于客人存在职业、职务、性格、爱好等方面的差异，所以，不同客人对服务质量的评价不可能完全相同。其次，即使同一位客人，在不同时间和场合下，对服务质量的评价也不可能完全一致。如一位客人在入住酒店前刚谈好一笔生意，心里很高兴，觉得酒店提供的一切服务都很满意；若这位客人入住酒店前一笔重要的生意没谈成，就会觉得酒店提供的服务也不顺心，甚至服务员的一句话也会让他心烦，不满意。

2. 主观性

客人对服务质量的评价受其消费心理、消费行为的影响，有很强的主观性。不少客人以自己的喜好来评价服务质量。如热情服务可能让个别客人感到服务有点过分，甚至觉得打乱了自己的生活习惯；一份按标准菜谱生产的菜肴，对个别口味轻淡的客人来说，可能会感到口味偏咸。

3. 非全面性

一般情况下，客人都能克服认识上的差异，对服务质量做出较全面的评价。但是遇到喜欢挑剔的客人，会对服务质量做出非全面的评价。如有些客人会因为个别服务环节让其不满，而做出酒店服务质量存在问题的简单论断。

五、酒店服务质量管理的内容

服务质量是酒店的生命线。提高酒店服务质量,必须加强服务质量的管理。加强服务质量的管理,应从制定酒店服务规程入手,建立酒店服务质量管理体系,采取有效的管理方法,使酒店服务质量管理落在实处。

(一) 制定酒店服务规程

酒店服务规程是根据酒店等级制定出的适合本酒店实际情况的管理制度和作业标准,是酒店进行质量管理的依据和基础。酒店通常通过服务标准和规程的制定和实施,以及各种管理原则和方法的运用,达到服务质量标准化、服务形式规范化、服务过程程序化,最终以优质服务赢得客人的满意。

1. 酒店服务规程的含义

酒店服务规程是指以描述性的语言对酒店某一特定的服务过程所包含的作业内容和顺序,以及该服务过程应达到的某种规格和标准的详细而具体的规定。即某一特定服务过程的规范化程序和标准。

酒店服务规程包括以下四个要点:

(1) 服务规程的对象和范围。服务规程是以酒店某一特定的服务过程、服务内容为对象,只要酒店有一个服务过程,就有一个与之相适应的服务规程。通常把某一特定的服务内容从开始到结束称为一个服务过程。

(2) 服务规程的内容和程序。服务规程规定了每个服务过程应包括的内容和作业程序。服务内容包括其业务内容的本身,如总台入住登记的基本内容有接受订房、登记、排房、收取押金等。服务规程具体规定了内容细节,如动作、语言、姿态、手续、信息传递、用品、权限、时限、例外处理等。服务程序是指服务的前后的顺序。服务程序的规定既要符合服务过程的规律,同时又要考虑减轻员工的劳动强度,减少物资消耗。

(3) 服务规格和标准。不同星级、不同档次的酒店具有不同的规格,不管哪一种规格的服务都有标准。服务规程规定了服务的规格和标准,并按照服务质量的构成内容确定具体标准。

(4) 服务规程的衔接和系统性。每套服务规程的首尾都要有与其他规程互相衔接、互相连贯的内容。如前台部门报维修的规程与工程部的维修规程衔接,客人离店客房查房的规程与总台收银结账规程衔接,餐厅服务台与传菜规程衔接。规程间的相互衔接和连贯,形成了服务的系统性。

酒店服务规程让每位员工明确了其服务工作目标,也使酒店管理者有了检查和监控服务质量的依据，从而使酒店服务工作达到规范化、程序化和标准化的要求。

2. 酒店服务规程的制定

(1) 酒店服务规程制定的依据。制定酒店服务规程必须考虑以下因素：①《旅游涉外酒店星级的划分及评定》(中华人民共和国国家标准，GB/T14308—1997)，酒店星级评定标准是各星级酒店制定酒店服务规程的基础，它提出了酒店服务的基本原则和基本要求，规定了星级酒店服务质量的保证体系，即具备适应本酒店运行的、有效的整套管理制度和作业标准。②客源市场需求。酒店服务规程的制定以客人需求为依据，适应本酒店特定客源市场的要求。因此，酒店在制定规程前，必须对市场需求进行详细调查和分析，寻找客人需要的服务和对服务的要求，使所制定的酒店服务规程真正成为酒店服务质量的保证。③本酒店的特点。制定服务规程，还要结合本酒店的特点，如客源特点、酒店组织的特点、业务特点、员工队伍特点以及周围环境的特点等，扬长避短，突出本酒店的特色。④国内外酒店管理的最新信息。酒店应了解国内外酒店管理的最新信息，制定酒店服务规程，使规程更符合客人的需求。⑤动作及作业。研究酒店在对每个作业过程进行过程分析和动作分析的基础上制定规程，使其更具有科学性和可行性。

(2) 酒店服务规程的制定。酒店服务规程的制定包括：①提出目标和要求。由酒店决策人员根据酒店等级进行深入的分析研究后，提出本酒店服务规程应达到的目标和具体要求，并将其布置落实到酒店的每个相关部门。②编制服务规程草案。各部门管理者召集下属主管、领班和资深服务员，讨论确定本部门所有服务内容和服务过程，并制定出每一服务过程的规程草案。具体内容包括确定该服务过程的主要环节；提出每一环节的具体要求，如仪表仪容、站立姿势、行走路线、语言谈吐、操作内容、顺序及应达到的规格标准等具体细节；规定每一环节之间的衔接内容，以免脱节而造成质量问题等。③修改服务规程草案。草案首先交服务过程所在班组的全体员工进行讨论，不合理、不可行、不必要或不符合标准和要求的部分，使其更趋可操作性。其次，将规程草案在小范围内试行，在实践中进行修改，删除不现实的部分，补充应做的内容，使其更具有可行性。最后，将规程草案交酒店决策层审定。决策层对照目标和要求，由聘请的酒店管理专家、学者对每一服务规程进行评审。经审定通过的服务规程，作为规章制度予以颁布实施。④完善服务规程。随着酒店等级的提高，客人需求的变化及酒店业的发展，酒店应随时调整服务规程，并定期修订，使之更趋于适用和完美。

(3) 酒店服务规程的实施。酒店服务规程的实施过程包括：①服务质量意识教育。通过质量教育，树立员工的服务质量意识，使员工认识到服务质量对酒店及员工个人的重要性，明确提高服务质量与执行服务规程之间的紧密联系，增强酒店员工执行服务规程的主动性和自觉性。②服务规程作业培训。员工自觉执行服务规程，首先要让员工掌握服务规程，通过服务规程的培训，使员工了解服务规程的适用对象和范围，熟练掌握服务规程的内容和要求，提高员工执行服务规程的规范性和准确性。③服务规程执行过程的督导。酒店各级管理人员应对所管辖范围员工服务规程的执行情况进行认真、严格地监督、检查和指导。通过服务质量信息系统和原始记录，了解服务规程执行情况，通过现场巡视检查，及时发现存在的质量问题并及时予以纠正，使员工养成实施服务规程的良好意识和习惯。同时，酒店管理者还应经常进行服务质量的对比与评价，制定有效的奖惩措施，调动员工执行服务规程的积极性。

另外，酒店还应制定设施设备质量标准、服务环境质量标准、菜点酒水标准、客用品质量标准、人员素质标准、语言动作标准等，并要求酒店员工不折不扣地执行，使之成为酒店服务质量控制的依据。

（二）建立酒店服务质量管理体系

酒店服务质量是酒店各要素组成的一个管理系统，与服务过程中每一个环节的服务质量紧密相连。因此，酒店每一名员工要树立质量意识，关注客人的需要，并努力提高各自的工作质量。酒店服务质量管理体系主要包括：

1. 建立酒店服务质量管理机构。
2. 制定并实施酒店服务质量管理制度。
3. 责权分工。
4. 重视酒店质量信息管理。
5. 正确处理客人对服务质量的投诉。

（三）酒店服务质量管理的方法

1. 全面服务质量管理

全面服务质量管理是把经营管理、专业技术、统计数据和思想教育结合起来，形成从市场调查、产品设计、产品生产、提供服务等一个完整的服务质量管理体系。全面服务质量管理使企业质量管理更加科学化、标准化、规范化。酒店全面服务质量管理的概念为，酒店全面质量管理是指酒店从系统的观念出发，通过全员、全过程、全方法、全方位，以全面提高酒店服务质量和满足客人需求为目的的系统管理活动。

2. 全员参与的服务质量管理

酒店服务质量与每个员工的工作密切相关。酒店提供优质服务，不仅需要前台人员的努力，同时也需要后台员工的配合才能实现。为了确保实现酒店的服务质量,酒店服务质量目标应分解到各个部门、每个班组和每个员工。酒店上下对质量问题要达成共识,并要求全体员工都参与到质量管理工作中。

3. 全过程的服务质量管理

酒店服务质量全过程的管理包括服务前的组织准备、服务中的对客服务、服务后的信息反馈,是一个不可分割的过程。酒店全面服务质量管理有别于传统管理,具有以下特点:一是以预防为主,防患于未然,服务质量管理的重点从"事后把关"转变为事先预防,转变为控制酒店服务质量产生问题的原因;二是全过程管理,即酒店服务的每一个环节都应符合酒店质量管理的要求。

4. 全方法的服务质量管理

影响酒店服务质量的因素既有人的因素,也有物的因素;既有客观因素,也主观因素;既有内部因素,也有外部因素。全面系统地控制这些因素,必须针对具体情况采取灵活多样的管理方法。因此,酒店全面服力质量管理要求酒店管理者能够灵活运用各种现代管理的方法,全面提高服务质量。

5. 全方位的服务质量管理

酒店服务质量不仅包括有形产品的质量,还包括无形产品的质量;既包括前台服务的质量,又包括后台工作的质量,涵盖了酒店工作的各个方面。只有各个部门通力合作,才能确保酒店服务质量。

第五章

酒店人力资源管理

第一节　人本管理在酒店管理中的运用

现代管理学认为，人是管理中的首要因素，因此，进行任何管理活动都必须要树立人本观念，把关心人、尊重人、激励人、解放人、发展人放在首要地位。人本观念，是现代管理中的基本观念，一个企业要创新，要发展，必须紧紧依靠人本管理。

一、现代管理中的人本思想

人本管理思想就是“以人为中心”的管理思想。具体说来，以人为本即把人作为酒店最重要的资源，以人的能力、特长、兴趣、爱好、心理状况等综合情况来科学地安排最合适的工作，并且在工作中充分地考虑员工的成长和价值，使用科学的管理方法，通过全面的人力资源开发计划和酒店文化建设，使员工能够在工作中充分地调动和发挥自己的积极性，主动性和创造性，从而提高工作效率和工作业绩，为实现酒店发展目标做出最大的贡献。

随着社会的进步和教育程度的不断提高，酒店员工的素质发生了很大的变化。酒店中“知识型员工”的比重越来越大，酒店中的员工不再是为了生存而工作。他们渴望能力的充分发挥和更大的前途。由于酒店的发展越来越依靠知识的积累，而员工是酒店知识资本的所有者，这决定了酒店中老板与员工的关系不再仅仅是雇佣与被雇佣的关系，更多地体现为合作者的关系。老板是物质资本的投资者，而员工则是知识资本的投资者，双方的共同“投资”促成了酒店的发展。

（一）现代人本思想的层次

现代酒店管理中，越来越强调人的重要性，于是越来越多的公司提出了“以人为本”的口号，但真正要做到人本管理还需要一个较长的过程。目前人本管理在管理实践中体现出不同的形态，并且这种形态具有层次性。目前，较为普遍的方法是把人本管理分为五个层次，分别为：情感沟通管理、员工参与管理、员工自主管理、人才开发管理、酒店文化管理。

1. 情感沟通管理

情感式沟通是人本管理的基本层次，也是提升到其他层次的基础。在该层次中，管理者与员工不再是单纯的命令发出者和命令实施者。管理者和员工有了除工作命令之外的其他沟通，这种沟通主要是情感上的沟通，比如管理者会了解员工对工作的一些真实想法，或者员工在生活上和个人发展上的一些其他需求。在这个阶段员工还没有就工作上的问题与管理者进行决策沟通，但却为决策沟通打下了基础。

2. 员工参与管理

员工参与管理也称为“决策沟通管理”，管理者和员工的沟通不再局限于对员工的问寒问暖，员工已经开始参与到工作目标的决策中来。在这个阶段，管理者会与员工一起来讨论员工的工作计划和工作目标，认真听取员工对工作的看法，积极采纳员工提出的合理化建议。员工参与管理会使工作计划和工作目标更加趋于合理，并增强了员工工作的积极性，提高了工作效率。

3. 员工自主管理

随着员工参与管理的程度的加深，对业务娴熟的员工或知识型员工可以实行员工自主管理。管理者可以指出公司整体或部门的工作目标，让每位员工拿出自己的工作计划和工作目标，经大家讨论通过后，就可以实施。由于员工在自己的工作范围内有较大的决策权，所以员工的工作主动性会很强，并且能够承担相应的工作职责。在该阶段，每位员工的工作能力都会得到较大的锻炼，综合能力较高、创造力较强的员工，在这个阶段会脱颖而出，成为独当一面的业务骨干。

4. 人才开发管理

为了更进一步提高和发掘员工的工作潜能，公司要有针对性地进行一些人力资源开发工作。员工工作能力的提高主要通过三个途径：工作中学习、交流中学习和专业培训。人才开发管理首先要为员工建立一个工作交流的环境，让大家互相学习和讨论。另外，人力资源部门可以聘请一些专家，进行有针对性的培训。

5. 酒店文化管理

所谓酒店文化，说到底就是一个公司所特有的工作作风、习惯和精神风貌。

酒店文化的形成需要经过长期的积累。员工的工作习惯需要有针对性地进行规范和引导。如果公司不将员工的工作习惯向好的方向引导，它就会向坏的方向发展。酒店文化的作用就是建立这样一种导向，而这种导向必须是大家所认同的。随着公司的发展，酒店文化也会不断发展。但不管怎样，酒店文化管理的关键是对员工的工作习惯进行引导，而不仅仅是为了公司形象的宣传。

(二) 现代人本思想的不同类型

从总体上讲，酒店管理有四种基本的管理模式：命令式管理、传统式管理、协商式管理、参与式管理。命令式管理和传统式管理是集权式管理；而协商式管理和参与式管理则属于员工参与的以人为本的酒店管理。根据酒店的人员素质和不同的管理要求，可以把人本管理分为四种管理类型：控制型参与管理、授权型参与管理、自主型参与管理和团队型参与管理。

1. 控制型参与管理

控制型参与管理适合于刚开始导入参与管理模式时使用。严格地说，它不属于真正意义上的参与管理，只是从传统管理向现代管理的一种过渡。控制型参与管理强调控制，在传统的自上而下的管理模式下，引入自下而上的管理反馈机制，让员工的建议和意见有一个正确的反馈渠道，渠道的建设和管理仍然由管理人员负责。这个阶段对于知识层次较低的工人可能会持续相当长的一段时间。

2. 授权型参与管理

在授权型参与管理中，员工被赋予少量的决策权，能够较灵活地处理本职工作内的一些事务。对于知识型员工的管理，在刚开始就可以从这个阶段入手。授权型参与管理的意义在于它让员工养成了自主决策并对决策负责的习惯。由于经验和能力的问题，员工常常会有一些决策失误，所以还需要管理人员进行监督和管理。在这个阶段，要允许员工犯错误，当然不能连续犯同类的错误。管理人员的管理职能逐渐转化为指导职能。

3. 自主型参与管理

授权型参与管理使员工自我决策和自我管理能力有了很大的提高，这时就可以进入自主型参与管理阶段。在这个阶段，员工有更大的决策权限，当然也要为决策的失误负更大的责任。员工在工作过程中，对信息的获取量越来越大，员工之间的沟通和讨论越来越频繁。酒店对每位员工实行目标管理，由员工自主决策工作的过程。但要保证达到酒店要求的工作结果。酒店管理人员的管理职能从指导职能转化为协调职能。

4. 团队型参与管理

已打破了传统的行政组织结构体系，根据酒店发展需要临时组建或撤销职能团队。每个职能团队有了明确的目标。团队中的成员可以自由组合，也可以由酒店决策层指定。由于部门的撤销，大量的管理人员将加入团队，丧失了管理职能。在团队中，由团队成员自主选择协调人。团队协调人不是团队的领导，他没有给其他成员安排工作的权力，他只是在团队内部或者与外界沟通发生摩擦时起到调解人的作用。团队协调人没有酒店的正式任命，只有一个民间职务，他可以根据团队的需要随时选举和撤销。团队协调人也有自己的工作，与团队其他成员同等待遇。由酒店指定团队的目标，由团队成员讨论达成工作目标的方式，然后各自分工，相互协作，完成工作。

二、人本管理在酒店管理中的意义

（一）在酒店内牢固树立以人为本的思想，可以充分调动人的积极性和创造性

在市场经济条件下，牢固树立人力资源是第一资源的观念，充分认识人力资源开发与管理的战略意义，酒店才可以拥有健康、快速发展的保障。一个酒店，衡量其改革是否成功，管理是否科学，根本的一条是看它是否树立了以人为本的思想，是否把广大职工的积极性、创造性真正调动起来了。酒店领导者的一个重要职责是，营造人才竞争向上的氛围和环境，树立公开竞争、优胜劣汰、无功就是过的新观念，激励大家比才能、比贡献，人人为酒店出力献策。加强人本管理是酒店的一项十分重要的管理工作，也是酒店保持生机活力的根本举措。

（二）通过人本管理可以促使酒店领导者提高自身的素质

作为酒店领导者，首先要能在众多的信息中梳理出重要的部分进行科学决策；必须要善于与人交往，传递信息；必须有很好的运营机制和长远打算；必须非常重视人才，要从实际出发，要把人本管理贯彻到酒店管理经营过程的始终，带领广大员工积极推进酒店的改革和发展。这不仅仅是市场经济的必然要求，而且也将成为社会全面发展的重要途径。实践证明，酒店的好坏和酒店领导者素质的优劣有关。这就要求酒店领导者必须坚持人本管理观念，并时刻有危机感，切实加强自身素质的提高。

（三）牢固树立“人才为本”的观念，有利于加快建立用好现有人才的动力机制

酒店要发展，就要牢固树立“人才为本”的观念，发现人才、培养人才、充分开

发和利用人才；就要新生人才、保护人才、留住人才，做到人尽其才，才尽其用。为此，要坚持物质激励与精神激励有机结合；要确实建立"按贡献大小分配、效率优先、兼顾公平"的分配制度。在这种观念下可以帮助酒店认真改变现有的一些不科学的分配制度，使用权个人的经济收入与其贡献挂钩，特别是对那些作用突出、岗位重要、贡献大的人才应该加大其收入分配的力度；"人才为本"可以帮助推选积极成功的酒店文化，激发人才的向心力。良好的酒店文化能促进酒店的健康生存和长足发展，最终也会提高酒店的经营者和广大员工的收入，充分调动广大员工的积极性。

三、人本管理在酒店管理中的运用

随着我国社会经济的快速发展，"人本管理"在酒店管理中发挥着越来越重要的作用。酒店管理者在不断提升酒店硬件豪华程度、不断推出特色服务的同时，必须努力实践"人本管理"，力求做到人尽其才，最大程度地挖掘员工潜力，最大程度地发挥员工的工作热情，不断提升酒店服务水平，以实现酒店"赢得顾客，赢得市场，赢得利润，赢得发展"的最终目标，成为酒店管理者追求的理想化状态。也就是说，一个现代化的酒店，唯有兼收并蓄，扬长避短，走适合自己特色的人力资源管理之路，才是酒店发展的方向。坚持"人本管理"可以从四个方面加以实施。

（一）强化人力资源管理，努力造就一支高素质的员工队伍

注重人力资源管理，培养高素质的酒店员工队伍，是酒店坚持"人本管理"的精髓所在，这是因为正如国际假日集团的创始人凯蒙·威尔逊先生说的"没有满意的员工，就没有满意的顾客"。在我国的酒店服务业中，因员工素质偏低（如学历普遍不高，外语等必备技能掌握不够，受传统观念影响不少员工仍把服务顾客看作是伺候顾客，职业修养缺乏等），而导致出现服务质量问题的情况并不少见。这从一个侧面，反映出这样一个现实：我国现阶段的酒店业，员工素质和技能还远不能适应国内外顾客日益个性化的需求。因此，现代酒店的管理者们有必要从以下几方面加强人力资源管理，努力造就一支高素质员工队伍。

（二）改变传统的薪酬设计理念，建立以能力、业绩为核心价值的资薪体系

传统的薪酬体系未能充分体现"多劳多得、兼顾公平"的社会主义分配原则，因而难以充分发挥薪酬应有的激励作用。因此，薪酬必须与员工的能力和岗位业绩直接挂钩，以激励员工的工作动机与热情。

首先,要让每一位员工明确酒店的商业战略及奋斗目标。例如假日酒店向每一位员工明示的商业战略是"提高营业额,使运营成功,重新构建和统一机能,壮大酒店基础,培养优秀的酒店文化,进一步发掘战略优势"。

其次,对员工择聘过程中发掘出的个人能力在岗位实践中给予认证,证实其是否确实有助于酒店商业战略的成功。

最后,通过以能力、业绩为核心价值的资薪体系引入员工的认识环境,使员工认识到个人利益与酒店利益的一致性,明确酒店对员工所寄予的期望。如假日酒店成功地使人力资源战略与公司战略、与核心价值薪酬体系保持一致,5年来利润一直保持增长,顾客满意度很高,且员工流失率也很低。

(三)为员工提供多通道发展环境,激励人才,留住人才,实现酒店获得效益、员工获得进步的"双赢"战略

对具有潜质并热爱酒店工作的大学生类高素质人员,酒店应有一个明确的职业发展规划方案,使他们能够看到自己未来发展的方向、目标和希望。同时,酒店根据工作需要,结合他们的性格特点、兴趣爱好、技能特长合理分配岗位,及时对他们进行晋级或升职评估。当然,在有条件的情况下,可以为优秀员工提供带薪脱产培训、学习以及境外培训的机会。例如,美国假日集团在孟菲斯市设立假日酒店大学,该集团的经理们都必须在此学习2至5周。再如,喜来登集团在国外设有5个培训中心,培训本集团高级管理人员。

需特别强调和提倡的是,酒店必须主动为一线服务岗位的员工提供多通道发展环境。酒店管理"金字塔"结构决定了酒店管理职数的有限性,绝大多数员工必须坚守在服务第一线。因此,酒店必须主动为一线服务岗位员工提供多通道发展机会,使他们在平凡、辛苦、默默无闻的一线服务岗位上也能得到进步和成功。酒店可以改革薪酬制度增加服务人员的工资递升等级,定期考核晋升;可以将薪酬与岗位工作年限、称号、技术职称、岗位业绩挂钩,授予工龄长、技能强、工作好的服务岗位人员"资深服务员"、"首席服务师"等称号。合理改变资深服务人员工资不如初出茅庐管理人员的现象,以此激励人才,留住人才。

(四)加强酒店文化建设,将不同价值取向的员工同质化,增强酒店的凝聚力和竞争力

良好的酒店文化是酒店得以生存、发展的源动力,是区别于竞争对手的最根本标志。酒店员工来自五湖四海,其生活经历、文化素质、岗位性质、志向爱好等的差异,决定了员工价值取向的差异性,良好的酒店文化,是酒店把有着不同价值取向的员工同质化的"神奇"力量。良好的酒店文化具有以下特征:

1. 兼容性：能吸收和接纳不同酒店管理模式的精髓，容忍员工个性上的缺陷和不足。

2. 学习性：能以比竞争对手更快的速度进行学习，并创造新的经营管理与服务理念。

3. 战略性：重视并坚持酒店服务的长期效应，增强员工的危机感；把管理者为员工服务的原则落到实处，主动关心、帮助员工，营建“员工之家”；建立公平、公开、公正的员工能力评估系统。

一种良好的酒店文化，可以恰当张扬，充分地体现酒店的个性和特色，为酒店赢得成功。如世界知名成功酒店喜来登酒店联号以“物有所值”赢得人心，希尔顿酒店以重“快”服务著称，香港文华大酒店以重“情”服务而显。

（五）推崇“员工参与”，调动、发挥员工的主动性和创造性

在知识经济时代，员工越来越看重个人价值的实现，也就是说，每一位员工都有着一定的精神需求。酒店员工，在与他人合作解决问题的过程中，社会需求得到满足；在感受酒店需要自己时，尊重需求得到满足；在取得突出业绩得到领导和同志赞扬时，自我实现需求得到了满足。

所以，酒店在确信已把最合适的人选安排在最适合的岗位之后，应授予其一定权力，为员工创造和提供参与酒店管理的条件和机会，满足员工不同层次的精神需求，酒店会因此而保持良性循环，成功发展。如里兹-卡尔顿酒店推出“自我导向工作团队”措施，通过授权使员工行使原上一级管理人员的权力，为员工营造自由的发挥空间，激励并释放他们的潜质，使他们在增强责任心和使命感的过程中快速成长，极大地提高了酒店的整体服务水平。

第二节 酒店人力资源管理的内涵和特点

一、人力资源的概念及特征

资源是一个经济学术语，资源泛指社会财富的源泉，是指能给人们带来新的使用价值和价值的客观存在物。迄今为止，世界上有四大资源：人力资源，自然资源，资本资源，信息资源。一般把资源分为两大类：其一是物质资源，其二是人力资源。我们通常所说的管理中的“人、财、物”，“人”即人力资源，“财”和“物”均属

物质资源。

（一）人力资源的概念

什么是人力资源，学术界尚存在不同的认识和看法。一般认为人力资源是指能够推动整个经济和社会发展的劳动者的能力，人力资源反映一个国家或地区人口总体所拥有的劳动能力。人力资源包括数量与质量两个方面。

1. 人力资源数量

一个国家或一个地区拥有劳动能力的人口的数量。包括就业人口，劳动年龄内（我国男性16～60岁，女性16～55岁）的就业人口、家务劳动人口、正在谋求职业的人口等。人力资源数量可以分为三个经济层次：

（1）理论人力资源，即一国或地区可资利用的全部人力资源；

（2）现实人力资源，即现实中国民经济活动可以利用的就业人口和谋求职业人口的总和，也称"经济活动人口"；

（3）直接人力资源，即已经被使用的人力资源，直接人力资源表现为就业人口。

2. 人力资源质量

一个国家或一个地区拥有劳动能力的人口的身体素质，文化素质，思想道德以及素质与专业（职业）劳动技能水平的统一。影响人力资源质量的因素有：人类体制与智能遗传，营养状况，教育状况（国民教育发展水平，成人教育，早期教育），文化观念以及经济与社会环境等。

3. 人力资源的特征

为了研究人力资源，还需弄清楚人力资源的特征。马克思说过，人本身单纯地作为劳动力存在，也是自然对象，是物，不过是活的，有意识的物。正因为人以这样一种特殊的物质存在，所以这种资源较之于其他物质资源具有自己鲜明的个性特征。

（1）生成过程的时代性。一个国家的人力资源，在其形成过程中受到时代条件的制约。同时在社会上发展作用的几代人，生下来就置身于既定的生产力和生产关系之中，当时的社会发展水平从整体上制约着这批人力资源的素质。他们只能在时代为他们提供的条件前提下，努力发挥其作用。

（2）发展对象的能动性。自然资源在其被开发过程中，完全处于被动的地位，人力资源则不同，在被开发的过程中，人有意识、有目的地进行活动，能主动调解与外部的关系，具有能动性。对其能动性调解得如何，直接决定着开发的程度，达到的水平。有的学者将这个特点概括为"可激励性"。可激励的前提还是对象具有能动性。这就要求人们在从事人力资源开发工作时，不能只靠技术性指标的增减和数学公式的推导，还要靠政策去调动人们的积极性。

(3) 使用过程的时效性。矿产资源一般都可以长期储存，不采不用，品质不会降低，人力资源则不然，储而不用，才能就会被荒废，会退化。无论哪类人，都有其才能发挥的最佳期，最佳年龄段。当然，人依其类别不同，其才能发挥的最佳期也不一样。一般而言，25～45岁是科技人才的黄金年龄，37岁为其峰值。人才开发与使用必须及时。开发使用时间不一样，所得效益也不相同。

(4) 开发过程的持续性。作为物质资源一般经过一次、二次开发，形成产品使用以后，就不存在继续开发的问题了。人力资源则不同，使用过程同时也是开发过程，而且这种开发过程具有持续性。传统的观念和做法认为，一个人从学校毕业后及进入工作阶段，开发与使用界限分明。这种“干电池”理论目前已经被“蓄电池”理论所代替。后者认为，人工作之后，还需要不断学习，继续充实和提高自己。人类通过自己的知识智力，创造了工具，如机器人、计算机等，使自己的智慧与能力得到延伸和扩展，从而增强了自身能力。

(5) 闲置过程的消耗性。人力资源与一般物质资源的又一个明显区别是，他们不加以使用，处于闲置状态时，具有消耗性，即为了维持其本身的存在，必须消耗一定数量的其他自然资源，比如粮食、水、能源，等等。这是活资源用以维持生命所必不可少的消耗。在人们使用这种资源时，必须重视这个特点。

(6) 组织过程的社会性。人力资源开发的核心，在于提高个体的素质，因为每个个体素质的提高，必将形成高水平的人力资源质量。但是，在现代社会中，在高度社会化大生产的条件下，个体要通过一定的群体来发挥作用，合理的群体组织结构有助于个体的成长及高效发挥作用，不合理的群体组织结构则会对个体造成压抑。群体组织结构在很大程度上又取决于社会环境，社会环境构成了人力资源的大背景，社会环境通过群体组织直接或间接地影响人力资源开发。

二、酒店人力资源管理的含义

酒店管理以人为主体。一家酒店不管其组织如何完善、设备如何精良，如果酒店员工没有足够的动力和士气，就不可能成为一流的酒店。可以说人力资源管理是决定酒店经营成败的最关键要素。

随着人力资源管理的发展和成熟，人力资源工作的使命不断得到提升。人力资源不再是传统意义上单纯的人事管理，而是已逐步上升到战略的高度，与酒店的生存发展密切相关。纵观全球，“竞争的全球化挑战、满足利益相关群体的需要以及高绩效工作系统的挑战”这三大方面的竞争将会提高人力资源管理的实践性，人力资源职能由事务中心到卓越绩效中心再到业务伙伴逐步转化，由此对人力资源工作者提出了更高的要求。

人力资源是酒店最重要的资源，必须对其进行科学而有效地开发和管理，才能使酒店在激烈的竞争中取得最佳经济效益和社会效益，使酒店立于不败之地。对酒店人力资源进行量的管理是通过对酒店员工的培训、组织和协调，使人力和物力保持最佳比例和有机的结合，使人和物都充分发挥出最佳效益。对酒店人力资源进行质的管理，是对酒店员工的心理和行为进行管理，也就是调动员工的主观能动性。与人力资源的数量管理相比较，质量管理更为重要。社会化程度越完善，设备、技术越现代化，市场竞争越激烈，工作压力和挑战性越高，对酒店人力资源的质量管理要求就越高。

由此可见，酒店人力资源管理是指运用现代化的科学方法，对与一定物力相结合的酒店员工进行合理的培训、组织和调配，使酒店人力、物力经常保持最佳比例；同时，对酒店员工的思想、心理和行为进行适当的引导、控制和协调，充分发挥员工的主观能动性，使人尽其才，事得其人，人事相宜，以期实现酒店的目标。

三、酒店人力资源管理的特点

酒店人力资源管理作为一门管理学科，就其具体工作的开展方面而言，具有局外性、替代性、跨越性、动态性、超前性、系统性和不可储存性等特点。

（一）局外性

局外性主要强调由酒店客人监督和评定酒店工作人员的服务质量。这样做，一方面可以大大减少管理人员巡查检查的工作量；另一方面可以对酒店管理人员的工作起到拾遗补缺的作用。喜来登酒店集团创始人翰德森先生认为，酒店最有效的管理工具应该是客人对服务质量的监督和评定。喜来登酒店集团所属的每一个酒店，都制定了一份详细的客人评定酒店服务质量调查表，内容和项目十分具体。我国酒店业同样非常重视人力资源管理的局外性，并且予以制度化，几乎每一个酒店都在大厅内设立了大堂经理的岗位，以及客人意见箱和投诉电话。这样做，一方面可以广泛听取客人对员工和设施的意见，及时处理投诉，解决问题，使客人称心、放心；另一个方面，则可以使管理人员针对问题，尤其是那些管理人员不在现场而难以发现的问题，及时改进酒店人力资源管理工作，实现酒店人力资源的有效控制和协调。

（二）替代性

替代性包含两个层面的含义：其一，本来是由酒店管理人员去完成的一些工作，现在已由大量表格所代替；其二，本来是由酒店管理人员去完成的一些工作，现在已由员工自我强化的功能所代替。

有人说，“现代酒店管理就是表格管理”。表格是酒店管理的重要工具，是酒店管理程序化、标准化、制度化的集中体现。表格管理既控制了成本费用，又保证了服务质量；既提高了工作效率，又减少了管理工作中的“走动”现象，而且防止了工作中的“瞎指挥”，使员工在轻松的环境中照章行事。

自我强化是说酒店大多数的员工都能够自我培训、自我约束、自我完善。一方面，他们都能主动地参与管理和监督，自觉开展批评和自我批评，不断总结工作经验和教训；另一方面，能自觉参加各种服务与管理学习班，努力学习理论知识和实际技能，刻苦锻炼意志和身体，努力提高自己的劳动素质和能力。酒店员工的这种自我强化大大地降低了酒店培训工作的难度，减少了工作中的摩擦和冲突，为酒店人力资源工作铺平了前进的道路。

（三）跨越性

跨越性主要集中体现在地域和文化环境两个方面。首先是地域的跨越。近几年来，境外一些著名的跨国酒店集团，如希尔顿、假日、喜来登、马里奥特、香格里拉等酒店联号，以不同方式相继进入中国，其中有一些联号已经和我国国营酒店进行了合资经营、合作经营，与此同时，我国的一些国营酒店也实现了跨地区、跨国界的集团化经营管理，如上海锦江酒店集团、广州白天鹅酒店集团等，这使得我国酒店人力资源管理带来了明显的地域跨越性，无论是员工招聘，还是员工培训、员工调配，都反映了这一特点。

最后是文化的跨越。合资酒店、合作酒店的员工长期工作于两种不同文化交叉并存的环境之中，而且外来文化又处于主导地位，使员工容易造成心理上的失衡。上班时，他们的工作要符合酒店制定的服务规程，言谈举止要符合酒店规定的行为守则，一举一动必须随时留意，精神处于高度集中而紧张的状态之中；下班回家后，在自己的小天地中，没有任何拘束，高度集中和紧张的精神状态得到放松，长期生活在心理失衡而导致情绪不稳定，甚至烦躁，影响服务质量的提高，严重时会引起心理疾患，不安于工作，频繁调岗或“跳槽”，极大地影响了其他员工的士气，长此以往，将对酒店人力资源的管理工作造成混乱，致使酒店的经济效益发挥不出来。“无功消耗”、“文化震荡”现象，都是由于跨地区、跨文化而导致员工无法适应环境和工作的有力见证。现实的情况要求人力资源管理人员，在招聘、培训、挑选、心理分析等具体工作方面，应注意因地制宜、因势利导，把培养锻炼员工的适应能力和应变能力放在酒店人力资源管理工作的首位。

（四）动态性

酒店人力资源管理这门学科不应是封闭的、停滞的体系，而应该是开放的、发展的体系，酒店人力资源管理实践活动先后经历了3个发展阶段：

1. 传统人力资源管理阶段。这一阶段的管理活动以人力资源的量的管理为主要活动，是孤立的、封闭的，不与外界发生能量交换关系，是非系统的、停滞的。

2. 科学人力资源管理阶段。这一阶段的管理活动以人力资源量上的配合为重点，把酒店员工看做是“经济人”，把人当做物去管理，以效率为中心，较之传统阶段来得科学而系统。

3. 现代人力资源管理阶段。这一阶段是在科学人力资源管理阶段的基础上发展起来的，运用了大量行为科学的理论，以人为中心，把酒店员工看做“社会人”、“自我实现人”、“复杂人”，把“客户是上帝”、“员工是王”奉为酒店经营管理的信条，量与质并重，并逐步过渡到以质的管理（即素质的提高和观念的创新）为主，使酒店人力资源管理活动在动态中跃上一个新的高度。

（五）超前性

俗话说：前人栽树，后人乘凉。不管是从人才的发现到人才的培养，还是从人才的利用到人才的驾驭，都离不开人才的超前培养和继续教育，否则，现在是人才，若干年后可能是“现代文盲“，因此，酒店人力资源管理者要有超前意识，并解决好以下两个方面的矛盾：

1. 解决好酒店人力资源管理开发的超前性与人力资源利用的滞后性之间的矛盾。争取缩短二者之间的时间差，即学即用，杜绝知识资本的浪费，提高知识的转化率和利用率。

2. 处理好酒店人力资源开发的长期性与人力资源利用的滞后性之间的矛盾。把酒店人力资源的开发工作当做一件长期不懈的大事来抓；进行持久地、连续地开发，也可以分期分批地进行开发，同时，也要珍惜开发出来的人力资源，进行适当的利用。在利用人力资源时，切忌短期行为，掠夺性的榨取式利用，或者“卸磨杀驴”，或“杀鸡取卵”，都是不合理的，也是不人道的。应该按照“开发-利用-再开发-再利用”的过程，不断地给员工“充电”，使酒店人力资源取之不尽，用之不竭。

（六）系统性

就人的群体而言，每一个员工的主观能动性，并不一定都能形成群体功能的最佳效应。因为这里有一个内耗的问题：“1＋1＜1”，“一个和尚挑水吃，两个和尚抬水吃，三个和尚没水吃”。只有群体在思想观念上的一致，在感情上融洽，在行动上协作，才能使群体的功能大于每一个个体功能之和，即“1＋1＞2”。

“100－1＝0”，“一颗老鼠屎坏了一锅粥”，从另一个侧面道出了群体和个体的利害关系，反映了个体的重要性。

“1×0＝0”，“皮之不存，毛将焉附”，也说明了群体的重要性。

当今的酒店是靠员工的密切合作和客人良好的印象维持其生存和发展的。如果酒店员工不能密切配合，服务就会脱节；服务脱节，客人就不会满意；客人不满意，酒店也就会失去客人；酒店失去客人，就会降低效益，甚至不能生存；酒店没有效益就不能生存，员工的生存和发展就会受到威胁。这种系统性的连锁反应，足以让酒店的管理人员和服务人员引起高度的重视。

（七）不可储存性

酒店人力资源价值具有不可储存性，从而使酒店人力资源管理具有易损性。酒店和一般行业不同，他以出租使用价值和提供服务为主，餐饮、客房、娱乐、会务和其他综合服务设施在经营中都不发生实物的所有权转移，因此，酒店员工凝结在酒店产品中的服务价值不可储存。如果酒店的产品，在特定的时间内卖不出去，其当天的价值就自然失去，等到第二天再卖出去，前一天的价值便永远也收不回来。于是，人力资源的价值也就体现不出来，支出的人工成本也就无法补偿，从而使酒店人力资源管理活动蒙受损失，而且这种损失是永远追不回来的。由此看来，酒店人力资源管理确实具有易损性，管理人员必须把人力资源管理和酒店产品经营结合起来，走“全员营销“的道路。

第三节　酒店人力资源管理的任务与内容

一、酒店人力资源管理的任务

（一）建立一支专业化的员工队伍

酒店要正常运作并取得良好的经济效益和社会效益，不仅要有与酒店各个岗位相适应的员工数量，而且这些员工的素质应符合酒店业务经营的需要。任何一家酒店想在竞争中取胜，都必须造就一支专业化的员工队伍。酒店不同于其他行业，酒店专业化的员工是指具有酒店意识和良好职业习惯的员工。因此酒店要通过规划、组织、调配、招聘等方式，保证一定数量和质量的劳动力与专业人才加入并配置到酒店的正常运营活动中，满足酒店发展的需要。

（二）形成最佳团队组合

一支优秀的员工队伍，必须经过科学的配置，才能形成最佳的人员组合，即每个人与其他人的行为协调一致，形成合力，共同完成酒店规定的目标。否则，即使员工特别优秀，也未必能够保证取得很好的成绩。

（三）对员工开展科学的培训

通过各种方式和途径，有计划地加强对酒店现有员工的培训，不断提高他们的文化知识和技术业务水平。并在此基础上结合每位员工的具体职业发展目标，做好对酒店员工的选拔、使用、考核和奖励工作，做到能发现人才，合理使用人才和充分发挥人才的作用。

（四）充分调动员工的积极性

管理实质上不在于管人，而在于谋求人与事的最佳配合。正所谓“天时不如地利，地利不如人和”。因此，酒店人力资源管理的最终目标就是充分调动员工的积极性。通过采取包括思想教育、合理安排劳动和工作、关心员工的生活和物质利益等各种有效的激励措施，发挥最佳的群体效应，创造一个良好的工作环境，使酒店员工安于工作、乐于工作，从而最大限度地发挥员工的积极性和创造性。

（五）协调劳资关系。

根据现代酒店制度要求，做好工资、福利、安全与健康等工作，协调好劳企关系。

二、酒店人力资源管理的内容

酒店人力资源管理的内容即酒店人力资源运作过程所包括的形成、开发、分配和使用 4 个环节。

酒店人力资源的形成主要是指对具备各种劳动能力的人及其体质、智力、知识和技能的发现；酒店人力资源的开发是指潜在人力资源向现实人力资源的转化；酒店人力资源的分配是指酒店将不同的人力资源，根据不同的需要投向不同的部分和岗位；酒店人力资源的使用是指酒店各部门对其所拥有员工的能力加以发挥和运用，并使员工完成酒店所指定的任务。

(一) 形成和开发

酒店人力资源的形成和开发包括3个方面的内容：

1. 酒店现有员工工作能力的保持，这主要是通过酒店员工生活消费、恢复体力和精力实现的。

2. 酒店员工队伍的替换、补充和扩大，这主要是通过酒店新员工替换超龄员工和不称职员工，以及填补职位空缺来实现的，这是酒店人力资源总体的部分更新和扩大问题。

3. 酒店员工工作能力的获得和提高，这主要是通过教育、培训、工作经验的积累以及自学途径实现的，这是酒店人力资源实现质的飞跃的问题，也是提高工作效率和工作质量的根本保证。

(二) 分配

酒店人力资源的分配是通过人力资源供求关系来实现的，酒店人力资源的使用则是酒店各级部门在具体经营业务中对员工体力和智力的具体消耗。人力资源供给表现为在一定的工资水平和工作条件下，员工愿意提供的劳动数量(包括劳动力数量、劳动时间和劳动强度)；人力资源需求则表现为在一定的工资成本和工作要求条件下，酒店愿意使用的劳动数量(同样也包括劳动力数量、劳动时间和劳动强度)。酒店人力资源供求关系的实现需要一个有效运行的机制，这包括员工招聘与培训、调整劳资关系的措施、开放的人才流动和人员迁移体制，等等。其具体内容包括：酒店人力资源需要量的确定；工作岗位与工作职务的设计；机构设置与定员；人员配备；劳动纪律管理；员工激励与领导等。

(三) 使用

酒店人力资源的使用是人力资源与物力资源相结合的过程。酒店人力资源使用必须遵循保证活动、提高效率、发挥能力、注意养护的原则。其具体内容有：人力资源需要量的确定；工作岗位与工作职务的设计；机构设置与定员；人员配备；劳动纪律管理；员工激励和领导。

根据人力资源的运作过程，酒店人力资源管理的程序及主要内容如表5-1所示。

表 5-1

六大模块	具 体 内 容
人力资源规划	制定、人事研究、工作分析、咨询、轮岗
招聘与配置	制定、工作计划、招聘录用、解雇
培训与开发	制度、职前教育、职业生涯设计
绩效管理	制度、满意度调查、激励、绩效评估
薪酬与福利	制度、薪酬设计与管理、薪酬预算、保险福利、住房保障
劳动关系管理	制度、纪律、安全与职业健康、劳资谈判、争议处理、后勤服务

第六章

酒店职务管理

第一节　职务分析概述

一、职务分析的基本术语

与其他专业领域一样，人力资源管理领域中的职务分析也有许多专业术语，它们各有其确定的意义。在具体介绍职务分析之前，先对这些术语做一些简单地介绍。

工作要素：是指不便再分解的工作中的最小单元。如在客房做床服务中，撤床罩、铺毛毯、套枕套等都属于工作要素。

任务：是指安排一位员工所完成的一项具体工作，任务可以由一个或多个工作要素组成。如在餐饮服务中包房服务员的一次包厢服务。

职责：是指工作中所承担的一项或多项相关任务组成的活动。如酒店的销售人员职责包括市场调查、产品介绍、销售产品、售后服务等多项任务。

职位：即岗位，是一个人完成的任务和职责的集合。在酒店组织中，每个人对应一个职位，有多少个员工就有多少个职位，即员工的数量与职位的数量相等。

职务：是指一系列相近的或性质相同的职位（岗位）的总称。由于组织规模或结构不同，某项工作可以由一个或多个同职位者从事，如酒店的餐饮部，餐饮部经理可以由一人承担，而餐厅服务员的工作则需多人来完成。当然也有一个在职者身兼多职的，如酒店餐饮部经理可能同时还担负着酒店质检部的工作。

职业：是指在不同时间，不同地点，内容相似的一系列工作的总称，例如医生，教师,经理等。“工作”和“职业”的区别在于其界定的范围不同,“工作”的概念是针对组织内的,而“职业”则是跨组织的。

职务描述:也称为工作说明书,就是确定工作的具体特征,对工作的物质特点和环境特点加以具体说明。是工作分析后的书面摘要。

职务规范:即工作规范书,也称为任职说明书,是员工在执行工作上所需具备的知识、技术、能力和其他特征的清单。工作规范是工作分析的另一项成果,有些工作说明书会把工作规范的内容一并纳入。

二、职务分析的定义

职务分析,亦称工作分析,是指通过观察和研究,确定关于某种特定职务的基本工作情况,以及完成工作所应具备的能力和资格的一种程序。对于酒店而言,职务分析就是对酒店内各项职务的工作内容、规范、任职资格、任务与目标进行研究和描述的一项管理活动和制定具体的职务说明的系统工程。

职务分析是一种重要而普通的人力资源管理技术。国外人力资源管理心理学家指出,职务分析就是全面收集某项工作的信息,提出职务分析公式——“6W1F”:⑴用谁,即谁来完成这项工作(WHO);⑵做何事,即这一职位具体的工作内容是什么(WHAT);⑶何时,即工作的时间安排怎样(WHEN);⑷何地,即这项工作是在哪里进行(WHERE);⑸如何,即如何来进行这项工作(HOW);(6)为何,即从事这项工作的目的是什么(WHY);⑺为何人,即这项工作的服务对象是谁(FOR WHOM)。

三、职务分析的目的和意义

(一)职务分析的目的

一个组织的工作涉及人员、职务及其环境三方面因素。工作人员的分析包括工作条件、工作能力等,有助于员工职业生涯的指导和发展,达到人尽其才的目的。工作职务的分析包括工作范围、工作程序、工作任务等,对员工工作上的任用、甄选、协调有所帮助,达到适才适职的目的。工作环境的分析包括酒店的环境设备,工作的知识技能等,使员工易于应付工作的要求,达到才尽其用的目的。职务分析乃“人与才”、“人与职”、“职与用”三者的有机结合,通过一定的组织行为以达到组织目的:

职务分析
- 人员——工作条件、能力……人尽其才
- 职务——工作范围、任务……才尽其职
- 环境——工作设备、技能……职尽其用

→ 组织目的

（二）职务分析的意义

酒店是一个功能多、业务复杂的综合性服务企业。随着服务项目因市场需要而不断增多，更使酒店内的工作、岗位日益繁杂，加之各岗位对知识、技术水平要求的差异也很大，这些都给招聘、选拔、录用工作以及工资标准制定等人力资源开发与管理工作带来困惑。职务分析对于人力资源研究和管理具有非常重要的作用。全面深入地进行职务分析，可以使酒店充分了解工作的具体特点和对员工的行为要求，为作出正确的人事决策奠定坚实的基础和提供科学的依据，如图 6-1 所示。

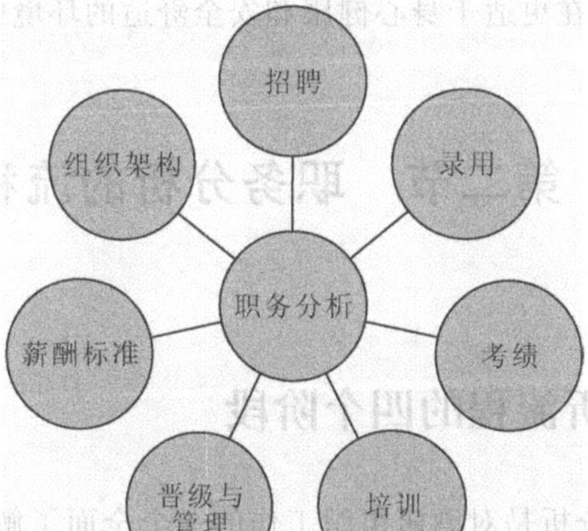

图 6-1 职务分析在人力资源管理体系中的位置

具体来说，职务分析在人力资源管理中有以下几个方面的意义。

1. 明确选人用人的标准，做到人尽其才。一般来讲，招聘前手中要有一份招聘人员岗位的职务分析资料。职务分析明确了工作的具体程序和方法，指明在哪种工作岗位需要什么样的人才；规定工作职务的近期与长期目标；提出相关工种人员的心理、技能、文化和知识等方面的要求。有了明确而有效的标准，人力资源部门就可以招聘、选拔和任用符合工作需要和职务要求的合格员工。

2. 提高工作效率，避免人力资源的浪费。通过职务分析，可以使工作职责明确，目标清楚。酒店中的每一位员工，上至总经理下至清洁工都能明确自己的工作环节和任务要求，充分利用和安排工作时间，使他们能更加合理地运用自己的知识和技能，增强他们的工作满意度，从而提高工作效率，避免人力资源浪费现象。

3. 有效地激励员工。通过职务分析，可以设计积极的人员培训和职业开发方案。根据实际工作要求和聘用人员的不同情况，有针对性地安排培训内容和方案，以培训促进员工在组织内能按部就班地获得知识、技能和能力的提升，增强员工工作的信心；职务分析可以为员工绩效考核和晋升提供客观标准和科学依据，使员工的工作积极性提高；通过职务分析和评估，可以建立先进、合理的工作定额和工资、奖金等报酬制度。酒店在职务分析的基础上了解员工工作的各种信息，全方位、多角度地有效地激励员工。

4. 改善工作环境。通过职务分析，确定工作职务的任务和要求，建立工作规范，就可以检查工作中不利于发挥员工积极性和能力的方面，发现工作环境中有损于工作安全、加重工作负荷、造成工作疲劳与紧张等不合理因素；从而有利于改善工作环境，使员工在更适于身心健康和安全舒适的环境中工作。

第二节　职务分析的流程

一、职务分析流程的四个阶段

酒店组织职务分析是对酒店组织工作的一个全面了解，这项工作需要许多的工作信息。一般来讲，酒店的职务分析可以分为四大阶段：准备工作阶段、信息收集阶段、信息分析阶段和结果表达阶段。

（一）职务分析准备工作阶段

职务分析准备工作阶段，酒店应明确职务分析的目的，这样才能确定工作分析信息调查的范围和信息收集的内容。限定工作分析的范围，并选择具有代表性的工作作为样本；与组织中的相关成员进行沟通，向组织成员传达工作分析的目的、意义、作用等相关信息，以获得组织成员的赞同；选择职务分析人员，组建工作分析小组，同时对具备一定条件的工作人员进行相关工作的培训；选择职务分析的方法和工具，如采用问卷调查法时，就需要编写一份比较详细的“职务分析调查表”，有助于将职务分析所需要的信息进行预先组织和整理。

（二）职务分析信息收集阶段

职务分析信息收集阶段的主要工作任务是对整个工作过程、工作环境、工作内容和工作人员的主要方面做出全面的调查，获得相关的信息。具体的工作步骤如下。

1. 事先需征得样本员工直接上级的同意，尽量获取直接上级的支持。

2. 为样本员工提供良好的信息反映环境，以便真实反映信息。

3. 向样本员工讲解职务分析的意义，并说明信息收集注意事项。

4. 鼓励样本员工真实客观地反映自己的信息，不要对反映出的任何内容产生顾虑。

5. 职务分析人员随时解答样本员工反映信息时所提出的问题。

6. 样本员工信息反映完毕后，职务分析人员要认真地进行检查，查看是否有遗漏现象。

7. 检查无误后，完成信息收集任务，向样本员工致谢。

在信息收集完成之后，酒店职务分析人员应形成调研报告。

（三）职务分析信息分析阶段

职务分析信息分析阶段是将各种收集信息方法所收集到的信息进行统计、分析、研究、归类的一个过程。在信息分析阶段最好参照酒店以前的职务分析资料和同行业同职位其他酒店的相关职务分析的资料，以提高信息分析的可靠性。在信息分析阶段，需要分析以下几方面的内容：①基本信息，如工作名称、工作编号、所属部门、工作等级等。②工作活动和工作程序，如工作摘要、工作范围、职责范围、工作设备及工具、工作流程、人际交往、管理状态等。③物理环境，如工作场所、工作环境的危险、职业病、工作时间、工作环境的舒适程度等。④聘用条件，如年龄要求、学历要求、工作经验要求、性格要求等。⑤基本素质，如学历要求、专长领域、职务经验、接受的培训教育、特殊才能等。⑥生理素质，如体能要求、健康状况、感觉器官的灵敏性等。⑦综合素质，如语言表达能力、合作能力、进取心、职业道德素质、人际交往能力、团队合作能力、性格、气质、兴趣等。

（四）职务分析结果表达阶段

职务分析结果表达阶段是职务分析的最后阶段。前 3 个阶段的工作都是为了达到此阶段作为工作目标，此阶段的工作任务就是根据职务分析规范和信息编制职务说明书——“职务描述”和“职务规范”，具体工作如下：①根据经过分析处理的信息草拟“职务描述”和“职务规范”。②将草拟的“职务描述”和“职务规范”

与实际工作对比。③通过对比后找到差距，决定是否需要再次进行调查研究。④修改“职务描述”和“职务规范”，确定试行稿。⑤试行期使用无误后，确定为正式文件。

二、职务说明书

职务分析的结果，记录在职务说明书这一类专门文件中。职务说明书包括两部分：一是职务描述（见表6-1），是对有关工作活动、工作程序和方法、工作职责、工作条件等工作特性方面的信息所进行的书面描述；二是职务规范（见表6-2），是全面反映工作对员工的品质、特点、技能、经历和知识等方面要求的书面文件。

（一）职务描述（工作说明书）

职务描述具体描述工作的物质特点和环境特点，主要解决职务操作者做什么，怎么做和为什么做等问题。职务描述一般包括以下内容：①职务名称：是指酒店对从事一定工作活动所规定的职务称谓或职务代码。职务名称应简单明了，既能对工作进行简单识别、分类，又能做到标识工作的责任，明确在组织中所属的地位和部门。如酒店餐厅收银员、酒店人力资源部经理就是较好的工作名称，而收银员、部门经理就不够明确。②工作内容：是指对工作活动和工作程序的描述。包括所要完成的工作任务、工作职责、完成工作所需要的资料、工作流程、工作中上下级与平行级之间的关系等。工作内容的描述是职务描述的主体部分。③工作环境：是指对工作条件和物理环境的描述，包括工作地点的温度、湿度、光线、噪音、安全条件、地理位置、室内或室外等。④社会环境：是指对工作中的人际关系以及社会文化和习俗的描述，包括工作群体中的人数、完成工作所要求的人际交往的数量和程度、各部门之间的关系、工作点内外的文化设施、社会习俗等。⑤聘用条件：说明工作的各方面特点，包括工作时数、工资结构、支付工资的方法、福利待遇、这项工作在酒店中的正式位置、晋升的机会、工作的季节性、进修的机会等。

表6-1是某酒店餐饮部经理的工作说明书。

表6-1　餐饮部经理的工作说明书

职务名称：餐饮部经理
部门：餐饮部
岗位等级：部门经理
职务编号：03-01
工作活动和工作程序

续表

1.通过对餐厅服务员及相关部门的管理与协调，实施酒店对餐饮部门的计划、组织、指导和控制活动； 2.安排服务员不同的工作区域和任务，指导服务员的各种接待活动和卫生工作； 3.评估餐饮业务报告并向上级管理部门作出报告； 4.根据对顾客渠道、成本、利润管理的批准认可，协调分配功能； 5.批准各种有助于促销的计划，参与和审查市场分析，确定和研究潜在顾客、价格一览表、折扣率竞争活动； 6.及时处理客人的投诉； 7.亲自与大客户保持联系； 8.可以根据关规定建议或实施对本部门员工的奖惩； 9.可以与其他管理部门合作，建议和批准用于特色菜肴开发工作的预算支出和拨款； 10.可以与广告机构就制作餐饮广告事宜进行谈判，并在广告发布之前对广告题材、内容予以认可； 11.可以调用食品送货车2辆。
工作条件和物理环境
1.室内工作为主，一般不受气候和气温影响，湿度适中。无噪音损害，无个人生命或严重受伤危险，无有毒气体； 2.有外出要求，一年中有1%～5%的工作日出差在外； 3.工作地点为本市和华东、华南省会城市的市区。
社会环境
1.有一名助理，餐饮部工作人员有20～25人； 2.直接上级是酒店副总经理；需要经常交往的部门是采购部、前厅、大堂、财务部、客房部； 3.可以参加职工俱乐部各项活动。
聘用条件
1.每周工作40～45小时，有法定假日； 2.基本工资每月2500元，职务津贴每月1200元，每年完成全年销售指标奖励2000元，超额完成部分再以千分之一提取奖金； 3.每年工作以旅游会务高峰月为忙季，夏季为淡季； 4.每3年有1次出国进修机会；每5年有1次为期1个月的公休假期，可报销5000元的旅游费用； 5.购买自住房，酒店提供补充公积金。

（二）职务规范（任职说明书）

职务规范是根据职务描述所提供的信息，拟定工作资格。制定职务规范的目的是决定重要的个体特征，以此作为人员甄选、任用和培训的基础。职务规范主要包括以下内容：①一般要求。是指从事酒店工作的一般性要求，如年龄、性别、学历、工作经验等。②生理要求。是指这项工作对工作人员的身体状况和身体素质方面的要求，如外表形象、健康状况、感觉器官的灵敏度、力量与体力等。③心理要求。是指酒店工作人员所应具备的知识、技能、能力等个人特征，主要包括观察能力、集中能力、记忆能力、理解能力、学习能力、解决问题的能力、创造性、数学计算能力、语言表达能力、决策能力、特殊能力、性格、气质、兴趣爱好、态度、事业心、合作性、领导能力，等等。

表 6-2 是某酒店招聘专员的任职说明书。

表 6-2　招聘专员的任职说明书

职务名称：招聘专员
部门：人力资源部
职务代码：HR-021
直接上级职务：人力资源部经理
知识和技能要求
1. 学历要求：本科以上； 2. 工作经验：3 年以上酒店工作经验； 3. 专业背景：从事人力资源招聘工作 2 年以上； 4. 英文水平：达到国家英语四级水平； 5. 计算机水平：熟练使用 Windows 和 Office 系列。
特殊才能要求
1. 语言表达能力：能够准确、清晰、生动地向应聘者介绍企业情况，准确、巧妙地解答应聘者提出的各种问题； 2. 文字表述能力：能够准确、快速地将希望表达的内容用文字表述出来，对文字描述很敏感； 3. 观察能力：能够很快地把握应聘者的心理； 4. 处理事务能力：能够将多项并行的事务排得井井有条。
综合素质
1. 有良好的职业道德，能够保守组织人事秘密； 2. 独立工作能力强，能够独立完成布置招聘会场、接待应聘人员、应聘者非智力因素评价等任务； 3. 工作认真细心，能准确地把握同行业的招聘情况。

续表

其他要求
1. 能够随时出差； 2. 假期一般不超过一个月。

职务说明书可以分成职务描述和职务规范两份文件来阐述，也可以合并在一起。表 6-3 是某酒店前厅部经理的职务说明书。

表 6-3　前厅部经理的职务说明书

职务名称：前厅部经理
部门：前厅部
岗位等级：部门经理
职务代码：F00001
任职基本要求
1. 自然条件：男 25～40 岁，身高 1.7 m 以上，女 25～40 岁，身高 1.6 m 以上，精力充沛，端庄稳重； 2. 受教育程度：大学本科毕业或者同等学力以上，具有经济师职称及同等业务水平； 3. 工作经验：曾在同档星级宾馆酒店前厅任经理职务，熟悉前厅运作及管理规范； 4. 语言能力：流利的、较标准的普通话，能听懂上海话和广东话，较强的英语口语表达能力。
工作活动和工作程序
1. 制定并实施前厅业务计划； 2. 根据酒店市场环境、部门的历史数据和现实情况，编制部门预算，在预算获得批准后，组织实施和控制，保证预算的完成； 3. 巡视属下各个部门，抽查服务质量，保证日常工作的顺利进行； 4. 负责对直接下级的工作评估及部门的奖金分配工作； 5. 协助检查当天抵达贵宾的房间质量，并于大门外恭候迎接当天抵达的贵宾； 6. 指导主管训练属下员工，监督检查各主管的管理工作并纠正偏差； 7. 接受客人的投诉，及时进行处理解决并作好记录； 8. 组织、主持每周的主管例会，听取汇报、布置工作，解决工作难题； 9. 掌握客房预订情况和当天客情；审阅大堂经理周报，呈报总经理批示； 10. 负责部门的文化建设工作，对部门的人员素质建设负有直接责任。

续表

社会环境
1. 有一名副手，前厅部工作人员有30～35人； 2. 下设前台接待处、问讯处、订房部、商务中心、礼宾部、总机、大堂经理等7个二级部门； 3. 直接上级是房务部总监，需要经常联系的部门是公关销售部、客房部、餐饮部、财务部等。
聘用条件
1. 每周工作48小时，每周休息一天，国家法定假日放假； 2. 基本工资每月3000元，岗位津贴1500元，年终双薪； 3. 本岗位是酒店中层管理岗位，可以批签最高房费5折的优惠，餐饮9折（不含酒水）； 4. 每两年有1～2次培训进修机会，可以报销培训费用3000元； 5. 酒店免费提供洗衣服务。

（三）职务说明书的编写

编写职务说明书的核心，是要回答好以下两个问题，一是“谁来做职务分析”，二是“何时做职务分析”。

首先，职务说明书应由专家团队进行策划。其次，现场主管人员必须直接进行操作。然后，在业务人员的具体实践中进行修正。最后，由人力资源部门人员进行整理。

这其中，和相关员工一起做非常重要。不过，这一原则只适用于监督管理级人员的职务描述与规范。基层员工的工作往往已有明确的规定，一般改动都很少。而且，使所有关员工都参加讨论也不大可能，因为一个人只有被招聘入职以后，才会需要职务描述与职务规范，而这些在招聘之前就必须准备出来。

比较而言，制定职务规范通常比进行职务描述更需要技巧性，应根据职务规范书的用处来确定由谁制定。

如果编写职务规范将用于培训的目的，就应由培训专家及相关部门的经理一起制定。通过工作分析，研究从事该职位需何种培训，以规划合理的培训方案。如果职务规范是作为职务评估基础的文件，则应由工作研究专家同相关部门经理一起制定。针对职位的特点，对从事各职位的工作人员的基本禀赋作出强度不一的规范。

另外还要注意，不管采用哪一种编写方法，在关键点上都要避免使用诸如“尽量取得满意的利润水平”之类的模糊语句，而应做到确切、具体。能够写出数字的，就要写出具体的数字，例如“总利润达58%”，等等。当然，如果相关规定非常具体并实现了数量化后，便应将该预算值或预测值纳入职务说明书中。

由于职务说明书在人员就职、培训、工作评定与绩效考核等许多工作中都起着重要的作用，因而，应由一个人或一个部门监督职务说明书的制定工作，以保证其连贯性。同时，还应做好定期修订工作。

一般来说，酒店成立，部门结构调整，业务发生变化，有些问题被重新提起或有新发现，引进新设备或工艺，要求当事人述职或进行职位调整，晋级时，都要作职务分析或进行职务说明书调整。

经过相关人员精心编写的职务分析信息，需要及时地向用人部门的作业人员传达，否则，再好的信息，不传达到使用者手中，也是一纸空文。

三、职务分析的方法

职务分析过程中需要收集大量的工作活动信息，这些信息的正确与否，直接影响到职务分析的成败和质量。通过不同的信息收集方法所收集的信息不同。职务分析方法依照基本方式划分，主要有观察法、访谈法、问卷法、现场工作日志法、职务见习法等。每种方法都有各自的优、缺点，在实践工作中，要做好职务分析，常常根据不同的职位，把不同的方法相结合。

（一）观察法

观察法是职务分析人员根据观察提纲，运用感觉器官和一些工具，对员工正常工作的状态进行系统观察以获取工作信息，并通过对信息进行比较、分析、汇总等方式，得出职务分析成果的方法。工作信息可以用文字和图表的形式进行记录，也可以用摄像、录像等方法进行记录。观察法适用于酒店内的体力劳动者和事务性工作者，如前台接待员、行李员、文员等职位。

采用观察法的优点是通过对工作的直接观察和工作者介绍能使职务分析人员更多、更深刻地了解工作要求，从而使所获得的信息比较客观和正确，但同时也要求观察者有一定的实际操作经验。其缺点一是不适用于工作周期长和主要是脑力劳动的工作，如部门经理等；二是不易观察紧急而又偶然的工作，例如处理紧急情况。

在运用观察法时，一定要有一份详细的观察提纲，这样在观察时才能及时记录。表 6-4 是观察提纲的一个例子。

表 6-4 职务分析观察提纲(客房服务员岗位)

被观察者姓名：________ 日期：________

观察者姓名：________ 观察时间：________

工作类型：________ 工作部门：________

观察内容：

1. 什么时候开始正式工作？________
2. 上午工作多长时间？________
3. 上午休息几次？________
4. 第一次休息时间从________到________
5. 第二次休息时间从________到________
6. 完成多少任务(接受客人问询、清扫客房、做床、检查房态)？________
7. 平均多少时间完成一项任务？________
8. 与同事交谈几次？________
9. 每次交谈约________分钟
10. 工作中遇到什么困难？________
11. 全天出现几次差错？________
12. 下午工作多少小时？________
13. 有无向领导汇报工作？________
14. 工作时间有无离开酒店外出？________
15. 外出时间共多少？________
16. 外出原因是什么？________

（二）访谈法

访谈法又称面谈法，是指职务分析人员通过面对面询问而获取工作要素信息的调查研究方法，是一种应用最为广泛的工作分析方法。访谈的对象可以是任职者本人，也可以是专家和主管人员；访谈形式可以个别访谈，也可以群体座谈；访谈的程序可以是标准化的，也可以是非标准化的。

访谈法的优点是比较灵活，有助于与任职者进行双向沟通，可以对员工的工作任务和工作态度等较深层次的内容有比较详细的了解。另外，由于任职者本身也是自己行为的观察者，他对自己工作的特征最为熟悉，也最有发言权，由任职者本人描述工作内容，具体而准确。总之，作为一种运用最为广泛的职务分析方法，访谈法能够简单而迅速地收集多方面的工作信息。

访谈法的缺点一方面在于对职务分析人员的要求比较高。访谈者的访谈策略和提问技巧，直接关系到访谈的效果。访谈者要有多方面的知识和能力，需要经过严格而规范的培训。另一方面，任职者可能出于自身利益的考虑，采取不合作的态度或有意无意地夸大自己所从事工作的重要性、复杂性，导致工作信息失真。若分析人员和被调查者相互不信任，应用该方法具有一定的危险性。

因此，访谈法不能单独作为信息收集的方法，只适合与其他方法一起使用。

访谈法的分析提纲如表 6-5 所示。

表 6-5　访谈法工作岗位分析表

职务名称：	主管部门：
所属部门：	工作地点：
间接主管：	监督者：
直接主管：	
1. 这个岗位工作的目的是什么？	
2. 岗位的工作职责是什么？在各项职责中，需要完成什么工作？	
3. 岗位的工作内容是什么？你是如何做的？	
4. 除了日常工作外，每周、每月、每季或每年还需要承担哪些工作？	
5. 如何衡量你的工作完成的好坏？	
6. 你的工作对完成的时间要求是什么？	

续表

7.在日常的工作中是否存在难以克服的困难？
8.工作职责是否与别的工作岗位职责有交叉的部分？
9.为了圆满完成你的工作，所需要的教育水平如何？需要何种类型的知识、技能？
10.你的工作向谁汇报？
11.你的工作与组织中的哪些岗位有接触？接触的频率是多少？为什么需要这些接触？
12.你的工作与组织外的哪些组织、机构有联系？
13.你是否承担管理他人的工作？管理哪些岗位的员工？你是如何管理的？
14.你在工作中难度最大的是什么？为什么？如何才能很好地完成这些工作？

（三）问卷法

问卷法是指通过书面形式、以严格设计的心理测试项目或问题，让员工或相关人员填写问卷，然后由职务分析人员根据回收的答卷来统计工作特征、工作行为和工作人员特征的方法。问卷法适用于酒店的脑力工作者、管理工作者或工作不确定因素很大的员工，比如酒店行政经理。

问卷法的优点是比较规范化、数量化，适合于用计算机对结果进行统计分析；调查范围广，速度快，调查样本量很大，适用于需要对许多员工进行调查的情况。其缺点在于问卷由被调查对象单独填写，职务分析者与其缺少交流和沟通，不易唤起被调查对象的兴趣；调查问卷的设计比较费人力和物力，也不像访谈那样可以面对面交流信息。

需要注意的是，调查问卷的设计直接关系着问卷调查的成败，所以问卷一定要设计得完整、科学、合理。问卷法主要可以分为两种：一般职务分析问卷法和指定职务分析问卷法。

1. 一般职务分析问卷法，这种方法适合于各种工作，问卷内容具有普遍性，表6-6是一个例子。

表6-6 一般职务分析问卷

1. 职务名称____________。

2. 比较适合任该职务的性别是____________。

A. 男性　　B. 女性　　C. 男女均可

3. 最适合任该职务的年龄是____________。

A. 20岁以下　　B. 21～30岁　　C. 31～40岁　　D. 41～50岁　　E. 51岁以上

4. 能胜任该职务的文化程度是____________。

A. 初中以下　　B. 高中、中专　　C. 大专　　D. 本科　　E. 研究生以上

5. 该职务的工作地点在____________。

A. 本地市区　　B. 本地郊区　　C. 外地市区　　D. 外地郊区

6. 该职务的工作主要在(指75%以上时间)____________。

A. 室内　　B. 室外　　C. 室内外各一半

7. 任该职务的工作时间一般在____________(指75%以上时间)。

A. 白天　　B. 晚上　　C. 兼有白天和晚上　　D. 节假日为主

8. 该职务工作信息来源主要是____________。

A. 视觉材料(文件、图表，财务数据、照片、数字显示、信号灯等)

B. 听觉材料(语音广播、公共场所混杂音、乐曲等)

C. 触觉材料(手感温度、湿度、光滑度、柔软度等)

D. 模型装置(模型、模式、模板等)

E. 测量装置(气压表、气温表等各种表具)

2. 指定职务分析问卷法，这种方法适合于各种指定的工作，问卷内容具有特

定性，一张问卷只适用于一种工作。表 6-7 是一个例子。

表 6-7　客房服务员职务分析问卷(部分)

说明以下职责在你工作中的重要性(最重要的打 10 分，最不重要的打 0 分，标在右侧的横线上)。

1. 接听、转达或记录客人电话＿＿＿＿＿＿＿＿
2. 接待好每一个开房客人＿＿＿＿＿＿＿＿
3. 接受客人询问及呼唤＿＿＿＿＿＿＿＿
4. 在规定的时间整理清扫客房＿＿＿＿＿＿＿＿
5. 正确记住各房间客人的嘱咐事项＿＿＿＿＿＿＿＿
6. 掌握工作中经常遇到的必要的商务、法律知识＿＿＿＿＿＿＿＿
7. 善于微笑＿＿＿＿＿＿＿＿
8. 清洁走道和公共场所＿＿＿＿＿＿＿＿
9. 满足客人事先提出的要求＿＿＿＿＿＿＿＿
10. 做好开房记录＿＿＿＿＿＿＿＿
11. 参加在职培训＿＿＿＿＿＿＿＿
12. 讲话口齿清楚＿＿＿＿＿＿＿＿
13. 熟练运用清洁工具，分清不同清洗剂的使用对象和方法＿＿＿＿＿＿＿＿
14. 及时清扫挂有“请速打扫”的客房＿＿＿＿＿＿＿＿
15. 思路清晰＿＿＿＿＿＿＿＿
16. 向经理汇报工作＿＿＿＿＿＿＿＿
17. 每天总结自己的工作＿＿＿＿＿＿＿＿
18. 每天锻炼身体＿＿＿＿＿＿＿＿
19. 和同事保持良好关系＿＿＿＿＿＿＿＿
20. 不怕脏和苦＿＿＿＿＿＿＿＿

(四) 现场工作日志法

现场工作日志法是由任职者按时间顺序，详细记录自己在一段时间内的工作内容与工作过程，经过归纳、分析，达到职务分析目的的一种职务分析法。日志的形式可以是不固定的，也可以由酒店提供统一的格式。

现场工作日志法是每日在完成工作以后的即时记录，其优点在于提供了员工工作活动的概要信息，较为详尽。其缺点在于信息有可能失真，包括遗忘、不能及时填写及刻意隐瞒等；不能了解长期的、周期性变化的工作活动及各项活动的目的和重要性。

一般来说，在用于职务分析时，工作日志法很少作为唯一的、主要的信息收集技术，常常要与其他方法相结合。实际工作中，职务分析人员通常会将酒店已有的工作日志作为问卷设计、准备访谈或者对某一项工作作初步了解的文献资料来源，而且选择不同工龄的员工的日志作为参考。

现场工作日志法的现场工作日志如表 6-8 所示。

表 6-8　现场工作日志

姓名：			职务名称：	
填写日期：　　年　　月　　日			所属部门：	
开始时间	结束时间	工作任务和活动内容	活动结果	备注
说明： 1. 请你按工作活动发生的顺序及时填写，勿在一天工作结束后合并填写。 2. 严格按照表格要求进行填写，不要遗漏细小的工作活动。 3. 请你提供真实的信息，以免损害你的利益。				

（五）职务见习法

职务见习法又称参与法，是指从事职务分析的工作人员亲自直接参与某项工作，取得自己深入细致的体验。

运用职务见习法的好处是可以弥补观察法无法了解的活动，比如计算机房的工作和会计的核算有大量的智力活动，无法被观察，访谈时也可能因为会计人员不善于表达而无法获取信息，而职务见习则能全面感受。再者，职务见习法能矫正观察中得到的虚假信息。但是这种方法的缺点是会受到许多因素的制约，专业化程度较高的工作，调查者不具备从事这个工作的知识和能力，或者一些复杂而危险环境的职务，不可能运用这种方法。如酒店的保安在抓捕犯罪分子的过程。

职务分析的方法众多，在具体操作时，各种方法结合使用才能全面有效地反映工作的真实情况。

第三节　酒店职务评估

一、酒店组织机构

酒店的各项工作任务，是通过其内部各机构人员分工协作共同完成的。酒店规模不同，其组织机构的具体设置也不尽相同。总的来说，酒店组织机构的设置应既能保证日常运作的质量和效率，又能方便客人，满足客人的需求。

（一）经济型酒店的组织机构

经济型酒店又称为有限服务酒店，如国内的“锦江之星”、“如家快捷”。其最大的特点是服务比较简单，服务模式为“B&B”，即“床（Bed）＋早餐（Breakfast）”（也有个别不提供店内早餐的，叫外卖）。由于人工成本较低，经济型酒店的租金便宜，开房率很高，国际上的一些品牌酒店看好国内这块市场，正在大举进入。

由于经济型酒店的经营内容少，所以组织机构也相对精干。图 6-2 是其组织机构设置图。

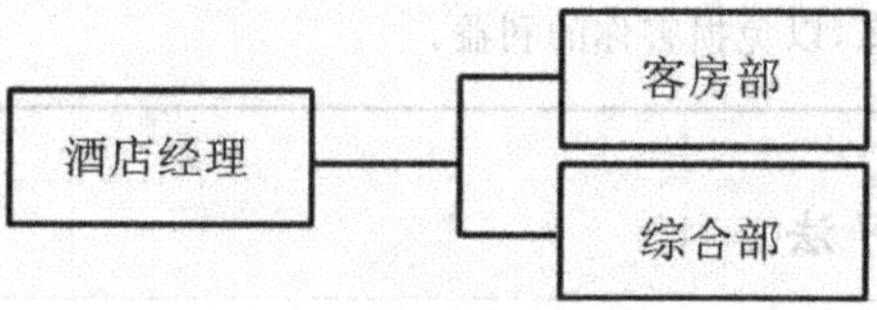

图 6-2　经济型酒店组织机构示意图

（二）小型酒店的组织机构

小型酒店是指客房数在 200 间以下的酒店，小型酒店是国内大型旅游景区及中等城市常见的酒店，一般的标准在 3 星级以下。旅游景区酒店的季节性较强，一般地区的小型酒店没有明显的季节性，但和节日的相关度依然明显。

小型酒店的经营内容与中型酒店相比差别不大，只是规模较小，组织机构相应也较完整。图 6-3 是其组织机构设置图。

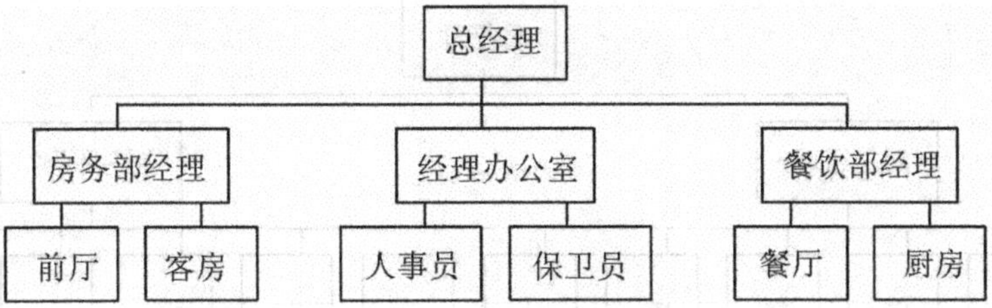

图 6-3　小型酒店组织机构示意图

（三）中型酒店的组织机构

中型酒店是指客房数在 500 间以下的酒店，是国内大中城市主要的酒店，适合国内一般层次的会议用房和较高消费的旅游用房。中型酒店的季节性也较强。

中型酒店的经营内容较齐全，组织机构完整，职能门类细分。图 6-4 是其组织机构设置图。

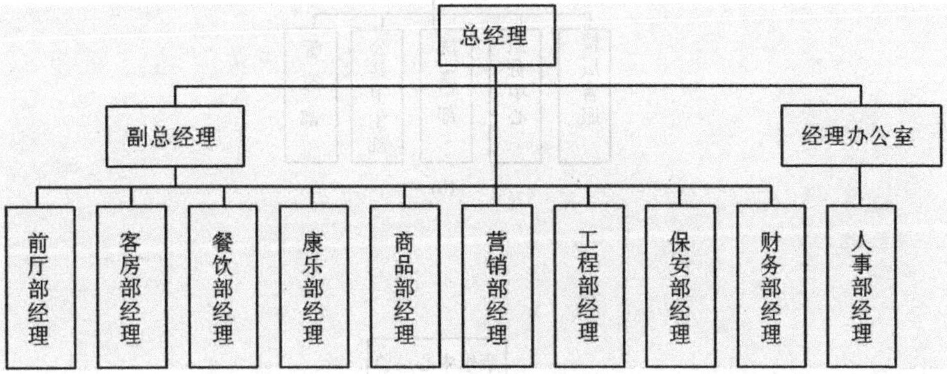

图 6-4　中型酒店组织机构示意图

（四）大型酒店的组织机构

大型酒店是指客房数在 500 间以上的酒店，是国内大中城市标志性的酒店，适合国内外重要或大型会议用房和高消费的旅游用房。大型酒店的季节性也较强。

大型酒店的经营内容繁多，组织机构相应复杂，职能门类完全细分，员工人数众多。图 6-5 是其组织机构设置图。

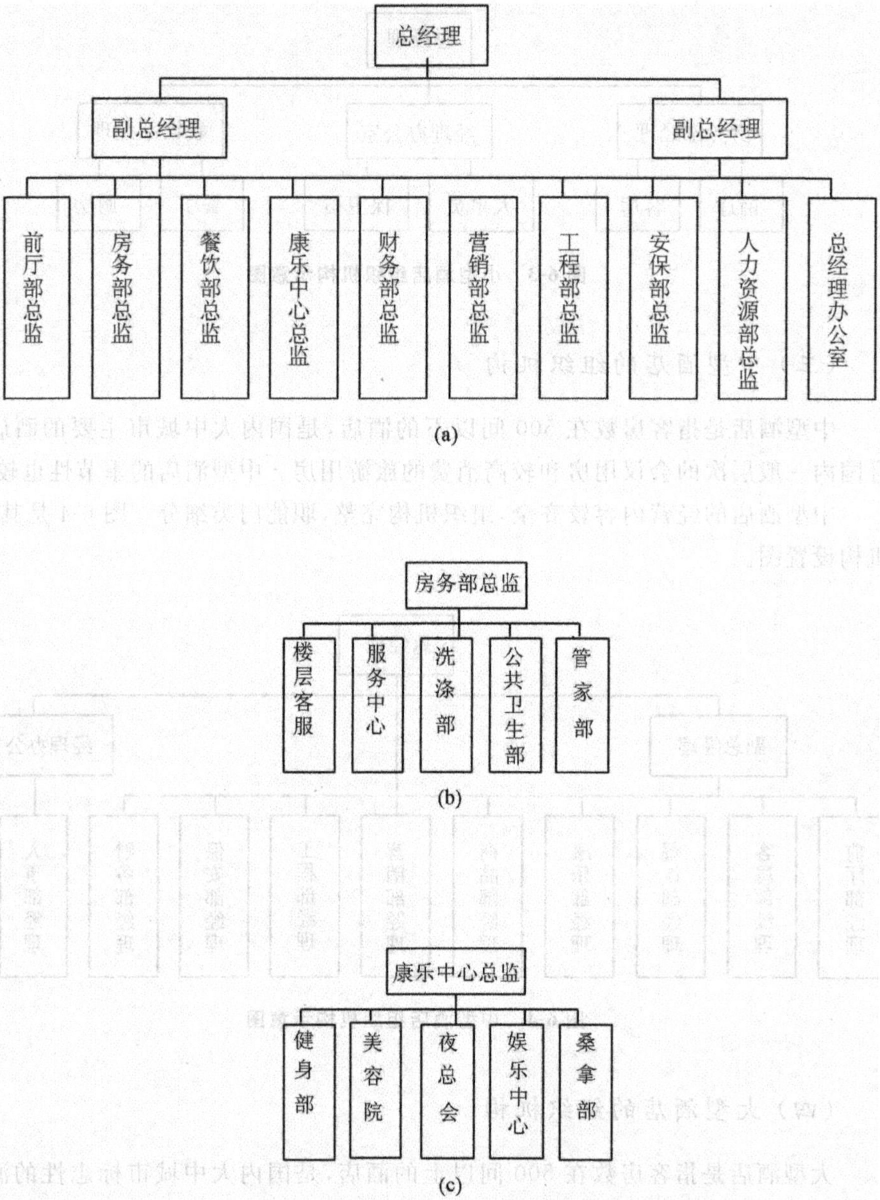

图 6-5　大型酒店组织机构示意图

二、酒店的岗位设计

在酒店组织形式确定之后，应根据每个酒店的实际需要设置不同的工作岗位，制定每个工作岗位的职务描述和职务规范，并以此建立岗位责任制。

（一）岗位设计步骤

1. 依照酒店服务流程和分工要求设计岗位。例如，要确定前厅的工作岗位，就要按照酒店设定的服务流程和分工要求列出所需岗位。若顾客从机场下飞机到前厅，酒店要有机场迎宾员、轿车驾驶员前往机场迎接客人，要在机场设置机场代表柜台欢迎散客，然后提供门厅应接服务、行李运送服务、问讯服务、外汇兑换和结账服务、电话总机服务、预订服务、大堂问讯与投诉服务，这样就产生了前厅需要设置的一系列岗位。

2. 检验是否有可以取消或合并的岗位。例如，一星级酒店和二星级酒店一般可以不提供机场代表服务、门厅应接服务，也可以不设大堂经理。又如，在24:00到清晨5:00期间，总台的接待、问讯和结账这三个岗位可以合并为一。

图6-6是A酒店岗位设置情况（该酒店拥有800间客房和1500名员工）。

（二）岗位设计原则

酒店设计工作岗位的原则是"人有其位"，切不可"因人设位"。在设计工作岗位时要注意以下问题：

1. 合理分工是工作岗位科学设计的基础。分工就是将需要完成的任务分解成相对独立又有机联系的操作工序，每个岗位负责完成其中的一道工序，以后无论是酒店的培训还是管理都将以此为基础提高工作效率。但应注意，分工过细会使工作重复而琐碎，使员工对工作兴趣索然，从而影响工作情绪与积极性。

2. 设计工作岗位要以目前酒店员工的素质为基础。如果从理想化的角度设计而实际无人胜任这项工作，这对酒店经营与管理无任何好处。设计工作岗位时还要兼顾劳动力市场供求状况，考虑是否能够招聘到足够数量符合条件的员工。

3. 设计工作岗位必须考虑到员工对工作的满足感。管理科学之父泰勒提出一个著名的管理思想，他说："只要岗位合适，每一个人都能成为一流的工人。"酒店人力资源开发的宗旨，正在于使每一个员工都能适岗：在岗位上扬长避短，人尽其才，物尽其用。

近年来，管理学界不断强调工作内容的丰富化和扩大化，经研究表明，工作内容的扩大化和丰富化能提高员工的工作兴趣，提高员工的工作积极性。

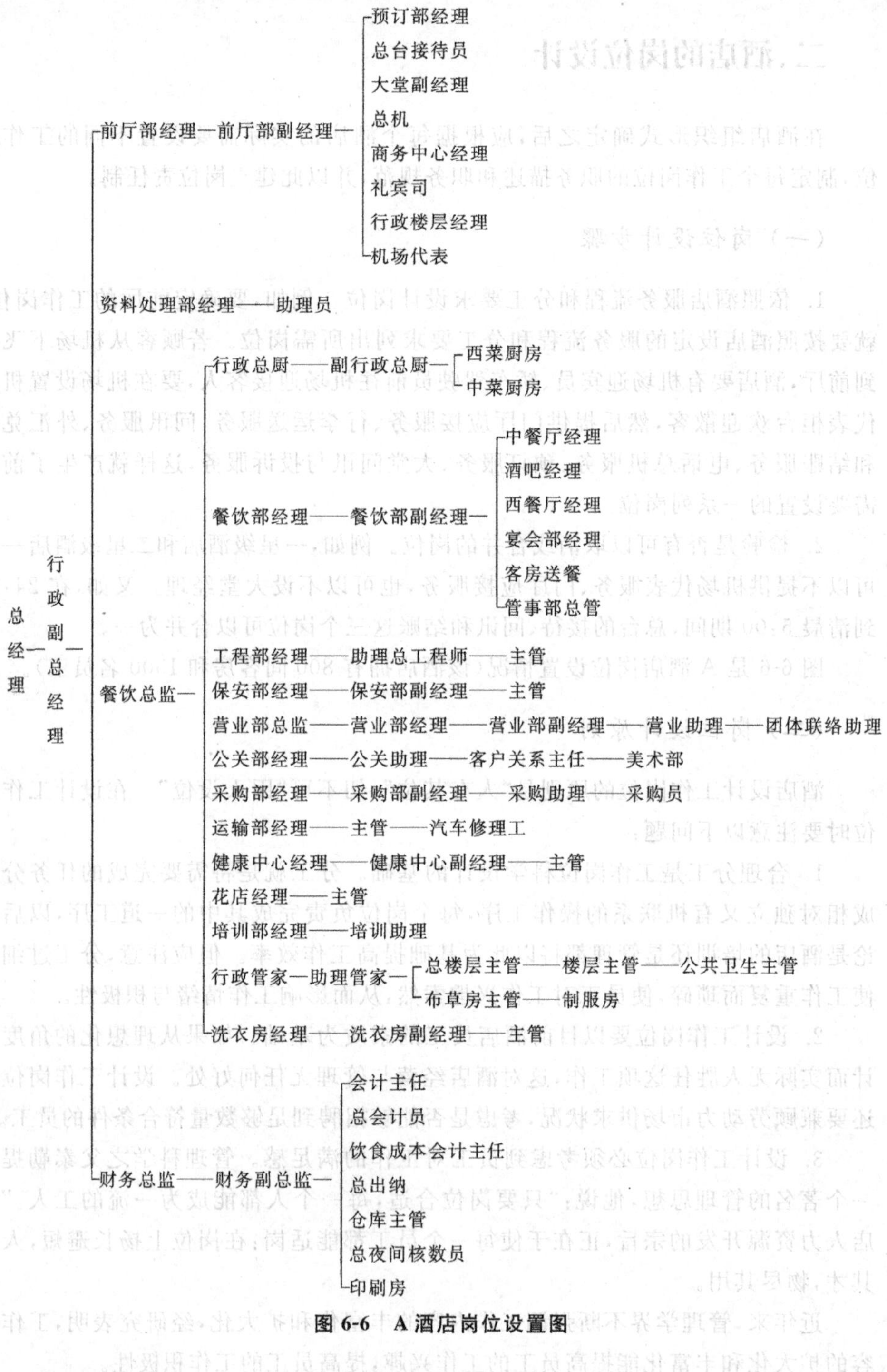

图 6-6 A酒店岗位设置图

4. 设计工作岗位时应考虑新技术的影响。技术创新可以创造新的工作岗位或改变原有工作岗位的内容。例如，酒店开始使用计算机管理，就产生了维护计算机硬件和软件的新岗位。由于使用计算机，总服务台订房员的工作内容也发生了很大变化，使用计算机终端成为其重要工作内容。因此，设计工作岗位时必须注意到科技发展对人力需求的影响。

三、酒店职务评估

酒店职务评估，是在岗位分析的基础上，对各岗位的责任大小、工作强度、工作复杂性、所需资格条件等特性进行评价，形成岗位序列，以确定岗位相对价值的过程。落实在酒店，就是要确定出酒店里每一种职务的相对价值的等级，使酒店的所有岗位有效互补，形成一个体系，令每一个员工都明确自己的位置。

（一）职务评估的作用

酒店进行职务评估，主要是为招聘、晋升以及工薪定级等提供依据。具体地，可以有以下四方面作用：①有助于明确员工招聘的层次范围。②有助于明确各工种、岗位间工薪标准，以合理为新老员工定薪。③不同的工种和职务之间在薪金高低上有明显差异，有利于人员的晋升和工种之间的顺利调动。④利于薪资的成本预算与管理。

（二）职务评估的内容

酒店里的工种、岗位十分繁杂，要想确立不同工种的相对价值，区别出主次轻重，就必须制定出一个包罗所有工种在内的对比体系，找出各工种都包含的、可以做比较的共同因素来评估。这些因素，就是职务评估的内容。对每一工种进行评估时，具体应至少考虑以下7个方面：

1. 知识。有的工种只要求简单的知识，此种知识几天内便可以掌握；有的工种则要求复杂的知识，非苦读数载并经过实习便不能掌握。

2. 技能。主要是指手工技巧。技能也有难易之别，有的可在很短时间内学会（例如，吸尘器的操作），有的则要学习几个星期，甚至培训几个月之久（例如电脑绘图或一般的烹调技巧）。

3. 责任。有的人员要负责重要决策，并承担重大的责任，而此种决策的重要性往往在很长时间以后才得以显现。而另一些人员所从事的工作的效果则立即可以显现。这就是责任大小之不同。例如，修理卫生洁具和办理出纳所负的责任，就有很大的差异。

4. 体力消耗。酒店里有些工种(如搬运、烹调等),是体力消耗比较多的;而另一些工种(如记账或打字),则消耗体力比较少。

5. 脑力消耗。任何工种都包含一定的脑力消耗,但程度差异很大。如接待主管在工作时所付出的脑力消耗就远远高于保洁员。

6. 社交技巧。某些工种要求掌握较高的社交技巧。例如,餐厅经理就得处事非常灵活而有耐心,才能对各类型的顾客应付自如;而主厨,就不需要这样的社交技巧。

7. 工作条件。包括各种消耗体力因素(如高温、站立)和生活上的不便(加班、轮班等)。此外,还应考虑是否存在烫伤、刀伤以及其他方面的人身危险。

以上,只是列举说明需要考虑的基本因素,并未罗列出所有的因素。但即使在上述因素中,有的也还可以进一步细分为若干个子因素。根据本酒店的具体情况全面考虑,慎重取舍以确定比较因素,是保证评估公正的关键。

(三) 职务评估的方法

酒店对工作岗位的等级进行评估,一般有三种方法:

1. 按岗位本身的高低来确定,如把岗位等级分为实习生、低级服务员、高级服务员、副领班、正领班、副主管、正主管、部门经理助理、部门副经理、部门正经理、总经理助理、副总经理、总经理。

2. 按岗位工作性质来分析定级(见表 6-9)。具体而言,就是综合性地分析每个工作岗位对体力、知识、能力和职责的要求,确定不同的工作岗位的等级。

3. 评分法。即通过分析各个工作岗位的责任说明书和要求说明书,把不同岗位所要求的共同能力因素抽出来,按照各个岗位对这些共同因素的不同要求来评分,然后,把各个岗位所得总分进行比较,按总分高低来评定不同岗位的等级和等级组,具体方法如下。

①提取每个岗位所需要的共同能力因素。在酒店中,这些共同能力因素一般包括教育、智力、技能、身体要求、外貌、自觉性、个性、组织能力、创造性、责任性、工作条件等。

②给每项共同因素设定最高分,如 30 分,根据每个工作岗位对各项能力要求的相对重要性,确定该项得分的高低。不言而喻,对不同的工作岗位来说,每项能力因素具有不同的重要性。例如餐厅迎宾接待员,对外貌就有较高的要求,而厨师就不必对外貌有所要求。又如知识,酒店经理这个岗位对知识这个能力因素的要求最高,应该定为 30 分;而大堂清洁员对知识的要求就要低得多,可以定为 6 分。当每个工作岗位对每项能力因素的得分确定后,每一工作岗位的总得分就明确了,如表 6-10 所示。

表 6-9 岗位工作性质分析定级法

等级	岗位性质	举例
1	很简单的高强度体力活动。	清洁工
2	简单性劳务，可以根据简单明确的指令来完成。这些指令可以在两三周内学会，劳务完成的质量容易检查和管理。	客房服务员
3	任务范围明确，有时包含比较复杂的程序并且要求一定程度的知识。	酒吧服务员、行李员
4	要求全面熟悉某项工作程序的一部分或若干部分，能够自主安排工作并发挥主动性，对任务的完成情况仅需稍加管理。	文员
5	程序化的工作，一定程度上要求处理非程序化的问题，掌握管理一个小组人员的技巧。	出纳员、接待员、仓库保管员
6	要求协调若干较低层次的活动并且掌握管理一个小组人员的技巧，具有较高专业知识且能独立负责某些无法跟踪检查的非程序化工作。	领班、接待主管、房务主管、餐厅经理

表 6-10 两种岗位评分举例

因素	最高	两种岗位评价	
		实习服务员	餐厅经理
知识	30	5	18
技能	20	1	20
责任	30	3	24
体能消耗	10	5	4
脑力消耗	20	8	15
社交技能	20	12	18
工作条件	10	5	3
总计	140	48	102

③根据各个岗位总分的高低，把它们分成不同的等级和等级组，如表 6-11 所示。

表 6-11 工作岗位等级举例

等级	总分	岗位举例
7	121～140	主厨
6	101～120	餐厅经理
5	81～100	接待主管
4	61～80	服务员
3	41～60	文员与实习服务员
2	21～40	大堂清洁员
1	0～20	厨房搬运工

这种评分法有以下优点：它适合于大型酒店。在大型酒店中，有许多工作岗位很难直观地去评价它们的等级高低，例如，客房服务员与餐厅服务员的等级。因此，通过分析职务说明书，运用评分法来评估工作岗位的等级，就比较客观和实际可行。评分法为评估各工作岗位等级的高低提供科学和公平的依据。通过评分法，可以准确认识各个工作岗位对不同能力因素的具体要求，为招聘员工提供重要的参考依据。

运用这种方法时，要注意两点：一是提取的共同能力因素数量要适中，不要太多，考虑的能力因素越多，评估的难度就会越大；二是这种评估在本质上具有主观性。为了保证公平，所有评估应该一次性由同一组人完成，以避免不同的人在评估时可能产生的主观上的差异。

（四）职务评估的原则

无论采用哪一种方法进行评估，都必须遵守三项最基本的原则：

1. 对工作范围的规定必须明确，而且要跟得上时代和企业的发展步伐。

2. 职务评估直接关系到员工的奖励和工资水平，因而必须十分慎重，并尽量做到不偏不倚。

3. 必须是对事不对人，即所评估的是某一个工种，不是具体的某一个人。

职务评估决定了一个员工的报酬和他在酒店里的地位，如果评估方法不合理，员工们将失去对企业管理层的尊敬与信任，而且会在其本职工作上有所反映，如浪费、对客人态度粗暴等，这将给企业带来严重的损失。

第七章

酒店人力资源规划与配置

第一节 酒店人力资源规划概述

一、酒店人力资源规划的概念和作用

酒店人力资源规划的定义有广义和狭义之分。广义的酒店人力资源规划是指根据酒店企业的发展战略、目标以及酒店内外环境的变化，预测未来的酒店任务和环境对酒店的要求，以及为了完成这些任务，满足这些要求而提供人力资源的过程。广义的酒店人力资源规划强调人力资源对酒店战略目标的支持，是从战略层面考虑酒店人力资源规划的内容和作用。其作用等同于酒店人力资源管理战略，是酒店竞争战略的重要组成部分。而狭义的酒店人力资源规划是指针对酒店可能的人员需求、供给情况作出预测，并据此储备或减少相应的人力资源。狭义的酒店人力资源规划以追求人力资源的平衡为根本目的，它主要关注的是酒店的人力资源供求之间在数量、质量与结构等方面的匹配。

酒店人力资源规划的定义可以从以下四个方面来理解：

1. 酒店外部的政治环境、经济环境、技术和文化等方面的因素都在不断地变化，使得酒店的发展战略目标也要不断地进行调整，从而酒店内部和外部的人力资源供给与需求都处于一个不断变化的过程中，寻求人力资源供给和需求的动态平衡是酒店人力资源规划的基本出发点和落脚点，也是酒店人力资源规划存在的必要条件。

2. 酒店人力资源规划是以酒店的发展战略目标为基础的，当酒店的战略目标

和经营策略发生变化时，酒店的人力资源规划也要相应地发生变化。所以，酒店人力资源规划是一个不断调整的动态过程。

3. 酒店人力资源规划是一个依据酒店人力资源战略对酒店所需人力资源进行调整、配制、补充的过程，而不单单是预测酒店的人力资源供给与需求的变化。在这个过程中必须有人力资源管理其他系统的支持与配合，才能保证适时、适人、适岗。

4. 酒店人力资源规划要保障酒店和员工都得到长期的利益。但更多的是保障酒店的利益得到实现，保障个人利益主要由其他人力资源管理系统来实现，而不是单单一个人力资源规划系统就能完成的。

值得一提的是，传统的酒店人力资源规划仅仅考虑组织利益，着眼于把必要质量和数量的人力资源安排到通常为金字塔结构的各级工作岗位上。从酒店的目标、发展和利益出发，在适当的时间，向特定的各个工作岗位提供合乎岗位要求的劳动力，以满足特定生产资料对人力资源数量、质量和结构的要求。而现在越来越多的酒店在制定人力资源规划时，在保证企业利益的同时，开始兼顾员工个人利益的实现，强调人力资源规划的过程就是力求使酒店发展与员工个人成长协调一致的过程，最终达到实现酒店和员工同步成长的目的。

酒店人力资源规划可以保障酒店根据企业发展战略和经营策略的改变、外部环境与社会发展以及技术发展的需要适时为酒店提供适量、适岗的人力资源支持，更好地树立酒店的形象，不断提高经营水平，使酒店在竞争中立于不败之地。其作用主要表现在以下三个方面：

1. 有利于保持酒店正常的人力资源需求

由于各方面的原因，酒店是员工流动率偏高的行业，较高的流动率在为酒店不断带来新生力量的同时，也给人力资源管理带来一系列的问题。在员工流动过程中，一旦有了岗位空缺，需要有相应的人员补充，特别是对于规模较大、等级较高的酒店，员工的工作分工十分细致，对于不同岗位的员工工作的专业化水平要求也比较高，新员工上岗前必须进行一定时间的专业培训，一旦出现空缺，临时从其他岗位抽调也会有困难，员工对工作岗位不熟悉会影响工作效率和酒店的服务质量。因此，对酒店人力资源的供求要通过分析和预测，制定一个整体的规划，使酒店人力资源保持正常的供应，不会出现“临时抱佛脚”的窘境。

2. 有利于减少酒店人力资源引进的盲目性

如果酒店对人力资源的引进没有一个很好的规划，就会出现酒店一旦出现员工短缺就临时性决定招聘新的员工，不仅时间上仓促，招聘工作陷入被动，也将导致录用标准的下降。甚至会出现新员工不经过酒店一定时期的专业培训，或者培训时间和内容达不到既定的标准就仓促安排他们上岗，可能会出现这些员工对酒店服务理念、流程或标准不熟悉，不能适应酒店的工作要求和纪律要求，导致酒店服务质量的下降。也有可能出现招进来的年轻员工对工作朝三暮四，见异思迁，为酒店员工的流动率高带来隐患。而制定科学的人力资源规划，根据酒店的发展战略和员工的供求状况以及员工的离职率等情况，定期补充培训新员工，进行人力资源的储备，就可以减少临时招聘带来的各种不足。

3. 有利于保持酒店经营水平的稳定发展

酒店的经营目标和发展战略随着社会经济的发展、旅游产业的进步以及人民生活水平的提升在不断的调整，酒店人力资源的供给也会随着社会经济的发展和产业竞争的变化而发生变化。酒店对人力资源未来的需求如果缺少正确的判断，必然会影响酒店经营战略的转变和经营水平的提升。酒店制定人力资源规划可以为酒店战略目标和经营策略的不断调整提供战略人力资源的支持，也可以对酒店人力资源未来的需求和供给进行科学的预测，以适应不断变化的外部环境，保证酒店发展中员工的规模、质量不断变化的需要。

二、酒店人力资源规划的内容

酒店人力资源规划主要是研究社会、经济和法律环境的变动可能对酒店人力资源管理产生的影响，对酒店面临的人力资源供求形势进行预测和分析，从而制定出适应酒店发展规模和速度的、适应酒店经营方针的人力资源规划。规划的目的是为了实现员工和酒店的利益，最有效地利用现有人才和稀缺人才，规划的制定目标要随着酒店所处的环境、发展战略和规划、酒店经营结构的变化与员工工作行为表现的变化等而不断变化。酒店人力资源规划的内容主要包括人力资源数量规划、人力资源结构规划与人力资源素质规划三个方面。

（一）人力资源数量规划

人力资源数量规划是依据未来酒店业务模式、业务流程和企业的组织结构等因素，确定酒店各级组织人力资源编制及各职类、职种人员的配比关系，并在此基础上制定酒店未来人力资源需求计划和供给计划。人力资源需求计划和供给计划需要细化到企业各职类、职种人员的需求和供给上。酒店人力资源数量规划主要是确定酒店目前有多少人，未来需要多少人，并把人力资源数量规划落实到企业编制上。

（二）人力资源结构规划

人力资源的结构规划是依据酒店的行业特点、企业规模、战略重点发展业务以及业务模式，对酒店人力资源进行分层分类，同时设计和定义酒店的职类、职种、职层功能、职责权限等，从而理顺各职类、职种、职层人员在酒店发展中的地位、作用和相互关系。人力资源结构规划的目的是要打破组织壁垒（如部门）对人力资源管理造成的障碍，为按业务系统要求对相关人员进行人力资源开发和管理提供条件，同时，人力资源结构规划也为建立或修订企业人力资源管理系统（如任职资格体系、素质模型、薪酬体系和培训体系）打下基础。

（三）人力资源素质规划

人力资源素质规划是依据酒店发展战略、业务模式、业务流程和企业对员工行为要求，设计各职类、职种、职层人员的任职资格要求，包括素质模型、行为能力及行为标准等。人力资源素质规划是企业开展选人、用人、育人和留人活动的基础与前提条件。人力资源素质规划有两种表现形式，即任职资格标准和素质模型。任职资格标准要反映酒店发展战略及企业运行方式对各职类、职种、职层人员的任职行为能力要求；素质模型则反映各职类、职种、职层需要何种行为特征的人才能满足人之所需的行为能力要求。

三、酒店人力资源规划的编制

酒店人力资源规划的编制具体可以分以下 7 个步骤来进行。

1. 确认现阶段酒店经营战略

确认现阶段的酒店经营战略，明确此战略决策对人力资源规划的要求，以及人力资源战略规划所能提供的支持。

现代社会是一个战略管理时代，企业战略的制定和实施是保障现代酒店在日益激烈的竞争格局中充分利用自身优势，抢抓机遇，迎接挑战，实现企业持续快速发展的重要方面。目前我国酒店企业中存在的问题不是不重视战略的制定，或者战略的指导思想不先进、战略制定得不科学，而是战略的落地实施环节上往往跟不上，一个很重要的原因就是人力资源条件跟不上。通过研究酒店的经营战略，依据战略发展目标的分解，明确人力资源在战略上如何支持酒店战略目标的实现是进行人力资源规划的重要目的，人力资源规划作为统领未来人力资源专业职能模块建设和发展的总纲，是战略通过人力资源管理通道顺利落地的桥梁和纽带。

2. 现有人力资源盘点

弄清楚酒店现有人力资源的状况，是制定人力资源规划的基础工作。实现企业战略，首先要立足于开发现有人力资源，因此必须采用科学的评价分析方法。酒店的人力资源主管要对本酒店各类人力资源数量、质量、结构和利用情况及潜力状况、流动比率等有一个清楚的掌握。企业要建立人力资源管理信息系统，有包括职务分析在内的员工个人和工作情况等各方面的信息资料。人力资源信息应该包括个人的自然情况、录用资料、教育资料、工资资料、工作执行评价、工作经历、离职资料、工作态度、安全与事故资料、工作与职务情况、工作环境情况以及工作或职务的历史资料等。利用计算机进行管理的酒店可以十分方便地管理和利用这些信息。这一阶段还必须获得和参考职务分析的有关信息情况。职位分析明确地指出了每个职位应有的职务、责任、权力以及履行这些职责所需的资格条件，这些条件就是对员工素质上的水平要求。

3. 人力资源需求预测

人力资源需求预测可以与人力资源盘点工作同时进行，主要是根据酒店发展战略规划和企业的内部、外部条件选择预测技术，然后对人员需求的结构和数量、质量进行预测。预测需求时应充分考虑市场需求、产品或服务质量升级或决定进入新的市场，工作和服务的要求，人员稳定性，为提高生产效率而进行的组织管理和服务技能的革新以及工作时间和各部门可用的财务预算等方面因素对人员需求的数量上和质量上以及结构上的影响。在预测过程中，预测者及其管理判断能力与预测的准确与否关系重大。一般情况下，商业因素是影响员工需要类型、数量的重要变量，预测者通过分析这些因素，并收集历史资料去做预测的基础。

4. 人力资源供给预测

酒店的人力资源供给预测包括内部人力资源供给预测和外部人力资源供给预测两个方面的内容。内部人力资源供给预测是根据企业现有人力资源及其未来变动情况，确定未来所能提供的人员数量和质量；外部人力资源供给预测则是对酒店外部的人力资源供给进行预测，确定未来可能的各类人员供给状况。外部人力资源供给主要受地区性因素和全国性因素影响，地区性因素包括酒店所在地和附近地区的人口密度、其他酒店企业对人力资源的需求状况、酒店当地的就业水平、就业观念以及酒店所在地和酒店本身对人们的吸引力等方面，而全国性的因素则包括全国劳动人口的增长趋势、各类学校毕业生数量和结构等方面。

5. 制定人力资源规划

人力资源规划主要从人力资源数量、结构和素质三个方面入手，具体内容参见前面关于人力资源规划内容。

6. 执行人力资源规划和实施监控

酒店的人力资源规划应包括预算、目标和标准设置，这项工作同时也应承担执行和控制的责任，并建立一套报告程序来保证对规划的监控。可以只报告对全酒店的雇佣总数量和未达到招聘目标而招聘的人员数量。同时也应报告与预算相比雇用费用情况如何，损耗量和雇佣量的比率变化趋势如何。这里面包括两个环节。一是执行确定的行动计划,在各类规划的指导下,确定酒店如何具体实施规划。二是实施监控,实施监控的目的在于为总体规划和具体规划的修订或调整提供可靠信息,强调监控的重要性。在预测中,由于不可控因素很多,常会发生令人预想不到的变化或问题,如果不对规划进行动态的监控、调整,人力资源规划最后很可能成为一纸空文,失去了指导意义。因此,执行监督是非常重要的一个环节。

7. 评估人力资源规划

虽然人力需求的结果只有过了预测期限才能得到最终检验,但为了给酒店的人力资源规划提供正确决策的可靠依据,有必要事先对预测结果进行初步评估,由专家及相关部门主管人员组成评估组来完成评估工作。评估要客观公正和准确,要准确评估预测所依据的信息的质量、广泛性、详尽性、可靠性,以及信息的误差及原因等,也要科学评估预测结果是否符合社会、环境条件的许可,能否取得达到预测成果所必需的人、财、物、信息、时间等条件。同时还要进行成本效益分析,并审核规划的有效性。在评估时一定要征求部门经理和基层管理者的意见,因为他们是规划的直接受益者,最有发言权。

第二节 酒店人力资源预测

一、酒店人力资源供求预测

人力资源供求预测是酒店人力资源规划的主要内容,如果能正确地预测人力资源的供求情况,有助于提高规划的准确性。酒店人力资源供求预测主要分为两个方面:

(一) 酒店内部人力资源的需求变动

酒店内部人力资源的需求变动主要受以下两个方面因素的驱使,一方面因素来自于企业本身。酒店的发展规模、发展方向、发展战略与目标等方面的变化;酒店经营计划、经营方针,经营管理风格的变化,对员工的素质和数量的要求会发生变化,影响员工的流动性;酒店人力资源现状对酒店经营水平、经营方向的适应程度也会影响酒店员工人力资源需求的变化,比如酒店为了提高等级,要求员工素质达到相应的水平,一些素质不达标的员工可能会产生流动;酒店经营管理者为了扩大经营规模，提高利润，加快资本积累，对员工工资及福利待遇的政策有所变动，会影响人员内部的调剂与进出；随着经济环境的变化，酒店经济规模的变化引起员工的调入与调出等。另一方面的因素来自于员工本身。员工由于经济、家庭、社会等多方面因素的影响，对于其收入、工作性质、自我追求的目标等发生变化，或对本酒店经济方式、管理方法、福利待遇等方面的不满意，或有其他员工认为更合适自己的工作而产生工作的调动或辞职，也会影响酒店人力资源需求变动。因此，对于人力资源的需求情况要首先预测以上两个方面因素的变化情况，从而预测对人力资源的影响程度，进一步制定相应的对策措施。

（二）酒店外部劳动力市场的供求变动

酒店作为市场竞争主体，其生存和发展离不开诸如政治、经济和市场竞争环境等外部环境因素的影响，酒店人力资源的供求也需要依靠其外部社会环境来调节，因此，在对酒店内部因素预测的同时，还需要对酒店的外部环境予以关注和分析。酒店外部环境的变化包括宏观经济形势和行业经济形势，即国家的大政方针及酒店行业的发展状况；人口和社会发展趋势，劳动力市场的供求情况；政府的管制情况、市场的竞争程度以及行业技术的发展程度等。这些因素都在一定程度上对酒店的人力资源规划产生影响。如国家经济发展稳定，政策开放程度高，居民收入水平提高，旅游或外出的人口多，对于酒店的发展会起到直接的推动作用，酒店对于人力资源的需求也会稳定发展；社会闲散劳动力多，对于人力资源的来源及工资水平就有较宽松的调节能力；国家对退休、离职等政策的变化也会影响员工数量的变动等。

从以上两个方面也可以看出，酒店人力资源依靠酒店内部的劳动力市场和外部社会劳动力市场提供支持。酒店可以自己培训员工，调节员工在各部门的分配，也要依赖外部劳动力市场满足需求。一般情况下，酒店往往会优先考虑为自己的员工提供晋升、工作调动和其他职业改善的机会，但是如果由于员工自愿辞职、生病、死亡、开除等非正常因素的员工减少，或者酒店经营规模扩大或开展经营多元化等原因造成需求的增加，也会借助就业服务机构、大学、人才市场等酒店以外的渠道来补充人力供应。

二、酒店人力资源规划的需求预测方法

酒店人力资源需求预测是根据酒店发展的要求，对将来某个时期内企业所需员工的数量和质量进行预测，进而确定人员补充的计划方案实施教育培训方案。人力资源需求预测是酒店编制人力资源规划的核心和前提条件。人力资源需求

预测主要有以下方法。

（一）定性分析

1. 经验预测法

经验预测法是根据过去经验将未来活动水平转化为人力需求的主要预测方法，即根据每一个产量增量估算劳动力的相应增量。经验预测法建立在启发式决策的基础上，这种决策的基本假设是人力资源的需求与某些因素的变化之间存在着某种关系。由于此种方法完全靠管理者个人经验和能力，所以预测结果的准确性不能保证，通常只用于短期预测。

2. 微观集成法

微观集成法分为“自上而下”和“自下而上”两种方式。所谓“自上而下”是指由酒店的高层管理者先拟定企业的总体用人目标和计划，然后逐级下达到各具体职能部门，开展讨论和进行修改，再将有关建议和意见汇总后反馈到最高决策层，由高层管理者据此对总的预测和计划做出修正后，公布正式的目标和政策。而“自下而上”是由酒店中的各个部门根据本部门的需要预测将来某时期内对各种人员的需求量，然后由人力资源部进行横向和纵向的汇总，最后根据企业经营战略形成总体预测方案。该方法适用于短期预测和酒店的业务比较稳定的情况。

3. 描述法

描述法是人力资源部门对酒店未来的目标和相关因素进行假定性描述、分析，并作出多种备选方案。描述法通常用于环境变化或企业变革时的需求分析。

4. 工作研究法

工作研究法是根据具体岗位的工作内容和职责范围，在假设岗位工作人员完全适岗的前提下，确定其工作量，最后得出人数。工作研究法的关键是首先制定出科学的岗位用人标准，其基础是职位说明书。若酒店的组织结构简单、职责清晰，该方法容易实施。

5. 德尔菲法

德尔菲法是听取专家对未来发展的分析意见和应采取的措施，并通过多次反复以达到在重大问题上的较为一致的看法。通常经过四轮咨询，专家们的意见可以达成一致，而且专家的人数在10～15人之间为宜。德尔菲法分为“背对背”和“面对面”两种方式。背对背方式可以避免某一权威专家对其他专家的影响，使每一位专家独立发表看法；面对面方式可以使专家之间相互启发。

(二) 定量分析法

1. 工作量预测法

工作量预测法是根据以往从事某项工作所需要的人力情况测算出单位时期内每个人的工作量,再根据未来的工作量计算出所完成总工作量所需要的人力资源情况。

2. 回归分析法

回归分析法是一种从事物变化的因果关系来进行预测的方法,该方法通过建立人力资源需求量与其影响因素间的函数关系,从影响因素的变化推导出人力资源需求变量的一种预测技术。这是一种比较科学和准确的方法,但相对来说,这种预测方法也比较复杂。其教学模型为

$$Y = a_0 + a_1 X_1 + a_2 X_2 + \cdots + a_n X_n \tag{7-1}$$

实际工作中往往是多个因素共同决定酒店的人力资源需求量,且这些因素与人力资源需求量呈线性关系,所以多元回归分析在预测企业人力资源需求量方面应用较为广泛。

3. 趋势外推预测法

趋势外推预测法是根据已知的时间序列,用某种数学模型向外延伸,以得到未来发展趋势。例如,直线延伸法、滑动平均法、指数平滑法。

指数平滑数学模型为

$$M_t = M_t - 1 + a(D_t - M_{t-1}) \tag{7-2}$$

式中:M_t——第 t 期的预测值;

M_{t-1}—第 t—1 期的预测值;

D_t—第 t 期的实际值;

a—平滑系数($0 \leqslant a \leqslant 1$)。

该方法适用于市场比较稳定,价格弹性较小的商品,特别是短期预测更为适用。

4. 技能组合法

技能组合法是假设员工目前的结构或分布为理想状态,或者以优秀企业的各类员工比例为标杆,只需将此技能组合比例直接用于人力资源需求预测即可。

三、酒店人力资源规划的供给预测方法

人力资源供给预测是为了满足酒店对员工的需求,而对将来某个时期内,酒店从内部和外部所能得到的职工的数量和质量进行预测。

酒店人力资源供给预测一般包括以下几个方面内容：

1. 分析酒店目前的员工状况，如酒店员工的部门分布、技术知识水平、工种、年龄构成等，了解企业员工的现状。

2. 分析目前酒店员工的流动情况及其原因，预测将来员工流动的态势，以便采取相应的措施避免不必要的流动，或及时给予替补。

3. 掌握酒店员工提拔和内部调动的情况，保证工作和职务的连续性。

4. 分析工作条件如作息制度、轮班制度等的改变和出勤率的变化对员工供给的影响。

5. 掌握酒店员工供给来源和渠道。员工可以来源于企业内部，比如对富余员工的安排、员工潜力的发挥等，也可从酒店外部进行招聘。

对酒店员工供给进行预测，还必须把握影响员工供给的主要因素，从而了解酒店员工供给的基本情况。

人力资源供给预测技术主要有：

1. 人力资源盘点法

人力资源盘点法是对酒店内部现有人力资源质量、数量、结构和各职位上的分布状况进行核查，以便确切掌握人力拥有量。在酒店规模不大时，核查是相当容易的。当酒店规模较大，组织结构复杂时，人员核查应建立人力资源的信息系统。这种方法是静态的，它不能反映人力拥有量未来的变化，因此多用于短期人力资源拥有量的预测。虽然在中、长期预测中使用该方法也比较普遍，但终究受酒店规模的限制。

2. 替换单法

替换单法是通过职位空缺来预测人力需求的方法，而职位空缺的产生主要是因离职、辞退、晋升或业务扩大产生的。这种方法最早用于人力资源供给预测，而现在可以用于酒店短期乃至中、长期的人力需求预测。通过替换单，我们可以得到由职位空缺表示的人员需求量，也可以得到由在职者年龄和晋升可能性所将要产生的职位空缺，以便采取录用或提升的方式弥补空缺。

该方法侧重内部员工的晋升，可以起到鼓舞员工士气，激励员工的目的，同时降低招聘成本，因为基层员工比较容易招到。

3. 马尔科夫转移矩阵法

马尔科夫转移矩阵法是用来预测具有等时间间隔（一般为一年）的时刻点上各类人员的分布状况。该方法根据酒店以往各类人员之间的流动比率的概率来推断未来各类人员数量的分布。假定酒店内部的员工流动模式与流动比率会在未来大致重复，即在一定时间，从某一状态转移到另一种状态的人数比例与以前相比相同，这个比例称为转移率，以该时间段的起始时刻状态的总人数的百分值来表示。所以可根据过去的时间段中人员流动的资料来构成转移矩阵，作为预测的依据。如果给定各个状态的人数，各类人员的未来时刻的人数就可以观测出来。由于该方法是根据酒店以往各类人员之间流动比率的概率来推断未来各类人员数量的分布，确定企业内部人员的转移率就显得非常关键。

$$N_i(t) = \sum^{k} N_j(t-1) \times P_{ij} + V_i(t) \tag{7-3}$$

式中：$N_i(t)$——t 时刻时，i 类人员数目；

P_{ij}——人员 j 从类人员向 i 类人员转移的转移率；

$V_i(t)$——时间$(t-1,t)$内 i 类人员所补充的人员数。

4. 计算机模拟

目前有许多基于计算机技术的预测模拟，以补充考虑各种变量对未来人员需求供给的影响，解决大规模或人力无法进行的预测问题。运用计算机技术，管理者可以变换人事政策以判断这种变化对未来人员供给的影响，从而获得一系列与各种不同人事政策相对应的人力供给状况。

此外，对于外部人力资源供给的预测则需要掌握和分析本地区人口及劳动力数量及构成情况、劳动力价格、受教育程度与教育结构的变化、外来人口及劳动力情况、经济社会发展情况、本行业劳动力供求情况、酒店工作的吸引力，与酒店有关的大学毕业生的多少等。还有国家有关劳动人事的政策、社会价值观念和公众的兴趣等都会对酒店外部招聘人员的数量和质量产生不同的影响。

一般来说，在酒店内部无合适人选，所需人员属于操作层、酒店业务的发展或开拓新的业务范围，酒店需要通过注入新鲜血液促进其发展活力等情况下，才会向酒店外部招聘人员。

第三节 酒店人力资源规划的执行

一、酒店人力资源规划的执行

（一）酒店人力资源战略规划的执行者

酒店人力资源工作一般意义上来讲主要应该由人力资源部门来进行，随着现代企业对人力资源部门工作要求和期待的提升，人力资源部门的角色也在发生着变化，它不再是一个单纯的行政服务部门，而逐步向企业管理的战略合作伙伴关系转变。现代人力资源管理工作不仅仅是人力资源部门的责任，也是各级管理者的责任，需要全体员工的共同参与，人力资源规划工作也是如此。酒店的人力资源规划的基础是接替晋升计划、人源补充计划、素质提升计划、退休解聘计划等基础层层汇总到人力资源部，再由人力资源管理者依据人力资源战略分析、制定出来的，而非人力资源管理者凭空创造出来的。

人力资源规划应由健全的专职部门来推动，主要有以下几种方式：

1. 由人力资源部门负责办理，其他部门进行配合；

2. 由某个具有部门人事职能的部门与人力资源部门协同负责；

3. 由各部门选出代表组成跨职能团队负责。

在推行过程中各部门必须通力合作而不是仅仅依靠负责规划的部门推动，人力资源规划同样也是各级管理者的共同责任。

（二）酒店人力资源规划的执行

酒店人力资源规划的执行主要涉及三个层次，即酒店企业层次、跨部门层次和部门层次。

1. 企业层次：在企业层次上的人力资源规划需要酒店的高层决策者亲自参与。尤其是酒店经营战略对人力资源规划的影响，人力资源规划对人力资源管理各个体系的影响及其指导方针、政策，必须由酒店的高层决策。

2. 跨部门层次：跨部门层次上的人力资源规划需要酒店的副总级别的管理者执行，即对各个部门人力资源规划的情况进行协调和监督，并对人力资源规划的实施效果进行评估。

3. 部门层次上的人力资源规划又分为两种情况：

(1) 人力资源部门。人力资源部门不但要完成本部门的人力资源规划工作，还要担任整个酒店范围内的人力资源规划的制定和指导工作，指导和其他部门的人力资源规划工作顺利进行。人力资源部门要有将其他部门看成自己的客户的意识，为其他部门提供包括人力资源规划在内的系统解决方案，并针对各部门的特点和要求，开发出适合不同部门个性要求的人力资源规划产品。

(2) 其他部门。人力资源规划工作应该是每个部门经理工作的组成部分。但是在酒店里，许多部门经理是由业务人员提拔上来的，对人力资源管理没有经验，更没有人力资源规划的能力。对于新提拔的经理人员，人力资源部门应给予培训，将把人力资源规划作为经理业务考核的重要内容之一，特别是培养下属和评估下属业绩的能力。部门经理应该主动与人力资源部门沟通，共同实现人力资源规划的目标。

（三）酒店人力资源规划执行的原则

执行人力资源规划应该遵循以下几项原则：

1. 战略导向原则。依据酒店的战略目标制定人力资源规划及相关行动计划，避免人力资源规划与企业发展战略相脱节。

2. 螺旋式上升原则。人力资源战略规划并非一劳永逸，酒店每年都需要制定新的人力资源规划，各类人员计划都会随着企业内部、外部环境的变化、企业发展战略的变化而变化，同时人力资源规划还要有一定的延续性，在原有的基础上要不断进步和提升，一年比一年执行的效果要更好。

3. 制度化原则。人力资源规划一方面强调技术层面，即我们所提到的各种定性、定量分析的技术和方法。另一方面就是制度层面，既要讲人力资源规划制度化，又要制定、调整有关人力资源管理制度的方向、原则，从机制的角度理顺人力资源各个系统的关系，从而保证人力资源管理的顺利进行。

4. 人才梯队原则。从人力资源战略规划实施的过程中建立人才梯队，从而保证工作人员的层层供给。

5. 关键人才优先规划原则。对酒店中的核心人员或骨干人员应首先进行规划，即设计这类人员的晋升、加薪、替补等通道，以保证这类人员的充足补给。

二、酒店人力资源管理系统

有效的信息管理系统不但有利于更好地制定和执行人力资源规划，还有利于整个人力资源管理系统的顺利实施。

（一）关于人力资源管理信息系统

人力资源管理信息系统是信息技术与管理技术的有机结合，比如，人力资源信息系统 HRIS(human resource information system)，是从组织目标出发，对与职务和员工有关的工作信息进行收集、保存、分析和报告的整体工作过程，如记录员工代码、员工的知识与技能、工作经验、培训经历、个性特征和绩效评估结果等。而现在比较流行的人力资源管理系统 HRMS（humanresource management system），则把人力资源管理的新思想，比如“客户导向”、“全面人力资源管理”、“战略人力资源管理”、“利润中心”等融入到信息技术中，提高了管理者的管理效率。人力资源管理信息系统帮助人力资源部门实现了数据的集中管理和共享，优化了业务流程及人力资源作业流程，为人力资源部门提升日常工作效率和业务水平提供了有利的支持，特别是随着互联网和信息技术的日益进步，人力资源管理系统随着信息流的延伸或改变逐步突破了封闭的模式延伸到企业内外的各个方面，对提高人力资源工作效率和水平发挥着越来越大的作用。该系统不仅提高了人力资源部门的工作效率，还为人力资源规划提供诸如企业战略、经营目标及常规经营计划信息、企业外部人力资源供求信息、酒店现有人力资源状况信息等数据和信息。

(二) 人力资源管理信息系统成功实施应坚持的原则

人力资源管理信息系统成功实施要坚持以下原则:

1. 突出酒店企业的主导原则。在整个企业人力资源信息化建设过程中，信息系统的供应商要依据酒店企业的要求和业务特点提供有针对性的信息服务，要突出酒店企业管理技术的主导作用，而信息技术仅仅是为管理有效实施提供技术辅助与支撑，不可以喧宾夺主，让信息供应商主导企业人力资源信息化建设工作。

2. 要坚持技术的实用性原则。不能为了单纯追求信息技术的先进性而忽视信息技术的适用性，先进的不一定是适用的，要根据酒店发展规模、业务特点以及战略发展需要选择适当的软件系统，要结合企业实际，站在整个酒店信息集成的高度来审视选用的软件，突出系统的继承性和开放性。

3. 要坚持“一把手”亲自抓的原则。酒店的最高决策层要亲自参与和主持人力资源的信息化建设工作，将这项工作与整个酒店各项工作信息化建设一样作为一项重要工程来对待。

4. 要突出信息输入和处理的重要性。在建立人力资源管理系统的过程中，一定要注意信息数据的搜集、输入、管理，没有数据的管理信息系统是没有任何意义的。

5. 要与酒店的其他管理系统进行良好的整合，实现信息共享。人力资源管理系统要与酒店的项目管理系统、财务管理系统等加以整合，才能取得较大的效益。

三、酒店人力资源规划的执行是一个系统工程

酒店人力资源规划要与人力资源管理的其他体系，比如招聘、绩效管理、薪酬、培训等专业人力资源专业智能模块相互配合与互动，人力资源规划的结果通过这些体系得到具体的落实，才能真正体现出人力资源规划的战略性价值。

1. 人力资源规划要与酒店的员工招聘录用工作体系相联系

人力资源规划的实施必然会涉及招聘问题。酒店的招聘不可以在用人部门感到人手不够了才汇报，使人力资源部门的招聘工作陷入被动，导致酒店员工队伍建设和培养的短期性和应急性，招聘工作必须在人力资源规划的指导下，制定

有目标导向和预见性的员工补充计划，根据酒店发展战略的要求及劳动力市场的趋势吸纳人才、储备人才，降低用人成本和招聘成本，形成合理的人才梯队，使酒店能够借助于劳动力市场的波动实现可持续发展。

2. 人力资源规划要与酒店的员工绩效管理相联系

员工的绩效管理目的不仅仅是保证员工完成工作任务，实现工作目标的手段，更应该反映员工在履行职责和完成工作任务的过程中是否得到提高，能力是否存在缺陷、如何提升和进步等，以保证员工能与企业共同发展。所以，绩效评估的结果不仅要应用到薪酬界定方面，还要应用到人力资源规划上，通过绩效评估显示员工的能力和发展潜力，让员工明确自己职业发展的前景及方向，提高组织配置人员的适应性及规划的准确性。

3. 人力资源规划要与酒店的薪酬管理体系相联系

人力资源规划的一个重要内容就是计划酒店的人工成本支出总量。酒店支付员工薪酬的原则要体现人力资源规划的战略要求，在激励员工创造高绩效、提高自身素质和能力的同时，要保证更多的薪酬和机会向核心人员倾斜。

4. 人力资源规划要与培训相关联

人力资源规划涉及员工工作能力需求与现状的差距分析，为员工培训开发提供目标与方向，使酒店的需要与员工个人的需要有机地结合起来，提高培训的针对性与有效性。

人力资源规划是人力资源管理系统的统领，指导着人力资源各个管理模块和整个人力资源专业职能体系的协调运转，提高人力资源的质量和使用效率，是企业成功实现发展战略目标的重要保障。

第四节　酒店员工的配备与储备

一、酒店员工的配备

酒店员工的配备是根据酒店组织结构中所规定的职务的数量和要求，对需要的各类人员进行恰当而有效的选择、使用、考评和培训的职能活动。人员配备是确定把谁配置到什么工作岗位，或者工作一段时间后如何决定谁该提拔，谁该调动，谁该降级使用等。这里有一个配置的依据标准问题，必须体现效率和公平的统一，有利于促进企业的发展以及员工的职业生涯发展。员工配备工作必须坚持经济效益原则、任人唯贤原则、因事择人原则、量才适用原则和程序化、规范化原则。

员工配备的实施：

1. 制定用人计划

根据酒店的规模、组织结构、业务的复杂性以及人才储备的需要等，制定未来满足企业人力资源需求的行动方案。可以用人力资源调查与分析、工作岗位分析以及任职人员素质规范等手段进行实施。

2. 确定人员来源

人员来源有外部招聘和内部提升两部分。外部招聘能够为企业带来新鲜血液，避免近亲繁殖，被聘人员没有历史包袱，还有利于平息内部紧张气氛；但是外部招聘存在着被聘人员不了解企业情况，会因升迁无望而打击内部员工的积极性。内部提升有利于全面考察，并能够鼓舞员工士气，培养员工忠诚，被选对象能够很快的适应新工作；但是容易引发同事不满，还会形成近亲繁殖现象。

3. 确定备选人员

确定备选人员要依据一定的标准，一般为素质和能力两个方面。素质包括良好的道德品质、文化知识和工作经验、专业、个性以及健康的身体素质等；能力方面主要包括技术技能、人际关系处理技能以及解决问题的决策技能等。在确定备选人员的实际工作中应坚持"德才兼备德为先"、"因事择人、视能授权职以能授，爵以功授"等原则，处理好文凭与水平、年龄与经验等方面的关系。

4. 进行甄选，确定人选

甄选的程序一般包括填写申报表、面试、笔试和绩效模拟测试等。可以通过工作抽样、测试中心、情景模拟训练、评审中心法、履历调查、体格检查等形式和技术手段进行甄选。

5. 进行人员定向，把员工安排到合适岗位

新员工入职要坚持将选定人员安排到合适的岗位上，要注意对新员工入职第一天的指导，减少新员工开始工作时的最初的焦虑，通过培训或者介绍等形式让新员工熟悉工作岗位和酒店的整体情况，要设法使员工尽快了解和熟知酒店企业的管理风格、企业文化、服务特色等，使其更好的适应新的工作环境，尽快成为酒店的一名称职员工。

6. 业绩考评

业绩考评，据此决定续聘、调动、升迁、降职或辞退。业绩考评是人力资源管理的重要职能模块，也是决定员工续聘、调动、生迁、降职或辞退的重要依据。人员业绩考评一般有一定的考评周期，要有明确的考核内容，考核标准要具体、量化，要有人们熟悉和便于理解的考评方式。员工可以自评，也可以由服务对象、上级、下级或平级的同事给予评价。考评的主要方法有事件描述法、关键事件法、评分表法、行为定为评分法、多人比较法、目标管理法等。

二、酒店员工的储备

人无远虑，必有近忧。酒店要求得长期稳定发展，人力资源的储备，尤其是核心人才的储备决不能滞后，要及早准备，统筹规划，以备酒店急时之需。所谓人才储备是指企业根据未来的发展和可能会出现的人才缺口，在企业整体战略框架下，事先做好各职位候选人的规划、招聘、培训、晋升和考核，并辅以相关的制度安排和后勤建设的全局性思考和预见性谋划，实现科学的留人、育人、用人，使企业人力资源战略与企业发展同步、稳定、协调的运作。酒店员工储备是现代酒店企业追求永续经营和发展而不惜长期研究的课题，是酒店长期培养后备力量的系统工程，有利于酒店优化人才结构、优化人事配合，实现企业内部人才的有序流动。

酒店可以通过内部培养、外部招聘等形式实现人员储备。

1. 建立和完善员工招聘机制，增强招聘工作的科学高效

员工招聘工作是酒店引进和使用企业外部劳动力市场的人才资源的重要举措。招聘工作应该有一定的预见性，不可以出现了员工短缺时才进行应急行动，可以建立人才信息库，通过对企业内部和外部人才的关注和经常性沟通，及时补充人才，保证关键性工作岗位上有适度的人力储备。

2. 建立和完善员工培训机制，促进酒店内部员工的成长

加强企业内部员工的培训提升，尤其是随着市场发展的日益加速，管理和服务理念提升、业务的更新速度很快，不仅存在员工对新的工作岗位不适应的问题，也会出现由于工作业务的新要求，即使在原工作岗位上如果不注意培训提升也有跟不上业务发展需要的可能性。人力资源部门要根据员工考核情况以及岗位业务技能方面的变化要求，根据市场竞争情况和知识技能的发展状况，通过各种形式的培训，使员工的知识和技能等方面的素质得到提升。

3. 建立和完善员工的配置、考核、激励和有序流动机制，不断促进员工的优化配置

员工的配置要科学，要通过岗位分析和员工素质分析，把合适的人员配置到合适的工作岗位上，让员工发挥自己的长处。要制定企业员工的行为规范和岗位责任制，对员工进行严格考核，并根据员工考核结果和企业发展的要求，把优秀的员工放在更高的职位上加以实战锻炼，条件成熟的要予以晋升，要建立一个奖惩分明的激励制度和员工的流动和退出机制，促进酒店员工的健康有序流动和人才结构的优化升级。

4. 加强人才梯队建设和实施接班人计划，增强员工晋升调配的有序性

要建立人才储备、选拔机制，建立科学合理的人才晋升调配机制，要树立人本观念，优先发展内部员工，以调动员工的工作积极性。酒店的人力资源部门要为储备人才库里的优秀人员制定一些关键性职位接班计划，预见性地展望企业人才的晋升前景，制定类似于马尔科夫矩阵式的候选人机制，以免最后时刻才采取行动，造成不必要的损失。

5. 建立文化管理机制，促进企业文化建设

企业文化是员工感受企业凝聚力和发展前景的一面镜子，丰富多彩的企业文化生活能让员工更真切地感受到企业环境的温暖与和谐，使员工对企业的情感更深一层，更加爱岗敬业。通过为员工庆祝生日、组织员工联欢、野营等活动，促进企业文化氛围建设，增强企业的凝聚力。

第八章

酒店员工招聘与录用

第一节 酒店招聘概述

一、酒店员工招聘的内涵

招聘是酒店为吸引员工前来应聘所进行的一系列活动，包括招聘广告设计、发布等。招聘包括分析人员要求和岗位需要两方面内容，通过对应聘者的筛选、甄别，选拔出符合酒店需要的人员。酒店招聘员工是酒店发展和运用人力资源的开端，是弥补酒店对人员数量和质量需要的必要手段，因此要与酒店经营战略和人力资源规划紧密结合，在对人员数量和质量需求进行预测的前提下进行。酒店员工高流失率现状决定了人员招聘在酒店中是一项经常进行的活动。

二、酒店员工招聘的原则

（一）政策性原则

酒店员工招聘的政策包括两方面的含义。一方面，酒店在人员招聘中要坚持国家政策，符合国家的有关法律法规，例如国家政策中明确提出的平等就业、不得歧视妇女、禁止未成年人就业、公平竞争等，在招聘中要严格遵守。由于酒店行业的服务特性及习惯，一般服务员岗位历来以女性为主，这是行业传统所致。但即使如此，在招聘广告中也要注意避免有就业歧视之嫌的用语。如北京市《关于加强人才招聘广告管理的通知》中规定，各用人单位发布人才招聘广告不得有下列情形：(1)以民族、宗教信仰为由拒绝聘用或提高聘用标准；(2)除国家规定的不适合妇女工作的岗位外，以性别为由拒绝招聘妇女或提高妇女的招聘条件；(3)侵犯其他单位及求职应聘人员的合法权益或以不正当手段招聘人才；(4)以人才招聘为由谋取不正当利益，以各种名义向求职应聘人员收取费用，要求求职应聘人员以其财产、证件作抵押；(5)未经应聘人员同意，擅自发布、泄露求职应聘人员的资料和信息，擅自使用求职应聘人员的技术、智力成果。另一方面，酒店内部也有自己特定的人事制度，包括岗位规范、岗位职责等，这些制度对应聘者的素质提出了具体要求，酒店在实施人员招聘过程中要注意以这些政策制度为准则。

（二）任人唯贤原则

任人唯贤是与任人唯亲、任人唯私相对应的。贤是德、才的统称。德是指不谋私利，一切以国家和酒店的利益为重；才是才能，是指符合酒店岗位需要、能推动酒店发展、进而为社会发展带来效益的知识、技能、创新精神等。酒店在员工招聘中要坚决反对任人唯亲，杜绝裙带关系，真正凭真才实干来选拔人才，这样才利于酒店的长远发展。

（三）竞争上岗原则

这里的竞争上岗是指酒店在选拔人才过程中除了要识别人才外，还要给人才以公平的竞争机会，让他们通过竞争上岗。这一方面有利于树立酒店公平、公正的外部形象，另一方面也有利于酒店发现更适宜于酒店的人才，为酒店的发展打下坚实的人才基础。酒店在坚持这一原则时最关键的是如何设计公平、公正的选拔人才方式。发达国家一般采用公开的竞争考试，择优录取，至于考试方式、考试内容、考试主体的公平性要通过酒店结合自身特性来选择和实施。

（四）收益最大化原则

这里的收益是指招聘成本和招聘效果的差。收益最大化要求酒店在人员招聘中能以最小的成本招聘到酒店最需要的人才。一方面酒店在实施招聘活动过程中要注意对成本进行有效计划和控制，尽量做到以最少的花费做最多的事；另一方面要注意控制隐性成本，即未来的成本，在招聘中要注意考察员工的就业动机，尽量招聘一开始就有忠诚稳定意识的员工，以减少未来员工大面积流失带来的各种损失。对于酒店这一点尤其重要。

三、酒店员工招聘的特殊性

（一）招聘员工的特殊性

旅游行业作为服务性行业，其前台诸多岗位，例如餐厅服务员、前台接待员等，都要求员工具备细心、爱心、“攻击性小”等特征。从性别上看，女性天生具备这样的条件，所以从酒店招聘的人员看，特别是与顾客面对面的人员中，女性居多，这给酒店的人员招聘面带来一定的限制。

（二）招聘岗位的特殊性

岗位是酒店人员制定招聘要求的主要依据之一，岗位的特殊性决定了招聘人员的特殊性。除了上面讲到的部分岗位的特殊性造成的酒店女性居多的现状外，酒店岗位的特殊性还体现在“以顾客满意为准绳”上。酒店提供的产品具有综合性的特点，这一点决定了顾客对旅游产品的满意来自多方面，如对于旅行社产品的满意就包括对导游提供服务的满意度、对旅游线路的满意度、对每个旅游景点的满意度等。任何一个环节的不满将影响到顾客对酒店的整体印象。所以酒店在制定岗位职责时，要充分考虑到各个岗位之间的协调沟通，岗位界限应分明且不失灵活，以共同给顾客创造一个良好的形象。这种协调沟通对人员素质也提出了要求，要求酒店应聘人员必须具备一定的灵活性、协调能力和观察能力等。这些在招聘时都要加以重视。

（三）招聘手段的特殊性

现代酒店在招聘员工时习惯采用的手段是目测、笔试和面谈。这些招聘手段在一定意义上可以分辨出应聘人员的知识素养、外部形象等与酒店岗位要求密切相关的要素，但对于酒店要求的其他一些素质如灵活性、观察力、协调性等，则分辨力不强。所以在酒店招聘人员时，可以采用一些特殊的手段，例如有些酒店在招聘前台服务员时，为测试其声音的柔和度，采用声音测试的手段，让前来应聘的人朗读、演讲或打电话，根据她们声音的大小、谈话时的风度气质、语言运用能力等来进行测评。这些特殊应聘手段的运用可以弥补常规方式的不足，使酒店更好地挑选到合适的人才。

四、酒店员工招聘流程

酒店员工招聘的两个前提，便是前面几章里提到的酒店人力资源战略规划和工作分析。酒店人力资源战略为酒店人力资源招聘工作提出了纲领性要求，酒店人力资源规划对酒店未来一段时间的人力资源需求进行了预测，为招聘工作的实施指明了方向。工作分析对工作性质、工作要求、岗位职责等进行了说明，为人员录用提供了参考依据，成为员工质量评估的一个对照标准。酒店在酒店人员招聘之前必须具备这两个前提条件。部分酒店在没有制定宏观人力资源规划和不仔细分析岗位的前提下，凭经验盲目招聘人员，造成人员质量与酒店工作的极大不匹配，影响到酒店目标的实现，造成人员招聘成本及后续培训等成本的成倍增加，这一点尤其要引起酒店的注意。

酒店员工招聘流程包括四部分内容，如图 8-1 所示。

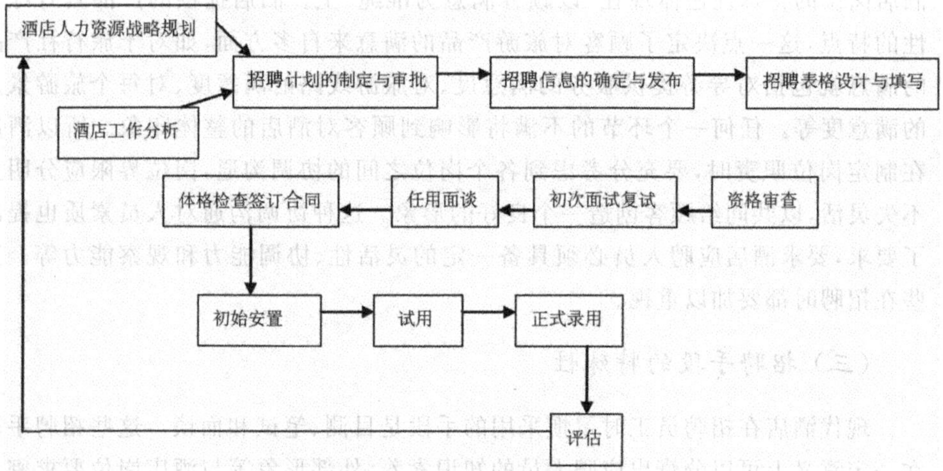

图 8-1 酒店员工招聘流程图

（一）招募

招募是酒店为吸引人员前来应聘所做的一系列工作，包括招聘计划的制定与审批、招聘信息的确定与发布、应聘表格设计与填写等。

（二）选拔

选拔是酒店从岗位职责要求出发，挑选合适的人员来承担某一职位，主要包括审查应聘者的应聘资格、初次面试、复试、任用面谈、体格检查、签订合同等。

（三）录用

录用这一部分主要涉及员工的初始安置、试用、正式录用几个环节。

（四）评估

评估是对招聘活动的效益与录用人员质量进行的估计，这项工作为下一次人员招聘提供参考。

第二节　招　　聘

员工招聘是酒店人力资源管理中一个非常重要的环节，这项工作与酒店其他的人力资源管理活动之间存在着密切的联系。在员工招聘开始之前，酒店需要确定工作职位空缺的性质，并在此基础上确定人力资源的需求，包括需求的数量、技术组合、等级和时间要求等。在这一环节上，人力资源计划有助于我们了解所需要的工作申请人的个人特征。在征召到应聘人之后要进行初选，初选是一种快速而粗略的挑选过程，可以只根据工作所需要的某一个关键性特征（如身体特征或教育背景）进行选择。随后的录用环节则比较严格和规范，需要进行比较全面的考察，如测试、个人面试、背景调查等。在录用新员工后要开展职前教育，向新员工介绍酒店政策，各项规定和福利待遇等情况。为了使新员工有能力达到合格的工作绩效水准，还需要进行技能培训工作。

一、招聘准备

经历了岗位分析、评估与人力资源开发规划的内部准备，我们知道，仅仅因人手不够而招工的简单想法，是行不通的。同时还知道，人力资源开发是一项复杂的系统工程，肩负着酒店兴衰的重任，而这一切都始于员工的招聘、选拔与录用。

招聘是一个招徕合适申请人（吸引），并从中选择合适人员（选到）的过程。为此，必须认真做好招聘准备。

（一）确定技术岗位类型

通过对酒店各岗位业务分析、工作规范，弄清酒店中的职务职位区分，明确独立完成这些工作的资格、条件，再制定出保证酒店正常运作所需的从业者人数及相关规划。规划过程中还应考虑酒店经营规模扩大或缩小的可能性，也就是说，要基于酒店经营的长期展望对酒店定岗定编做出更加适当的预测。

酒店里的岗位很多，每个岗位对从业者都有具体的要求。人力资源开发部可以通过总结各岗位的共性，制定出一个可操作的标准。该标准一般以岗位对技术水平的要求为主要依据，通常包括这样几个层次：

D：指导者职位(Directorship Skills)；

E：高级技术岗位(Executive Skills)；

P：专业技术岗位(Professional Skills)；

S：技术岗位(Skilled)；

B：基本技术岗位(Basic Skills)；

NS：非技术岗位(Non—Skilled)。

这个岗位技术层次的确定，将在今后制定工薪规划中发挥作用。

(二) 设计招聘启事

显然，招聘启事是招聘工作的重要工具。招聘启事从哪里来？就从职位说明书中来。酒店要通过招聘启事来向“公众”说明最适合担当某项工作的人员应属的技术类型。

招聘启事的内容将取决于酒店的具体情况，一般可以根据职位说明书的有关内容来设计，但更加简洁，内容包括岗位名称、性别、年龄、资格证明、经历、个人素质(包括适应性、活动能力和智力等)、个人条件等。如表8-1与表8-2所示。

表8-1　西餐厅厨师长招聘启事

工作名称	西餐厨师长
性别	男/女
年龄	28—50岁
技术职位类型	高级技术岗位(E)
资格证书：	
(a)教育方面	(略)
(b)技术方面	正式学徒×年
经验	(a)具有管理一个至少五人小组的经验 (b)具有优秀菜点(达到一天2桌客)服务经验

续表

工作名称	西餐厨师长
个人素质	(a)智力在平均水平以上 (b)有管理一小组员工的酒店能力 (c)稳定的就业记录(考察对职业的适应性) ……
个人条件	每周能上三个晚班(工作到晚上11点)
优先条件	(a)持厨师协会会员证书 (b)持酒店行业培训资格证书 (c)有大型宴会厨师经验

表 8-2　招聘启事

职位:培训助理 部门:人力资源部 直属上级:人力资源部经理直属下级:(无) 职位类型:专业技术职位(P) 基本职责:协调安排销售部门所有培训的后勤工作 主要职责: 1.培训资料准备 2.协调培训时间表 3.准备培训教室和器材设备 4.收集、分类和维护培训纪录 5.协助培训师执行课程 6.处理培训费用预算申请和报账 必要条件: 1.至少一年以上相关工作经验 2.良好的英语口语和书面沟通能力 3.大专或相当学历 4.良好的沟通技巧 5.良好的酒店工作计划技巧 6.性格开朗,身体健康 辅助条件: 1.有客户导向意识 2.有团队合作精神 3.有强烈的学习愿望

续表

参考条件： 1.一年以上培训助理经验 2.英语流利 3.相关行业背景

（三）拟定招聘广告的原则

招聘大多要依靠广告。这里，除了选择媒介外，广告草拟也很重要，并应遵循以下一般规则：

1. 诚恳。

2. 采用适当的标题以吸引应聘者的注意力。

3. 提供明确而又真实的情况。包括工作地点、工作内容、个人发展前景、学历及专业资格要求、工作经历要求、就业条件。

4. 说明应如何应聘。

5. 使应聘者对酒店产生兴趣。注意，重点是招到合适员工，而不是宣扬酒店。

6. 避免使用含糊语言。如“待遇优厚”、“有发展前途”之类。

7. 能激起读者看过广告后产生申请的愿望。

8. 最后定稿前把广告草稿交给其他人阅读，检验广告效果。

以上是拟定招聘广告的一般规则，当然，具体的应用需要各酒店自由把握。

比如，招聘较高级的行政管理人员或技术人员的广告要写得详细、全面，可以按以上规则去做。如果招聘无特殊技能的工人，则可以简单一些，说明职位名称、年龄及性别要求，就可以了。

（四）招聘者的心态

1. 招聘者要从思想上确认，将要求纳的人是酒店发展的原动力，其中有些人可能成为未来的出色管理者。招聘者应激发应聘者的热情，使他们产生“进入这个行业，自己的才华才能充分得到发挥”的工作认知。

2. 招聘者不应以“在超级市场选购商品”的态度对待应聘人员，而要表现出高度的谦虚和诚恳，这样才能征聘到真正的人才为酒店效力。

3. 必须要抛弃人情观念，有效地推行人事制度，把酒店发展的利益放在首位，择优选拔人才，并安排每个人于最合适的岗位。

4. 作为一种职业规范或职业道德，招聘者在工作过程中，还应遵守起码的规则：

(1) 向每个申请人迅速作出答复。

(2) 应通知应征者选拔过程、进展程序及可能需要的时间。

(3) 只有进入选拔期才可查询应征者详细的个人材料。

(4) 对应征者资料予以保密。

二、酒店内部招聘

酒店员工的招聘分常规招聘和特别招聘两种。前者泛指招聘一般员工,后者则指中、高级管理人员、专家的招聘。两者相比较,对后者的录用必须要更长时间的考察。酒店业中,一般员工的劳动力供给大于需求,而中层管理人员和专业人员相对紧缺,高级管理人员招聘更呈现出越来越复杂的倾向。招聘的职位越高,越难在劳动市场上找到,而常常需要"挖墙脚",从其他酒店里拉过来,而他们又总是不满足于现状,总想寻找更好的发展机会。鉴于这种状况,酒店业提倡内部招聘、选拔,只在个别情况下才向外界寻找。不过,每种做法都有其利弊,不可一概而论,一般而言,内部招聘有以下特点:

1. 内部招聘较外部招聘节省开支。

2. 内部招聘有助于培养本酒店成员的忠诚,鼓舞每个员工用更大的热情对待酒店事业。

3. 因内部招聘的"自己人"熟悉酒店的情况,因此,不需要更多的专门训练时间。

4. 内部招聘可供征集的人力资源有限。

5. 内部招聘不利于新观点、新技术的引进,容易形成"近亲婚姻"状况,降低酒店免疫力。

进行内部招聘时,还要考虑其他问题,如新聘任的主管不如老员工熟悉酒店情况,不能立即投入有效的工作。其次,机构内个别人所报升职的希望破灭,他们会离职而去,或者在工作中发泄不满,从长远看,会给酒店带来许多有害的后果。因此,在酒店内有空缺职位时,特别是那些条件优越的职位空缺时,最好是在员工通告栏内公布,以便各部门举荐人选,或鼓励员工毛遂自荐,把内部招聘的情况仅通知管理层人员的做法并不可取,因为管理者未必了解下属所有员工的详细情况,而且这样做也容易在员工和管理者之间造成不必要的误解。

三、酒店外部招聘

如果现有员工中没有合适人选,或酒店内员工无人申请某一空缺岗位,下一步就要向社会招聘。

招聘方式的选择非常重要，对于是否能招到合适的人选影响很大。招聘方式的选择与空缺职位的类型和级别有关。比如，某一国际性酒店管理集团要征聘一名东南亚地区经理，一般会选择类似《亚洲华尔街日报》、《亚洲旅游》这样的国际区域报刊及行业报刊登载招聘广告。如果只需招一名接待员，则利用职业介绍所招聘，或在地方报纸刊登广告就足够了（参见表 8-3）。外部招聘可供选择的形式如下：

1. 在报刊上登载招聘广告。可以在全国性、地方性和行业性的报纸、刊物、网络上登载广告，甚至可以选择国际性媒体。

2. 通过劳务市场或职业介绍所介绍。

3. 从其他酒店挖掘人才。

4. 在酒店附近及特许张贴的地方张贴招聘告示。

上述方式可以吸引一般过路人的注意力，应征者可以随时前来应聘。这种方法可以减少行政费用，又可以迅速见效，但一般只适合于招聘兼职或非技术性的员工。

5. 校园招聘。主动到各大学旅游学院、旅游职业学校进行有关毕业生招聘。

6. 猎头公司招募。

7. 酒店内部员工介绍。

表 8-3 人力资源招聘与媒介选择

征聘员工	媒介
高级管理和高级技术人员（D、E） 如酒店经理、财务总监、中、西餐厨师长等	全国性报刊、外国报刊、行业报刊、行业酒店、连锁店总部、职业介绍中心等
中级行政人员（E） 如小型酒店经理、部门经理	地方性报刊、行业报刊、学院、就业介绍中心、行业酒店
技术员工（B、S、P） 如厨师、餐厅服务生、文秘、工程维修人员等	地方性报刊、职业介绍中心、职业训练中心、旅游院校 内部员工推荐
非熟练员工（NS） 如清洁工、搬运工、厨工等	劳务市场、张贴广告、内部员工引荐等

上述是一种特殊的招聘方法。这种方法既省财力，又省人力。各部门将岗位空缺情况及时报给人力资源部，人力资源部在酒店内员工都能看到的地方（如员工食堂外面）开辟专栏随时公布，鼓励员工为酒店介绍合格的申请人。由于在职

员工对其所介绍的申请人已经有一些了解，所以，申请者的录用率比较高。同时，酒店也节省了招聘的时间及经费成本。

第三节 选 拔

一、选拔的时机

"选拔"与"选择"不同，选择，是相互决定的过程。酒店方面通过选择来决定是否录用，对方也可以通过选择来决定是否接受这个机会，这是目前以至今后的劳动用工市场的基本趋势。但这里的"选拔"，是从酒店角度，就酒店用人的概念出发展开的一种活动，具有单向性。选拔是从应聘人员中找出酒店需要的人力资源的过程。

选拔的目的，是试图尽可能精确地预测一个人在具体工作中的表现；或者，若有几个职位的选择，尽可能精确地预测候选者担任哪一种工作最有可能取得成功，或者取得最大的成绩。所以，选拔工作，往往需要关于招聘岗位和申请人的详细材料。

招聘材料，包括职位说明书、工作规范书、招聘启事等。申请人资料，一般可以通过一些档案文件获得，如申请函、申请表、面谈、小组选拔、调查资料以及一系列测验记录等。

大多数选拔方法是属于"历史性"的。也就是说，是将预测建立在应征者过去的经历上。有些人认为，若不考虑经济和人事问题，最好的方法是试用一段时期。"试用期"制度由此产生。这当然必要，但决不能取代一般的选拔程序，因为试用也需在选拔的基础上试用，对所有候选人通过试用来选拔，显然是不切实际的做法。

二、对申请人的鉴定

在评定或估量一个人对某项工作是否合适时，最重要的是要明确了解申请人哪方面的特征比较突出。一个人的有些特征，对于完成一项工作来说几乎是毫无意义的，所以，对每一个申请者进行面面俱到的综合测验和审查，是没有必要的。

不过，大多数特征或行为形式可以归纳成几大类，有一种"五点方案"评定方法值得借鉴。"五点方案"将一个人的特征分为五组：

1. 第一印象与身体状况：外貌、表情与言谈举止。

2. 智力与能力：思考能力与实践能力。

3. 合格证书：教育的、技术的与专业的。

4. 适应性：适应环境及与人相处的能力。

5. 推动因素：干劲、决心、需求等。

在拟定招聘书时，把以上五方面包括在内，说明对所需人员等级的精确要求，在选拔程序中，按此方法评定和估量候选人，可以使评定工作简易化，并可以让负责招聘的经理对所需的人员的特征，加以具体说明与分级，容易确定最合适的候选人。

三、掌握申请人资料

负责选拔的人掌握申请人资料，是为了能够将这份资料与职位说明书的要求及其他申请人的资料进行对比。

收集整理申请人资料，是为了方便做以下工作：

1. 用于编写面谈评定表。

2. 将申请人的情况记录在案，便于其他方面内容的填写与核实。

3. 提供可能被聘用的人员名册。

4. 决定邀请何人来面谈。

5. 评估各种招聘媒介的有效性。

6. 分析劳务市场状况等。

为此，整理好的申请资料表至少应包括下列全部或部分项目：

1. 所申请的职位。

2. 个人资料。包括姓名、通讯地址、电话、年龄、性别、婚姻状况、家庭状况、出生地等。

3. 教育情况。包括学校、专业、学位。

4. 进修培训经历。

5. 工作简历。包括单位、职位(职务)、收入、离职原因。

6. 个人要求。如何时可到任，班次要求，住房及工资要求，以及其他方面要求。

7. 健康状况及病史。

8. 兴趣、爱好、专长。

但是，要注意，所有工种均使用同一种形式的申请表是不合适的。对需要了解专业学历及全部就业史的高级行政人员所用的资料表，不适用于诸如客房服务员之类的基本技术工作岗位的人员。对所需了解的情况应详细到什么程度，取决于工作类型和酒店的要求，但应尽可能限制在进行正确评定所需要的情况的范围以内。

四、面谈

如果申请人在申请表中所反映的情况基本符合招聘要求，就可以邀请其前来面谈。面对面交谈，是最通用的选拔方法，也是最容易被滥用的方法，因为很少有人接受过正式的面谈训练，更谈不上充分发挥这种技能的作用，这就难免会影响应聘人能力的发挥。

面谈是一种技巧性较强的选拔方法，包括面谈前的准备、正式面谈、面谈后总结三个阶段，每个阶段都应按照一定的步骤进行。

（一）面谈前的准备

1. 分析空缺岗位，准备职位说明书和工作规范书，明确工作性质。重点是考虑该岗位工作的基本特点，这个岗位的主要责任是什么。

2. 考虑岗位所需要的经历和资格。这项工作确实需要申请人具备类似的经验吗？申请人的资格与岗位要求是否相符？最低标准是什么？

3. 考虑完成工作所需要的个人素质。

4. 尽量减少基本素质和资格项目的数量，最好不超过四项或五项。

5. 同其他负责招聘的人进行讨论，以便在事先取得一致的意见。

6. 制定面谈计划，其项目多少因人而异。表8-4是一个内容比较全面的面谈计划示例。

7. 安排参加面谈申请人的时间和顺序。

8. 安排面谈场所，尽量避免干扰。

9. 负责面谈的人需克服自己的偏见，不要以自己的好恶去衡量申请人。

表8-4 面谈计划

第一部分	
介绍	招聘人自我介绍，说明所招聘职位与职责，简要介绍公司、工作条件与前景、空缺原因、工作时间、工资额等。

续表

第二部分	
对此行业的认识	申请人为何进入本行业 同本行业是否有关系，比如有家人在本行业工作吗？
受教育与工作经历	申请人在何处上小学、中学、大学 取得哪些合格证书 上学时的特殊兴趣（学术性与非学术性） 高校毕业后第一份工作是什么？就职原因与离职原因，就职时与离职时的职责及工资。 申请人对原单位领导或雇主的看法 在原任职处得到的最大教训是什么 主要问题是什么，主要成就是什么 爱好与兴趣，事业和生活的目标 明年、五年、十年的展望如何
技术专长	应提出一系列问题以考察申请者的技术知识
对这些问题的看法	学院教育与非正式培训，顾客，工作，管理等
目前状况	是否仍在工作？前景，工资，福利。申请本职位的原因，本人与家人的健康状况。
第三部分	
结束	回答申请人的问题，解释选拔程序

（二）正式面谈

首先，要明确面谈的目的，具体如下：

1. 直接获取申请者的资料。
2. 了解对方所掌握的知识程度。
3. 了解对方的观点和思想。
4. 判断对方的反应速度。
5. 得到对申请人的感性印象。
6. 发现对方的好恶。
7. 了解申请人的发展倾向。
8. 激发申请人对其申请的工作的兴趣。

其次，对面谈方法必须有所把握，具体如下：

1. 请申请人落座。

2. 寒暄、问候，消除申请者的紧张情绪。谈话气氛应轻松、随便，可以先谈一两句与面谈无关的话，或找一些自己与申请人相同的地方，并由此进入话题，如“我发现我们是同一个学校毕业的”，等等。

3. 将申请人的话题引人正题。

4. 围绕申请者目前的实际情况交谈。参考书面资料，考察申请人的兴趣、希望、经历，从中大致分析出对方是否适合某一岗位。学历，学过什么，喜欢哪一学科，受过什么奖惩，有什么进一步的学习计划。工作经验怎样，做过什么工作，喜欢什么工作，不喜欢什么工作，为什么，担任职务，工资多少，将来的打算。注意不要提出那些难以回答的问题。一般，申请人都不会编谎，但有时会回避某些问题。故此，招聘者一定要注意申请人的说话语气、神情和回答的内容，要会启发人。

5. 对于一些夸夸其谈之辞，应巧加制止。

6. 清楚地说明工作情况、就业条件与发展前途。

7. 以何时、何地、何人、什么、如何等开始提问，要提开放式的问题，以避免得到“是”与“否”的简单答复，并且鼓励申请人谈话。

8. 告诉申请人他将什么时候得到答复。

最后，是关注考察要点，使面谈有成效。

了解申请人的个性，是第一位的。酒店的不同部门要求员工具有不同的个性。如服务员，要求有愉快、外向、谨慎的个性，有耐心，诚心待客。略显害羞、内向的申请者，可以分配到财务、后勤、库房、打字、簿记等多对物少对人的部门。年龄层的有效安排，性别的有效利用，都在人力资源开发中发挥着作用。在年老员工中安排一个年轻人，或在年轻员工中安排一个年老员工，都是不合适的。

第二位的关注点，是考察申请人的效率意识与能力。

我们要保证申请人在教育程度、经验、才能方面与岗位要求基本吻合。简单劳动部门，一般不一定要求员工有较高文化，如客房部，但需要经验。复杂劳动需要一定文化，并必须有一定文化根基的人才可以，如公关、销售、前厅接待等，而经验不是主要的。

第三位的，是观察申请人能否相对长久地安心于新岗位。

这一点是指申请者在新岗位的工作期限。要弄清哪些人是申请短期性工作岗位的，哪些人是申请长期性工作岗位的。特别是前者。目前阶段，许多年轻人希望申请酒店临时工、季节工，以求暂时栖身之所，以便进一步“跳槽”。要分辨这一点，加以认真对待。一般而言：完全合格者，可能不会久安其位。有才干的大学毕业生，会因长时间身处较低职位而另谋他就。现职位薪金低于申请者原有薪金,会使其不甘于此。

（三）面谈后总结

(1) 立即写出评语。

(2) 写出自己的意见。

(3) 决定是否录用。

在按以上步骤与申请人面谈时,还应注意避免以下事项发生:

1. 让应聘人等候过久。
2. 对该项工作描述不实。
3. 隐瞒有关该项工作可能遇到的困难。
4. 面谈中随便打断对方,自己谈话过多。
5. 以训诫的口气同申请人谈话。
6. 向申请人宣读申请表上以填明或已知的内容。
7. 暗示申请人的答案有问题。
8. 提出只能获得"是"或"否"答案的封闭式问题。
9. 给应征者不好的印象,影响整个面谈过程。
10. 提出不必要的私人问题。
11. 使应征者产生不应有的希望。
12. 不即时写鉴定。

评估主持面谈者技能的最有效方法,是统计他在倾听和谈话上各用多少时间。一般来说,主持人谈得越少,则说明他在系统地提出问题,在作出正确鉴定方面就容易做得更好。

在时间掌握方面,对有意录用者,可以延长谈话的时间。如果不准备录用,可以暗示,但决不可以当场表示结果,但答复时限一般在三至四日内为宜。决定录用者,一般在24小时后通知。无论如何,都必须以礼相待,以诚相待。

五、关于中高级管理职位与大学毕业生应聘者

与一般职位相比较,对中高级管理职位应聘者的考察、选拔,是一个相对复杂的工程,除了上述一般技巧外,我们还应在选拔工作中特别注意以下问题:

1. 正确对待应聘者的既往业绩表现。作为酒店管理者,其过去的业绩不一定是他个人的业绩,或是由其部下实现的,或是因为有特别的机会。同样,过去业绩较差的,也不一定就是他个人的错误。许多人可能因为换了环境而充分发挥出人力资源能力,取得非凡的业绩;有的人也可能因环境所限而无所作为。

2. 对应聘者进行现场观察与背景判断时，不宜采用一般的测试法，而要重视其人品、气质，应注重情绪的稳定性、自信心、人际沟通能力、激励能力、操作技能、技巧等方面的考察。

3. 对高级管理者的选拔和考察，要由上一级负责人进行，或若干上级管理者共同参加面谈。

4. 对刚毕业的大学生的考察，他们的在校成绩仅供参考。除旅游专科或技校生之外，毕业生在校成绩往往与其才能无绝对关系，故此，更应注重考察毕业生的在校沟通能力、管理能力、责任心及在校活动的基本状况。

5. 在采用有关针对管理者的测验方法时仍要注意，所有测验都受条件限制，都会有误差。在测验中得满分的申请者，在实际工作中则未必能得满分。

6. 对选定者，应马上让他们了解酒店的情况。内容包括：酒店历史、服务宗旨、服务岗位状况、日常工作的一般规定、酒店的政策、工作守则、条例、福利待遇及设施状况等。

新入职者，可能会因环境陌生而显示出不安，或感到不适。为帮助他们尽快适应工作，对他们需要多加鼓励。

对选定的大学生，有必要在一开始就给他们以挑战性的工作机会。当然，这并不是说，要让他们马上担任什么管理职位，但至少要表示出这种可能性，否则他们的劳动情绪就会低落，其人力资源自然无法得到发挥。

六、小组选拔

小组选拔，应由经过培训的人员在计划、选拔与分析过程中实施。小组选拔的目的，是考察应聘人在酒店内部面临某种形势或遇到某种问题时的行为表现及应变能力。

小组选拔的主要方法有：

1. 对书面报告和口头报告出现的问题加以分析。

2. 小组专题讨论与辩论。

3. 业务比赛。

小组选拔的方法，通常用来鉴定与预测难以通过面谈或根据个人历史了解到的行为或个性特点。这些特点包括领导才能、说服力、自信心、承受压力的能力、思维敏捷性等。

测验的目的，是了解申请人的知识水平和工作能力，看其最适合做哪一类工作。申请人的知识水平，一般可以通过其在学校学习期间的成绩反映出来，酒店可以设计一些试卷，考核与工作有关的知识，如服务英语、销售知识、国际礼仪等。

能力测验要复杂一些，分专业能力测验和普通能力测验。专业能力的内容，按岗位要求设计，如应聘厨师的，需演示实际操作能力，应聘服务生的要演示对食谱的认识，布置某些菜式的餐具等。

鉴于许多申请人都没有酒店的工作经历，无法进行专业能力测验，选拔中通常只搞普通能力测验。对于酒店这一服务性行业来讲，对应聘者做 EQ 测试是非常有必要的，该方法可以从一个侧面反映出一个人的性格特征。

第四节　录　用

一、录用过程是服务过程

在招聘、选拔等一系列活动之后，对合适人选采取措施，通常被称为录用。录用与之前的招聘、选拔一道，正在形成新员工对酒店的第一印象。当然，这个印象几乎都是片面的，但却持久难忘，而且影响其以后的工作表现。

许多酒店的人力资源部对新录用的员工非常生硬，似乎酒店的录用，是给新员工的一种恩赐，极不正常。经营管理者必须清醒地意识到，即使在劳动力供给十分充足的情况下，对训练有素的人员，仍然存在竞争的情况。

因此，酒店必须行动迅速，让成功的申请者，尽早知道他已被录用，具体方式包括面谈、电话、电子邮件等，以便对到职日期及有关细节及时达成协议。

随后，便经过一系列标准化的录用过程，保证酒店从一开始就有完整的人事档案，也给新员工留下一个办事认真，一丝不苟的酒店印象。

二、录用通知书

在决定录取并与被录取人达成有关协议后，酒店应将正式录取函件（信函、电子邮件等）发出去。

对录用通知书的基本要求，包括以下五点：

1. 向新员工介绍工作与聘用条件。

2. 按国家有关法规，向新员工说明某些就业条件的详情。

3. 对新员工的要求要切合实际，通情达理，使新员工一开始就对酒店有一种尊敬感。

4. 录用通知书应发出两份，要求被录用者在其中一份录用通知书上签字并寄回，以此证明他已收到录用通知书并同意通知书上的条件。

5. 告知新员工何时到何处报到、应带材料及开始工作的日期。

三、建立新员工档案

新员工报到时，应立即着手办理有关档案工作。完整的员工档案模式，我们已经在第二章中讲明，可以供参考。

档案内应装入有效文件，而不要应有尽有，如员工以往的个人年度总结、思想汇报等不必装入档案。而申请表、录用通知书回条、录用合同、证明材料，以及日后的培训及岗位调动记录等，应在档案内保存。

档案中比较重要的一份文件是“到职通知单”(见表 8-5)。这份到职通知单，应复制足够的份数，分发给各相关部门。

表 8-5　到职通知单

姓名：	性别：	身份证号码：
住址：	手机：	常住处电话：
工号：		
职务：	部门：	岗　　位：
发生意外时通知的近亲		
姓名：	电话号码：	
地址：		
到任日期：		
薪金数额：		
服务费百分比(此项适用于严禁私收小费的酒店)：		
给薪方法及发薪时间：		
银行名称账号(此项适用于通过银行发薪的酒店)：		
特殊事项(如个人年假安排等)：		
抄报：部门经理、财务部、人力资源部		
制表人：	职位：	日期：

四、到职复核单

为了使新员工比较清楚地了解酒店政策，酒店应制作“到职复核单”。具体内容请如表8-6所示。

表8-6 到职复核单内容列表

1.个人资料：下列项目是否已包括在内？	员工姓名、地址、电话，近亲姓名、地址、电话，银行名称及账号等
2.通报：下列各项是否已通知有关部门？	工资、劳保、人事、培训等
3.行政要求：下列各项是否已解释清楚？	上下班时间、午餐休息时间、休假日、工资计算方法、假期安排、病事假、离职及退休方法、投诉程序、附加福利等
4.历史：下列情况是否已解释清楚？	机构的由来与发展、现状及宗旨等
5.工作环境：下列项目是否已解释清楚？	包括卫生间、洗衣房、更衣室等在内的基础设施所在地方，有关经理人员及同事的姓名等
6.规章制度：下列项目是否已解释清楚？	法令方面：如食品卫生，酒店安全责任条例等；酒店规则：如出勤、有关喝酒和吸烟的规定、仪表要求、私人事务、酒店财产的使用等
7.工作说明：下列项目是否已解释清楚？	目的、方法、培训要求等

新员工进入一个酒店后都要有一个熟悉的过程，在帮助新员工熟悉酒店的过程中必须注意每个人的差别。如新员工的经验与知识，他将担任的工作类型与级别等。当然，最重要的，是把自己放在新员工的位置上，立足于员工的角度，设计方案。

向新员工介绍情况的最简单和最普遍的方法，是在办公室进行简短的晤谈，接着，介绍机构情况。这些工作一般由领班根据到职复核单去执行。

另一种方法，是先由部门负责人和新员工进行初步谈话，然后，介绍给一位熟悉本部门工作的有资历的员工，由他向新员工介绍机构内的情况。在挑选负责介绍情况的员工时，必须确保他熟悉有关职责，并具有履行职责的必要知识，这些职责主要是到职复核单上所列出的项目。此外，还应向新员工介绍该机构的一些非正式的制度和不成文的规则等。

在规模较大的酒店或连锁酒店中，一般是由专职的培训人员介绍酒店概况，再由部门主管做业务指导。

第九章

酒店员工培训与开发

第一节　员工培训概述

员工培训，是酒店人力资源管理与开发的重要组成部分和关键职能，是酒店人力资源资产增值的重要途径，也是酒店组织效益提高的重要途径。

一、员工培训的概念及意义

（一）员工培训的概念

人的成长是一个学习过程，员工接受培训的过程也是一个学习的过程，现代培训越来越从一般的知识、技能的传授活动，转向对人力资源进行开发的创造性活动。什么是培训呢？通俗地讲，培训就是经验分享，从培训者和受训者之间、受训者相互之间分享彼此的经验，从对方的经验中学习、借鉴、吸收有用的东西，从而完善和提高自己。培训是在培植希望，拒绝培训就等于拒绝工作，培训比加薪更能留住人才，培训越深入，员工越努力，企业越安稳。

对于员工培训，人们看法不一。有人认为培训投入大产出小，实际效果不明显；有人认为培训是一种浪费，员工跳槽了，企业的培训成本就再也收不回来了，等等。这些都是错误的认识，实际是培训为酒店创造价值。培训是酒店人力资源增值的重要途径，也是企业赢得成功的一条捷径。从某种意义上讲，员工培训是酒店的另一种投资，既然是投资当然就得考虑“投资回报率”。我们经常在一些管理类报刊及书籍中看到诸如此类的提法：“由于对员工培训的重视，生产率提高了

60%"、"培训的投入，使员工流失率降低了65%"，等等。

员工培训就是按照一定的目的，有计划、有组织地通过讲授、训练、实验和实习等方法向员工传授服务、管理知识和技能，以及企业文化，使员工的行为方式在理论、技术和职业道德等方面有所提高或改进，从而保证员工能够按照预期的标准或水平完成承担或将要承担的工作与任务的活动。

1. 员工培训是为了更好的实现酒店的经营目标

人们走进酒店，总是希望品尝到美味的菜肴，享受到热情周到的服务，希望通过酒店所提供的服务得到一种身心愉悦，而这一切都是通过服务去实现的。于是酒店依据具体的经营目标开展员工培训工作，酒店员工服务质量的提高能为酒店赢得更大的市场占有率，培训的过程就是帮助酒店实现经营目标的过程。在市场经济条件下，人才是酒店核心竞争力的最具体表现，也是酒店成功的关键所在，酒店必须靠高素质的人才来保障酒店的经营目标得以实现。

2. 员工培训是酒店提高职工素质和服务质量的关键途径

酒店从业人员应具备的素质是多方面的，包括仪容仪表、举止修养、职业道德、团队协作精神、语言技巧、服务意识、服务技能、身体素质、思想品德等。员工素质的提升只有通过不断的培训和实践，酒店如果没有一套完整的、系统的培训方案，就很难培养出一流的高素质的员工。高素质的职工队伍能使酒店在激烈的竞争中取胜，培训是提高员工服务质量的关键，培训的过程促使员工不断掌握新设备、新技术和先进的工作方法，改变错误的、落后的工作方法并补充和增长新的知识。服务质量的提高是综合因素作用的结果，而工作方法的不断改进则是综合因素中不可或缺的重要一环。培训不仅能提高员工的职业道德和使命感，同时还能增强酒店的凝聚力和向心力，充分发挥员工的积极性和创造性，使员工将热情、规范、优质、高效率、高质量的服务视为自己的责任和义务。酒店服务质量的提高是通过提高服务员素质来实现的，所以培训是酒店提高服务质量的关键途径。

3. 员工培训是酒店提高管理水平的重要手段

组织行为理论认为，一个人的工作绩效取决于这个人的工作行为，这个人的工作的工作行为又由这个人的具体工作情景下所选定的行为目标决定。把对员工的培训看成是一种重要的管理手段，是因为它不是在消极地约束员工的行为，而是在积极地引导员工的行为。酒店职工如果在工作中时常感到有压力，积极性不能得到发挥，缺乏成就感又发展无望，就会对工作环境不满意。如果缺乏正确的疏导，就会以畸形的渠道宣泄。例如上班迟到、工作马虎、服务态度差、不按服务程序行事、人为加大原料的耗损等。这样下去，服务质量无法得到保障，结果或职工辞退而去，或是被解聘，无疑会加大酒店管理成本费用。而如果能够及时对员工进行教育培训，有的放矢，就会收到"磨刀不误砍柴工"的效果，使其认识有所提高，工作表现有所改进，缓解工作压力。从而，就有可能减少人员流动，降低管理成本，改进服务质量，提高管理水平。

通过培训，可以有效减少事故的发生，保证酒店员工人身安全和酒店财产的安全。根据酒店行业的一些调查结果显示，未受过培训的员工造成的事故发生量几乎是受过培训职工的三倍。许多事故的发生，究其原因，在很大程度上归结于职工没有受过培训，不知如何正确使用机器设备，盲目操作导致事故的发生。由此可见培训的重要性。把培训看成是一种管理工具，也就是通过培训造就员工在服务工作中的合理行为。

4. 员工培训是一种重要的投资方式

酒店员工经过培训，可以扩大视野，学习到许多新知识和更为先进的工作方法以及操作技能、技巧，提升自身素质，提高服务效率。酒店的培训活动，在增加受训者人力价值的同时，也使酒店所拥有的人力资本得以增加。在信息社会里，企业资产的增加不仅意味着物质资产规模的扩大，更重要的是资本增值能力的提高，以及对物质资本吸引力的增强。而这些离开人力资源都是办不到的。所以，许多著名的酒店都投入大量的资金用于员工培训。

（二）员工培训的意义

酒店业的工作大多要和公众发生直接或间接的接触。机器上的一个毛病或鞋的某些做工问题不易被人察觉，但菜汤里有一根头发，或客人床单很脏，对客人简单应付等，会立即引起顾客的注意。这就是说，酒店业的员工与客人关系是面对面的，员工只要有一点失误或不称职都可能永远失去顾客。所以，无论是餐厅服务员、领班，还是前台服务员和接线员，他们不仅受上级的领导，而且也处于旅客监督之下。他们应该懂得做什么，怎么做？未经训练的员工都不能上岗工作。

1. 培训对酒店的意义

（1）传播企业文化

员工培训能使员工对企业文化、酒店的经营目标和服务理念有深刻的体会和理解，能培养和增强员工对酒店的认同感。

（2）提高工作质量与服务质量

培训和教学就是把工作、服务实践中证明是最好的方法教给学员。通过培训，可以使员工掌握正确的工作与服务方法，避免差错。

（3）提高员工文化、技术素质，减少耗费

员工培训能使员工了解岗位工作的要求，通过提高员工各方面的职业素养和专业技术水平，使其达到任职资格的要求，掌握操作技能。大多数工作都有损耗浪费，无论是清洁、洗碗和杀鱼等工作都如此。许多损耗是由于未经训练和没有经验所造成的。通过培训,使职工掌握正确的操作方法,就可以避免这些损耗。对美国纽约州的酒店调查表显示,培训可以使酒店损耗浪费减少73%,等于该酒店获得损耗保险的赔偿。理智的经理是舍得付这笔培训费的。

(4) 改进工作行为,减少事故发生

员工培训可以确保员工掌握正确的工作方法,改变错误或不良的工作习惯。根据国外酒店业的统计资料,正确的培训可以减少73%的浪费,未经训练的工人的事故发生率差不多是经过培训的工人的3倍,特别是操作有危险的机器设备。前者除了不懂操作机器外,因无知造成的心里紧张与不安也是造成事故的一个重要因素。所以,让未培训的工人去操作空调设备或让他去干剖牡蛎的工作无疑是件蠢事。餐厅的不安全因素与工厂的不安全因素虽有所不同,但也是许多机电设备需要和维护保养,每一项工作也都有一定的危险性。

(5) 提高员工工作效率

酒店进行员工培训的重要目的是提高劳动生产率、降低损耗和劳动成本,使每位员工在同等劳动条件和劳动时间内完成更多的工作。例如,经过培训的服务员可以比未经培训的服务员多照管几张餐桌,经过培训的清洁工每天能打扫15间客房,而不是10间。许多工作的培训结果难以直接用数量表示、但可以从顾客的满意程度来反映。譬如工作就不能以数量来判断,但反映出酒店的服务水平。同样,一个可亲的领班与顾客的多少好像没有多大关系,但他对酒店的重要作用是十分明显的。

2. 培训对员工的意义

(1) 提升素质、增加收入

经过培训,新员工可以立即上岗工作,老员工则可以学习到更好的工作方法,提高工作成效,进而增加薪金。所以,新老员工都能通过学习增加收入。

(2) 为晋升创造条件

培训能使员工学会做好本职工作。并开始学习上一层次的工作。如果有能力,就有机会晋升为管理人员。

(3) 提高自信心,增加安全感

受过培训的员工对工作有自豪感,能够出色的完成本职工作,并有安全感。有水平的厨师是酒店的骨干力量,有技术的电工也是一个都必不可少的。总之,培训能提高员工的自尊心和自信心,增强职业安全感。

二、员工培训的特点及学习原则

（一）酒店员工培训的特点

酒店是为客人提供服务，创造经济收入的单位。酒店培训的目的是为了适应业务经济活动的需要，通过对员工进行服务态度、专业知识和业务技能的训练，提高劳动者的素质水平，并在酒店接待经营活动中充分发挥出来，从而提高酒店的管理水平与服务质量。酒店的培训工作具有实用性，灵活性、广泛性与艰巨性等特点与要求。

1. 培训针对性强

酒店是一种综合性服务行业，客房、餐饮、商场、工程、财务等各部门的专业知识和业务技能不完全相同，为了增强各部门员工对不同工种业务需求的适应任务，要求培训工作在计划安排、课程设备、训练方式方法、选择等方面，必须从实际需要出发，坚持理论与实际相结合，以讲究实用为出发点，注重针对性，才能收到切实效果。例如餐饮部的传菜员和工程部的制冷工，两者虽然都是本部门中最基层的员工，但是工作内容决定了这两个岗位的从业人员必须接受内容各异的技能培训。

2. 培训形式灵活多样

酒店培训的主要形式是对员工进行在职训练。无论是一般服务员，还是经营管理者，无论是资深的老员工，还是阅历较浅的年轻员工，都有要求和接受培训的权力和义务。由于人员结构层次复杂，员工的文化基础和知识水平参差不齐，酒店内部工种繁多，技术要求不同，因此，现代酒店的员工培训是一种多学科、多层次、多形式的教育训练活动。员工培训包含的内容极其丰富，涵盖了客房服务、餐厅服务、社交礼仪、烹调知识、酒水知识、市场营销、消费心理，以及管理知识和计算机应用技术等许多方面。这就要求培训必须长期坚持分阶段培训，并采用灵活多样的方式与方法。对于同一工种或从事同一项工作的员工，培训工作不是简单的重复，而要求训练质量呈螺旋式上升。酒店的培训必须针对不同岗位的业务需求，结合不同职务层次的实际需要，坚持遵循多学科、多层次、多种形式的灵活多变原则，只有这样，才能保证培训的效果和质量。

3. 培训内容的实用性和复杂性

由于酒店的员工培训必须以实用性为主，根据社会经济的发展，在酒店实施的员工培训必须要联系具体工作，联系当前顾客消费需求的特点和变化，适应实际工作的需要。另外，各部门、各工种所需要的知识和技能不同，培训内容比较广泛复杂。专业进修、技术训练、理论学习、技能培训和实际操作训练，涉及市场学、经济学、管理学、社会学、心理学、会计学、工程学等多种学科的范畴。各部门、各层次员工要求全面掌握所从事工作的专业知识、业务技能及相关的各种常识。因此，酒店培训内容的知识面广泛而全面，要求酒店培训部能针对不同的培训需要，开展不同内容的培训，做好计划安排，坚持长期规划与短期安排相结合。重视举办各种形式的培训。在内容上要有系统性与连贯性，因人、因地、因时间、因需要制宜，以取得最佳的实效。

4. 培训任务的艰巨性和培训措施的灵活性

酒店全天营业，24 小时为客人提供服务，酒店员工需要轮班工作，适逢经营旺季，员工加班、轮休，作息时间变化大，安排培训比较困难。主要表现在培训课程或活动的时间安排与出勤控制具有相当的难度，往往要受到经营业务的冲击而不能按计划进行。忙，是不是就可以不做培训了，答案自然是否定的。还有一种错误的观点，认为“忙时不做培训，闲时多做培训”。正确的做法应是“闲时以系统培训为主，忙时以零散训练为主”。因此，酒店培训部在计划安排培训课程或活动时，要充分估计到实施过程中的变化可能，尽量使培训课程或活动做到时间紧凑与内容精练。同时，在计划安排中。要准备各种应急与应变的措施，以适应酒店培训的多变特点，使培训工作取得满意的效果。

（二）员工培训的学习原则

1. 因材施教原则

由于每人的智力不同，能力各异，酒店员工不同的知识结构、文化程度、性格特征、品质修养、年龄层次以及岗位工作环境都导致员工在工作能力方面存在着比较大的差异。有的员工对理论知识掌握比较快，而对技能操作，比如摆台、调酒等工作相对较差，有的员工又恰恰相反。在培训过程中，要因材施教，应针对不同对象、不同内容合理安排培训过程，确定恰当的培训方式，以提高培训的效果。

2. 循序渐进原则

根据心理学研究，发现员工在接受培训期间，学习的效果有着明显的阶段性变化：迅速学习阶段→缓慢学习阶段→心理界限阶段。在培训过程中，有意识地区分阶段，调整培训内容，改变培训方法，制定培训目标要遵守循序渐进的原则，要使学员能够消化。例如，一个新入职清洁工第一个星期天每天打扫 10 个房间就很好了，第二周可以鼓励他每天打扫 12 个房间，到第三周达到每天 16 间的定额标准。

3. 学习动力原则

员工对培训内容的兴趣和学习能力在很大程度上取决于对其所学事物的渴

求程度。学员学习的动力是由一系列因素激发出来的，如受人尊重、自我实现、获得奖励、成就感、躲避指责、获得安全感、健康状况等。当员工具备学习的某种动力时，他们才会把学习作为自己的一种自觉行为。在培训过程中，每位培训师都应该掌握这些学习动机，帮助学员达到最佳的培训效果。

第二节　培训分类、内容和方法

一、酒店培训分类

根据培训对象不同层次、实施培训的不同时间、地点以及培训的不同内容与性质进行区别分类。

（一）以培训对象不同层次分类

1. 决策管理层

高级管理人员是酒店管理的决策层，包括酒店的正、副总经理、驻店经理、各部总监，以及各部门正、副经理。作为酒店管理的领导中枢，以决策管理层培训的内容主要是如何树立宏观经济观念、市场与竞争观念；销售因素分析与营销策略制定；组织行为学、如何进行预算管理、成本控制和经营决策等一系列宏观课题。

2. 督导管理层

督导层管理人员是酒店管理的中坚力量，包括部门经理以下各级管理员，如督导员、领班或班组长，这一层次的管理人员在酒店管理中起着举足轻重的作用。对督导管理人员的培训重点在于管理概念与能力的训练，酒店专业知识的深化培训以及如何处理人际关系、宾客关系等实务技巧等。

3. 服务员及操作人员层

酒店服务员、各技术工种操作人员及后台勤杂人员是酒店运行的实际工作人员层，这一层次人员的素质水平、技术熟练程度与工作态度直接影响整个酒店的经营水准与服务质量，对一般员工的培训，其目标应着眼于提高他们的素质水准，即从专业知识、业务技能与工作态度三方面进行培训。

(二) 以实地培训的不同时间阶段分类

1. 职前培训

职前培训也称为就业培训，即酒店员工上岗前的训练，职前培训对每一家酒店服务质量的提高和业务的发展都起着至关重要的决定作用。因为通过职前培训目标是为酒店提供一支专业知识、业务技能与工作态度均符合经营要求的员工队伍。

为了保证从业人员的技术业务素质，国家劳动部门正在部署实施"先培训后就业、先培训后上岗"的规定，由酒店或有关部门对从业人员按岗位要求(标准)进行必要的职前训练后，发给上岗合格证书，未经培训合格不得上岗。

2. 在职培训

在职培训是指酒店员工在工作场所，在完成生产任务过程中所接受的培训。职前培训是为酒店员工做就业的准备，是每一个员工加入酒店行业后的必由之路。而在职培训是职前训练的深化过程，这项工作持续的时间远比职前培训要漫长，对一个注重培训的酒店来讲，在职培训会始终贯穿于每一个员工就业的全过程。

3. 职外培训

因酒店业务发展的需要或员工因工种变更、职位提升等需要接受某种专门训练，这种培训要求受训员工暂时脱离岗位或部分时间脱离岗位参加学习或进修，即称为职外培训。

根据受训时间安排，受训员工脱产时间长短区分，职外培训可以分为全日式、间日式或兼时式培训。受训员工以全天时间脱产参加培训为全日式培训，须培训数天以上的时间，但为避免影响工作，可以采用间日式培训，即非连续进行培训、间隔为之；兼时式培训为在职培训与职外培训均可采用的方式，为避免影响工作或培训安排需要，受训员工每天仅接受若干小时的训练，其余时间仍返回工作岗位，继续工作。

(三) 以实施培训的不同地点分类

1. 店内培训

在酒店人事培训部或各部门统一安排下，利用酒店专设的培训教室，在营业时间外利用餐厅或食堂等酒店内部场所进行的培训活动为店内培训。培训员可以由人事培训部专职经理或教员担任或向外聘请。

2. 在岗培训

在岗培训也是店内培训的方式之一，区别在于受训员工不离开工作岗位，或以现担任的工作为媒体，而接受训练。培训方式例如：接受主管经理、督导员、领班或同行的业务指导，出席有关会议、见习或代理工作、工作轮调等均属在岗培训。

3. 店外培训

培训的地点不在自己的酒店内，称为店外培训。店外培训的组织者通常是酒店所属的上级主管公司、局或行业协会、学会、院校等部门与机构。酒店人事培训部要充分利用旅游院校的教育资源，为开展店外培训所用，也可以计划安排与有关单位联合举办多种形式的培训班、专题讲座与报告会、参观考察活动等店外培训项目，培训时间可以根据需要采用全日式、间日式或兼时式。

（四）以培训的不同内容与性质分类

1. 新员工入职培训（迎新培训）。
2. 员工职业素质培训。
3. 外语培训。
4. 酒店基础知识与技能培训。
5. 酒店服务及管理技巧专题培训。
6. 部门专业实务培训。
7. 交互培训及岗位轮训。
8. 外派参观、考察、进修、实习培训。

二、酒店培训的内容

不论是一般服务员，还是酒店管理人员，以下几项是必不可少的培训内容，也可以称为酒店的基础培训。

（一）文化知识培训

为了服务好客人，使客人产生宾至如归的感觉，文化知识的培训对员工素质的提高起着至关重要的作用，特别是有关旅游和酒店的基本知识更进一步地影响着酒店服务质量的提高。一名合格的酒店员工必须掌握丰富的文化知识，包括政治知识、经济知识、历史知识、地理知识、国际知识、语言知识、法律知识等方面。从而可以使酒店员工在面对不同的客人时能够塑造出与客人背景相应的服务角色，与客人进行良好的沟通。

（二）岗位职责培训

岗位职责培训是员工培训的主要内容，这项工作直接关系到各项服务工作能否依照标准完成，并保证顾客满意。其内容包括：

1. 本岗位的职能、重要性及其在酒店中所处的位置。

2. 本岗位的工作对象、具体任务、工作标准、效率要求、质量要求、服务态度及其应当承担的责任、职责范围。

3. 本岗位的工作流程、工作规定、奖惩措施、安全及国家行政机关对相应行业的管理规定。

4. 本岗位工作任务所涉及的酒店相关的硬件设施、设备工具的操作、管理，机电等设备、工具的使用，应当知原理、知性能、知用途，即通常所说的“三知”；另外还应当会使用、会简单维修、会日常保养，即“三会”。

5. 掌握酒店软管理措施如相关票据、账单、表格的填写方法、填写要求和填写规定。

（三）服务态度和职业道德培训

树立正确的服务态度和职业道德观对于酒店员工来说是非常重要的，这一要求不仅能有效地防止酒店员工在工作中的消极行为，而且有助于使酒店员工的工作变得更有针对性和更有意义。例如，有的员工认为酒店是专门给人赔笑脸的行业，地位低下，工作起来没干劲，这是一种非常消极的从业态度。酒店员工确实应当对客人笑脸相迎，这是酒店的服务业性质所决定的，也是人与人之间起码的表达尊重的方式。但对客人笑脸相迎并不意味着酒店员工就低人一等，而是让客人在酒店有一种宾至如归的感觉，让客人感觉到酒店对他的欢迎，态度的友好与热忱。

（四）礼貌礼节培训

第一印象对人际交往的建立和维持是非常重要的，给人记忆最深的常常是第一次接触所留下的印象。而仪表、仪态的优美，真诚的微笑，无微不至的礼貌则是给客人留下美好第一印象的关键。

世界著名的希尔顿酒店集团每年在员工培训上要花费几十万美元，这说明他们特别重视员工的资产价值，他们的广告主题是：每两个客人有两个希尔顿服务员。根据希尔顿酒店的培训计划，酒店管理的成就，93%是礼貌，7%是知识和技能。总经理每天都应去各个部门查看，以表示对员工、对工作的关心，起到鼓励员工的作用。希尔顿酒店的培训计划认为，礼貌不是经理要求出来的，而应是出自内心。换言之,总经理应以身作则,成为礼貌的表率。希尔顿集团的每家酒店都设立了一个礼貌委员会,由总经理、副经理和人事部部长等成员组成。在部门会议上常以旅客关系进行讨论,示范说明如何处理,并放映有关电影。如告诉员工如何有效地使用电话,如何通过个人行为体现公司形象,以及如何同心协力做好本部门工作,加强部门间的合作。酒店要求员工机智灵活,如有时要主动询问旅客需要,有时应完全按客人要求去做,使他们得到最大满足。

三、酒店培训方法

一个优秀的培训从业人员能够利用不同的教学方法来教学,而且能根据不同课程的特点,不断调整其教学方式,以满足不同课程的要求。为了找到适合在酒店培训的最佳方法,需要解决以下几个问题:到底有哪些教学方法?为什么要选择这些方法?它们的优点和缺点是什么?如何科学的进行选择?培训的最主要目的就是改变受训员工的行为,即包括工作态度、专业知识与业务技能三个方面。而为达到这个目的,最重要的就在于培训方法的选择。这里简要介绍与酒店培训密切相关的一些方法,如表 9-1、表 9-2 所示。

表 9-1 培训的主要方法

方　法	特　点
课堂讲授	一人演讲,众人听讲,讲座形式
分组讨论	确定主题,集思广益,代表发言
案例分析	个人分析,集体研讨,导师点评
操作示范	现场讲解,现场示范,现场演练
角色扮演	模拟情景,扮演角色,动态感悟
管理游戏	选好主题,控制过程,讨论归纳
问卷方法	据题设卷,自照镜子,调整自我
视听教学	运用媒体,电化教学,直观形象
模拟训练	模拟现实,反复操练,解决知行
参观考察	学习借鉴,取长补短,比较提高
现场培训	导师指导,实际学习,掌握运用
工作轮换	轮换岗位,考察优弱,多维培养
集体参与	共同努力,协作完成,解决问题
经营演习	电脑仿真,模拟对手,经营竞争
拓展训练	调整心态,培养进取,增强自信

表 9-2 培训内容与培训方法对照表

序号	培训课程内容	适合培训方法
1	领导艺术	研讨式、范例式等
2	战略决策	案例式、研讨式、课堂讲授等
3	酒店管理	课堂讲授等
4	产品知识	课堂讲授、实验式等
5	酒店营销	课堂讲授、案例式等
6	财会知识	课堂讲授、实践式等
7	餐饮管理	课堂讲授、实践式、案例式等
8	资本运作	课堂讲授、案例式等
9	礼节礼貌	课堂讲授、操作训练等
10	品牌管理	课堂讲授、案例式等
11	管理技能	角色扮演等
12	销售技能	角色扮演、范例式等
13	服务技能	角色扮演、范例式、操作训练等
14	人际沟通技能	角色扮演、范例式等
15	创新技能	启发式、研讨式等
16	商务谈判技能	角色扮演、研讨式等
17	团队精神	游戏活动等
18	服务心态	游戏活动等

(一)课堂讲授法

课堂讲授是指教员向学生就某一专门问题进行正式介绍,是以“讲”为主的一种教学方式,也就是教员向学生单向灌输。

课堂讲授法是传统模式的培训方法。酒店培训中,经常开设的专题讲座形式就是采用课堂讲授法进行培训的,适用于向大群学员介绍或传授某单课题内容。培训场地可以选用教室、餐厅或会场。教学资料可以事先提供给学生,在讲课时采用一些适宜的直观教具让学员的视觉活动起来。在教具选择上,可以用图画、广告、模型、物品、标本、图表、幻灯片、磁带、电影等多媒体来说明所讲授的知识与技能。酒店培训,采用这种方法,特别要考虑如何使受训员工自始至终保持学习兴趣,一心一意、聚精会神。这就要求授课者对课题有深刻的研究,并对学员的知识、兴趣及经历有所了解。这种培训方法的重要技巧是要保留适当时间进行培训员与受训员工之间的沟通,用问答形式获取学员对讲授内容的反馈。其次,授课者表达能力的发挥、视听设备的使用也是有效的辅助手段。

酒店培训采用课堂讲授法较为普遍,优点是不受学员数量的限制,比较省时,可以根据学员学习程度适当调节讲授内容,并随时调节教学气氛。缺点是学员处于被动的位置,受训员工不能主动参与培训,员工只能从讲授者的演讲中,做被动、有限度的思考与吸收,不能保证每个学员都能听懂所讲授的内容。这种方法适宜于对酒店一种新政策或制度的介绍与演讲、引进新设备或技术的普及讲座等理论内容的培训。

(二)分组讨论法

分组讨论法是对某一专题进行深入探讨和分析的培训方法,其目的是为了解决某些复杂的问题或通过讨论的形式使众多受训员工就某个主题进行意见的沟通,达到观念看法的一致。例如,酒店对"如何处理客人投诉"这个专题的技术培训就可以用分组讨论法进行。

采用讨论法培训,必须由一名或数名指导训练的人员担任讨论会的主持人,对讨论会的全过程实施策划与控制。参加讨论培训的学员人数不宜超过 25 人,也可以分为若干小组进行讨论。讨论法培训的效果,取决于培训员的经验与技巧。讨论会的主席,要善于激发学员踊跃发言,例如不时地用语言来提醒大家,"我们讨论到哪了?""我们已经讨论多少内容了?"以及"我们已经找到答案了吗?"通过问题来引导学员的想像力自由发挥,增加群体培训的参与性,还要控制好讨论会的学员对讨论结果有较统一的认识。

讨论法培训的优点是可以让每位学员都参与讨论并得到锻炼和提高,学员能够积极主动思考问题,能产生许多有创造性的想法,学员能培养出尊重别人观点的良好习惯。缺点是参与人员数量不能过多,比较浪费时间,讨论过程难以控制,讨论后学员所掌握的知识与技能培训员无法得知。

(三)案例分析法

案例分析是指对某一典型性的事例进行分析和解答,是一种迎合集体讨论方式进行培训的方法。案例分析的教学方式实质就是通过学员自己的分析和有效的小组讨论来引导学员的思路,以达到正确分析问题、解决问题的一种技术手段。案例分析法的特点在于:通过研讨不仅为了解决问题,而侧重于培养受训员工时间问题的分析判断力及解决问题的能力。案例讨论可以遵循以下步骤开展:发生什么问题→问题是因何引起的→如何解决问题→今后采取什么对策。

案例分析法适用的对象是酒店的中层以上管理人员，目的是训练他们良好的决策能力，帮助他们学习如何在紧急状况下处理事件，在酒店日常经营中，突发性事件屡有发生，经营与管理人员如何处置应变，直接关系到酒店的服务质量和信誉，案例分析法不失为模拟训练的一种方法。

（四）角色扮演法

角色扮演法又称职位扮演法，是一种非正式的表演，不用彩排，也是一种模拟训练方法。该方法通过学员自发地参与各种与人们工作有关的问题，扮演多种角色。通过这种方式去体验客人的感受，通过别人的眼睛去看问题，或者体验别人在特定的环境下会有什么样的反应和行为。这种培训方法多用于改善人际关系的训练中，人际关系上的感受常因所担任的职位不同而有所不同，如主管与属员间，销售人员，服务人员与客人间，领班与服务人员间，由于所担任的职位不同，感受与态度也常不同，如主管总觉得属员工作不够勤奋，属员总感觉主管管制太严，销售与服务人员总觉得客人过分挑剔，客人会感到服务人员不够礼貌或缺乏耐心，邻班常感到服务员想偷懒，服务人员会觉得邻班不够人情味。为了增加对方的情况了解，职位扮演法训练中，常由服务中演客人的角色，进入模拟的工作环境中，让服务人员亲自体验做客人的感受，以客人身份评论服务人员的工作表现，获得对客人需要的理解，进而改善与客人之间的关系，达到提高服务质量的培训目的。

采用扮演法培训时，扮演角色的受训员工人数有限，其他受训员工则要求在一边仔细观察，对角色扮演者的表现用“观察记录表”方式，对其姿势、手势，语言等项目进行评估，已达到参与培训效果。观察者与扮演者轮流互换，使受训者都有机会参加模拟训练。

（五）操作演示法

操作演示培训法是酒店的职责前事务训练中被广泛采用的一种方法，适用于此较机械的工作，例如餐厅、酒吧服务员的摆台、上菜、调酒或客房服务中床铺、清扫等事务操作训练。培训可以在模拟餐厅、酒吧或客房中进行，也可以在酒店的工作实地开展。这是部门专业技能训练的通用方法，一般由部门经理管理员主持，由技术能手担任培训员，在现场向受训员工简单地讲授操作理论与技术规范，然后进行标准化的操作示范表演，学员则反复模仿实习，经过阶段时间的训练，使操作逐渐熟练直至符合规范程序与要求，达到运用自如的程度，培训员在现场作指导，随时纠正错误表现。这种训练方法有时显得简单而枯燥，培训员可以结合其他培训方法与之交替进行，以增强培训效果。

（六）管理游戏法

管理游戏法这种培训方法因其参与性较强，培训的气氛较好，得到成人学员的普遍认可，一般用来培训员工的团队精神、创新精神和方法、发现问题和解决问题的能力、开发学员潜能等方面的课程中。采用管理游戏法进行培训，“对象是酒店较高层次的管理人员，是当前从国外引入的一种较先进的高级训练方法，与案例研讨法相比较，管理游戏法具有更加生动、具体的特征。案例研讨的结果，受训员工会在人为设计的理想化条件下，较轻松地完成决策，而管理游戏法则因游戏的设计使学员在决策过程中会面临更多切合实际的管理矛盾，决策成功或失败的可能性都同时存在，需要受训人员积极地参与训练，运用有关的管理理论与原则，对游戏中所设置的种种遭遇进行分析研究，采取必要的有效办法解决问题，争取游戏的胜利。

管理游戏法的优点是学员的参与性强；游戏的趣味性吸引学员的积极参与；寓教于乐的同时可以激发学员的创新精神和潜在能力。不足是开发游戏的时间较长，难度较大；占用学员的时间较多；游戏过程要及时控制，否则就流于形式；要求培训教师具有较高分析讲解和现场教学的能力。

在理论和实践中，有关培训方法还有很多。培训者应该认识到，没有合适的培训方法，人才培训就找不到途径和工具，也就达不到预期的目标。但是任何方法都不是万能的，培训者的态度和责任应该是：认真学习、慎重选择、灵活使用、创新开发。在实际应用中，要广泛学习和了解各种培训方法的特点和效用，根据具体目标合理选择与之相适应的培训方法，在培训效果相似时要选择简单、易行的方法，在原有的基础上要善于改造创新，开发新的培训方法。

第三节　培训的执行程序

酒店行业是中国改革开放最早的行业，不同的员工培训直接影响着酒店的竞争力。开展培训的第一步就是进行培训需求分析。培训需求分析对酒店的培训工作至关重要，这项工作是进行培训评估的基础，是真正有效地实施培训的前提条件，是培训工作的起点，也是确定培训目标、设计培训计划的前提，是使培训工作达到准确、及时和有效的重要保证。酒店开展培训之前一定要特别做好培训需求分析，以保证培训目标和培训结果的相互一致性。对培训需求进行科学规范的分析，一方面能保证酒店培训工作的顺利进行，另一方面也是酒店人力资源培训目标能切实实现的保障。

一、酒店培训需求分析

酒店培训需求分析，就是通过周密的调研，运用有效的手段，确认员工现有的知识、能力和胜任本岗位所要求的知识、能力之间所存在差距状况的一项工作。用一个公式表示就是：培训需求＝理想的工作绩效－实际工作绩效。也有人将其定义为在规划与设计每项培训工作之前，由培训部门、人事部门、工作人员等采取各种手段方法，对员工的目标、知识、技能等方面进行系统鉴别与分析，从而确定培训的必要性及培训内容的过程。

（一）培训需求分析的意义

1. 培训需求分析是培训工作的起点。

2. 培训需求分析是坚持按需培训的基础。

3. 培训需求分析是真正有效地实施培训的前提条件。

4. 培训需求分析是确定培训目标、设计培训计划的前提。

5. 培训需求分析是使培训工作达到准确、及时和有效的重要保证。

（二）培训需求分析的目的

培训需求分析的最终目的是确保酒店培训的针对性和实用性。首先要回答以下五个问题：①谁要参加培训；②他们为什么需要接受培训；③怎样培训他们；④由谁来组织并实施培训；⑤培训结束之后怎样去评价。

培训需求分析的目的正是根据上述培训要回答的这五个问题确立的：①通过培训需求分析，可以正确制定企业的培训战略和计划，恰当确定培训内容和方法，以提高培训的质量及效果。②通过培训需求分析，提高企业领导者对培训部门的信任度，使企业内部形成一种有利于培训和巩固培训成果的良好气氛。③通过培训需求分析，可以与培训对象之间建立一种相互了解、信任的紧密关系。④通过培训需求分析，能获得培训所需的实例资料，加强培训的针对性。

（三）培训需求分析的层次

从总体上来讲，培训需求分析的层次可以分为组织层分析、任务层分析以及个人层分析。

1. 组织层分析。组织层分析的对象是整个企业，确定培训在何处开展。是指确定组织范围内的培训需求，以保证培训计划与组织的整体目标与战略要求相符合。企业组织层次的培训需求表现的是某个企业的员工在整体上是否有必要进行培训。

企业组织层分析主要是通过对组织的外部环境以及内部气氛进行分析，包括对政府的产业政策、竞争对手的具体情况、企业自身的发展目标和战略、企业生产效率等进行分析，寻求组织目标和培训需求间的联系。

限于组织的资源有限，所有的问题无法同时得到解决，这就要通过组织分析的着眼点找出最需要解决的问题，解决这样的问题能给组织分析带来最大的效益。组织分析的着眼点包括：组织的目标和战略；组织的资源；影响组织的外部因素；培训成功的可能性。

2. 任务层分析。任务层分析是指确定员工为了有效地完成工作任务所必须掌握的能力与技能。这一层面的培训需求决定了培训内容。任务层分析需要确定两个主要因素：水平和重要性。水平就是员工完成任务的能力。重要性与具体任务、行为以及发生这些行为的频率有关。

任务层需求分析的步骤：

首先，确认任务类型。在分析时，无法对所有任务都分析，因此，要了解存在的问题属于何种任务类型。

其次，分析工作过程。就是将整个工作进行分解，成为几个关键部分，然后从关键部分中找出完成任务所需的技能和知识。

最后，任务分析结果，确认并列出存在问题的关键部分，列出这些关键部分的工作标准，再找出完成这些任务工作对员工在知识技能上的具体要求。

3. 个人层分析。个人层分析是指将员工目前的实际绩效与企业员工绩效的标准对员工技能上的要求进行对比，确认两者之间是否存在差距。简单来说，就是将个人与具体要求进行对比分析。

个人层分析的要点就是要确认绩效方面的问题与差距，然后进行成本分析，确定培训是否值得，再确认分析重点，即员工是否了解工作的内容和绩效标准，是否掌握能胜任工作的技能，是否愿意这样去做，最后要求员工进一步去了解、明确标准。

个人层分析的结果是确认员工在绩效上的差距，并列出可以通过培训而解决的问题，然后用具体行为描述的方法，写出需要根据培训知识、技能和需要而转变的态度。

（四）培训需求分析的步骤和方法

培训需求分析作为现代酒店培训教育的首要环节，只有通过培训需求分析，才能确定期望达到的效果，也才能依次判断是否达到了培训目标、培训是否有效以及培训投资是否有价值。因此，在计划培训活动时，正确进行培训需求分析十分重要。培训需求分析的最终目的是确保酒店培训的针对性和实用性。培训需求的问题分析通常分四个步骤：

第一步：准确客观地收集培训需求信息，将存在问题以清单方式列出。

第二步：结合酒店实际情况，仔细分析收集的培训需求信息并寻找造成这些问题的原因。

第三步：针对这些问题制定行动计划。

第四步：在培训过程中对培训需求结果的调整和修订，确定解决方案。

培训应该怎样进行，管理应该怎样完善，员工素质应该怎样提高，为什么要这样做，应该怎么做，是否培训，若要培训，确认哪个培训方案最经济有效。常用的分析方法有以下几种：

1. 观察法。通过微服私访、日常巡视或工作检查获得培训需求。观察是发现问题、证实问题最原始、最基本的方法之一，与员工一起工作可能是最恰当的观察方法，通过观察可以从中发现他们的长处、面临的困难以及经常出现问题的各个方面。

2. 问卷调查法。问卷调查法就是通过问卷的形式，组织需要进行培训需求分析的人员对问卷问题进行问答的调查方法。从问卷调查中得到的信息，只是员工认为自己需要培训什么的信息，不一定是他们真心的需要，也不能完全依赖调查结果来决定调查计划。而应对各种培训需求调查得到的信息进行综合分析，根据本酒店的实际情况来决定。

3. 间接反馈法。通过员工的流失率、缺勤，客人投诉，员工过多的旷工、加班、流动，员工士气低落，内部混乱，员工盗窃增多，回头客减少，常客出走，成本突增、破损增加，业务情况报告、有关报表等了解酒店存在的问题，从中发现培训需求。

4. 小组讨论法。小组讨论法就是通过与培训部门选定的被访谈小组进行面对面的交谈，来获取培训需求的信息。在进行小组讨论时要注意几个方面：①准备好讨论提纲。合适的讨论问题有助于引导讨论内容。②被访谈小组人员的选择应注意层级性。通常应避免将不同层级的员工集中在一起讨论，这样容易造成较低层级员工不愿和不敢表达自己观点的情况，不利于员工真实意思的表达。③组织人员应对访谈中可能出现的问题事先有充分的准备。对讨论的问题进行预测，更好地控制讨论的进度，否则就会出现失控的问题。

5. 检查法。通过检查工作，发现组织、工作、个人方面的差距，找到培训需求。

二、制定培训计划

培训需求分析是培训过程的第一步，培训需求分析的结果是制定培训计划的依据。

培训计划就是对一定时期内（年、季、月、周）将要进行的培训工作事先进行的安排。

（一）培训计划的类型

按时间分类通常有长期培训计划、年度培训计划、课程计划。

（二）培训计划的内容

培训计划是酒店培训工作的实施依据。完善的培训计划有助于培训工作的顺利开展，有助于培训涉及的各部门和人员更清晰地掌握培训的要求。

1. 培训项目名称

培训项目名称是对将要开展的培训工作性质的高度概括，培训项目名称能让大家对于培训的主题有一个直观的认识。比如，××酒店新员工培训方案等。

2. 培训目的

培训目的是培训工作的努力方向，也是检验培训效果的考核标准。

3. 培训需求

要明确为什么要开展相关的培训，让参与培训的人在思想上能重视培训工作。

4. 培训对象及要求

培训对象及要求是指参加相关培训项目的人员构成，包括部门、岗位、学历以及参加培训活动的纪律、服装、装备等要求。

5. 培训内容

培训内容是培训计划的核心，是培训部门解决相关问题的工具。

6. 培训方法

列明培训的作息时间、课时的安排、地点、教材、训练的方法及教具等内容。

7. 培训师资

明确培训计划中每个培训项目的培训教师由谁来担任，是外聘教师还是内部人员。

8. 培训考评方式

规定每个培训项目实施后，酒店对受训人员采取的考评方式。

(三) 制定培训计划的步骤

酒店培训计划的制定过程一般可以划分为三个阶段:①需求分析阶段。②要素确定阶段,比如,培训目标、指导思想、培训对象、培训项目、培训方式、经费预算、培训管理等要素。③汇总成文阶段。

三、培训计划的实施

通过培训需求分析得到的材料,据此制定培训计划、培训方案和培训大纲,然后进入培训准备和培训计划实施阶段。

不管是哪一种培训计划,其实施过程都包括以下几个基本要素:

(一) 培训目标的设立

制定培训计划时,首先要确定培训目标。培训目标就是通过实施某培训项目,要达到的目的。如开展英语培训,就是为了提高受训人员的听、说能力。这个目标就太笼统,培训的效果不明显,无法检验,因此在制定培训计划时目标越具体,培训效果越明显。

(二) 培训形式的确立

酒店内培训形式很多,如实地培训、函授课程、高校培养、内部培训和员工自学等,合理科学的选择培训形式才能达到培训目的。

(三) 培训方法的选择

选择不同的培训方法,是为了帮助实现教学目标。教师要根据不同的培训对象、内容等选择不同的培训方法和技巧,以达到预期的培训效果。成功的培训其方法应该是选择最合适的培训方法。

(四) 培训设备

根据培训的内容及形式选用培训设备。培训设备选择包括培训房间的选择、座位的布置、培训教具的选择等。

(五) 培训地点

在培训方案中要详细写明准确的培训地址,以便受训者能方便地找到培训的所在地。

（六）后勤安排

在培训通知上应清楚地告知受训者所能提供的设施情况。如住宿、交通、课题资料以及膳食供应，同时培训的开支和经费也需注明。

（七）培训时间

培训何时开始，需要多长时间完成，何时结束，以及报到、离开的期限都应在计划中清楚地说明，以避免发生迟到等其他不守时的现象。

（八）教师的选择

师资优劣是决定培训工作成败的重要因素，每次培训的师资必须谨慎选择，应是业内相关学科的专家。本酒店不能解决的师资，应向外界聘请。

（九）受训人员的选择

选择什么样的人来参加培训，是管理层的人员参训还是操作层的人员参训，都要明确界定。

（十）培训经费预算

培训经费预算涉及场地费、交通费、课时费、餐饮费、住宿费、教材、茶水、设施、文具用品、服务费等。

四、培训评估

在对受训者进行培训结束后，要对其进行评估，评估是两方面的：对受训者的评估和对受训本身的评估，二者缺一不可。

（一）培训评估的内容

1. 培训效果反应评价。主要通过学员的情绪、注意力、赞成或不满等对培训效果作出评价。培训效果反应的评估主要通过收集学员对培训内容、培训教师、教学方法、材料、设施、培训管理等的反应情况，进行综合评价。

2. 学习效果评价。主要检查通过培训学员学习到了什么知识，掌握知识的程度，培训内容方法是否合适、有效，培训是否达到了目标要求等。

3. 行为影响效果评价。主要是衡量培训是否给受训者的行为带来了新的改变。比如安全教育培训的目的是使受训者树立安全意识，改变不安全行为，提高安全技能，因此，评价培训的效果应看受训者在接受培训后其工作行为发生了哪些良性的、可观察到的变化，这种变化越大，说明培训效果越好。

4. 绩效影响效果评价。工作行为的改变将带来工作绩效的变化，例如，受训者安全意识和安全技能提高以及不安全行为改变后，相应的工作绩效方面的体现就是违章减少、安全事故降低、事故损失减少等。

（二）培训评估的流程

1. 培训评估的准备

（1）培训需求分析，是培训工作的开始，由人力资源部门采用各种科学有效的方法和技术，对企业成员的工作目标、知识、技能、技巧、方法、态度、理念等方面进行调查、沟通、鉴别和分析。从而确定培训的内容。是确定培训目标，制定培训计划的前提，也是培训评估的基础。

（2）确定培训评估的目的，即在培训实施前，人力资源部门必须明确培训评估的目的，并结合在培训实施过程中的信息反馈，进行调整或修订，同时要注意培训评估的目的将影响数据收集的方法和所收集数据的类型。

（3）收集培训评估的数据，培训效果的评估分为定性和定量两个方面，因此，数据的收集也是从这两个方面进行收集，定量数据包括设备运转率、产品合格率等，定性数据包括员工满意度、工作氛围等。一般地，企业在培训评估中，定量数据应用更广泛一些，而且极具有说服力。

2. 培训评估的实施

（1）确定评估的层次

培训评估应本着实用、效率、效益、客观、科学的原则而进行，企业应根据自己的实际条件，对各项评估工作进行针对性的评估，一般采用的方法为：一是对全部培训都进行第一层评估；二是对要求受训员工掌握的知识或技能的培训进行第二层评估；三是对培训周期较长（20个工作日以上）、企业投入较大、旨在解决企业内部关键问题、企业决策层比较重视或关注的、培训效果对企业发展很关键的培训项目进行第三层、第四层评估。

（2）确定评估的方法

培训评估按时间划分可以分为即时评估、中期评估和长期评估。即时评估是在培训结束后立即进行评估；而中期、长期评估则是受训员工返回工作岗位一段时间后，而进行的评估。对不同层级的评估可以采用不同的评估方法，对第一层的评估可以采用问卷、调查表、试卷等方法；对第二层的评估可以采用抽样、关键人物、试卷、技能操作、方法运用等方法；对第三层的评估可以采用业绩考核法，即测量参加培训人员与未参加培训人员之间的差别或考察培训人员参加培训前后的差别等；对第四层的评估可采用效益（效果）评价法，计算出培训为企业带来的经济效益（成果），还可以通过考察产品合格率、设备运转率等指标来进行衡量。

（3）收集并分析评估所需原始资料

原始资料的收集、分析是培训评估的重要环节，一般来讲，第一层的评估收集为培训评估问卷、调查表等，第二层评估收集为笔试试卷、技能或方法操作考核等，第三层和第四层的评估收集为员工满意度、产品合格率、财务收益等。数据收集后，要进行数据对比，进行科学、客观地分析，从而得出评估结论。

第四节 酒店员工的职业生涯开发

职业生涯规划就其主体而言，可以分为个人职业生涯规划和组织职业生涯规划两种，互相促进，共同担负实现企业和员工目标的责任。

个人职业生涯规划是指个人根据自身的主观因素和客观环境的分析，确定自己的职业生涯发展目标，选择实现这一目标的职业，以及制定相应的工作、培训和教育计划，并按照一定的时间安排，采取必要的行动实施职业生涯目标的过程。

组织职业生涯规划主要从现代管理学的角度，从组织层面上来考虑职业生涯规划问题。这项工作把组织目标和员工个人目标有效的综合起来，通过员工的工作及职业发展的设计，协调员工个人需求和组织需求，实现员工和组织的共同成长和发展。组织职业生涯规划的目的是帮助员工真正的了解自己，在进一步衡量内在和外在环境的优势、限制的基础上，为员工设计出合理可行的职业生涯发展目标，在协助员工达到和实现个人目标的同时也实现组织目标。

一、影响酒店员工职业选择的因素

（一）发展空间的限制导致员工大量流失

目前，酒店人员流失率相当高，而且外语好、学历高、能力强，且处于管理或专业技术岗位的人才流动越来越快。员工的高流动率对酒店经营管理造成了严重的影响：扰乱了酒店日常管理工作，加大了酒店的人力成本投资，造成了商业机密的流失，损害了酒店的经营效益。造成员工流失的真正原因是什么？有一项对数万名员工的调查资料显示，有2/3的流动人员不只是因为工资待遇而离开酒店，求得个人的发展空间是他们选择离职的主要原因。

（二）人与职不匹配的招聘为员工稳定埋下隐患

根据帕森斯的人与职匹配论，酒店在进行人员招聘前应详细分析职业对人的要求（职务分析），并向求职者真实地提供有关职业和岗位的信息；同时还要对求职者进行素质测评，使岗位所需的专业技术和专业知识与求职者所掌握的技能知识相匹配。

但酒店招聘的实际情况是：招聘条件不合理，过分强调身高、相貌、学历、经验、户口所在地等，几乎不考虑员工的价值观和职业能力倾向；招聘程序过于简单，忽略了对员工性格、表现、志趣和能力的测试；缺乏结合酒店的总体战略和市场情况的人才引进计划。诸多问题导致人与职不匹配、人与岗不匹配，为员工稳定埋下隐患。

（三）忽视员工职业发展需求的培训收效甚微

许多酒店不间断地进行培训工作，但大多数培训未能激发和挖掘员工的潜能，为其职业发展奠定基础。培训仅使员工获得应付现职岗位上的服务技能，而没有考虑到他们未来职业发展的需要，这在很大程度上局限了员工的知识扩充和能力提升、限制了员工主观能动性的发挥、抑制了员工的工作积极性。由于酒店的培训工作不能促进员工的职业发展，最终导致他们寻求外部更好的发展空间和机会。

（四）职业生涯管理滞后造成高素质人才缺乏

我国酒店人力资源管理花费较大精力在引进人员和人事管理上，而非员工的能力培养与潜能开发。不少酒店只重视酒店的发展，而忽视员工的个人发展；酒店决策层对人力资源开发的不重视，多采用拿来主义，从别的酒店“挖”人才，而对内部人才的培养不重视，最终导致酒店高素质人才缺乏。

二、酒店员工个人职业生涯规划

酒店职业生涯规划的目的是帮助员工真正了解自己，并且在进一步详细衡量内在与外在环境的优势、限制的基础上，为员工设计出合理且可行的职业生涯发展目标，在协助员工达到和实现个人目标的同时实现组织目标。职业生涯是一个逐步展开的过程，能够促使员工去学习新的知识、掌握新的技能、养成良好的工作态度和工作行为。

员工的职业生涯规划通常有横向发展、纵向发展两种模式，为不同类型的员工设计职业发展道路，让员工在酒店中能找到自己的发展空间。

（一）横向发展模式

横向发展是指在同一个管理层次或同一个技术、技能等级上不同岗位或不同工种之间的变动，通过多岗位锻炼使员工成为一专多能的能手。这种横向的发展可以发现员工的最佳发挥点，有助于员工准确确定职业锚，扩大视野，积累多种经验，缓解晋升压力。横向发展还包括扩大现有工作内容，也就是现有工作中增加更多的挑战或更多的责任。

横向发展模式要重点解决：在哪些岗位、职务或工种之间转换，多长时间或什么时候转换，在转换前酒店和个人应做好哪些知识、技能与能力准备。

（二）纵向发展模式

纵向发展就是员工在管理等级、技术等级、技能等级或薪酬等级上的上下变动。纵向发展不仅包括传统晋升模式，即行政级别的晋升；还包括技术通道上的纵向发展。从理论上讲，纵向变动具有两种情况，即下向和上向。但一般情况下，纵向发展只是分析向上的变动。

（三）酒店组织职业生涯规划内容

1. 对员工进行分析与定位

（1）员工个人评估

职业生涯规划的过程是从员工对自己的能力、兴趣、职业生涯需要及其目标的评估开始的。个人评估的重点是分析自己的条件，特别是个人的性格、兴趣、特长与需求等，至少应考虑性格与职业的匹配、兴趣与职业的匹配以及特长与职业的匹配。个人评估是职业生涯规划的基础，直接关系到员工职业成功与否。个人评估可以采取多种方法，同时也可以应用相关的计算机软件。

（2）组织对员工进行评估

企业对员工的评估是为了确定员工的职业生涯目标是否现实。企业可以通过获取员工的基本信息；利用当前的工作情况，包括绩效评估结果、晋升记录以及参加各种培训情况等；利用个人评估的结果对员工的能力和潜力进行评估。目前，许多国际著名的公司都建立或使用评估中心来直接测评员工将来从事某种职业的潜力。

（3）环境分析

人是社会的人，任何一个人都不可能离群索居，必须生活在一定的环境中。环境为每个人提供了活动的空间、发展的条件、成功的机遇。环境分析主要是通过对组织环境、社会环境、经济环境等有关问题的分析与探讨，弄清环境对职业发展的作用、影响及要求，以便更好地进行职业选择与职业目标规划。

2. 帮助员工确定职业生涯目标

(1) 职业的选择是事业的起点，职业选择正确与否直接关系到事业的成败。

(2) 职业生涯发展路线是一个人选定职业后，从什么方向实现自己的职业目标。

3. 帮助员工制定职业生涯策略

(1) 职业生涯策略是为了争取实现职业目标而积极采取的各种行动和措施。

(2) 在积极实施员工职业生涯规划的同时，根据员工的不同情况采取不同的职业生涯策略。

4. 职业生涯规划的评估与修订

由于种种原因，最初组织为员工制定的职业生涯目标往往比较抽象甚至是错误的。经过一段时间的检验后，组织还有必要对员工职业生涯规划进行评估和修订。

(四) 职业生涯规划的作用

1. 职业生涯规划可以使员工获得适宜性发展。
2. 职业生涯规划可以使员工获得适宜成长的方法，获得公平持续的发展。
3. 确定培训和开发需求的方法。
4. 职业生涯有助于实现员工发展与组织发展的统一。
5. 职业生涯规划是组织吸引和留住人才的重要手段。

三、酒店职业规划管理

酒店职业生涯管理以其有利于员工与企业目标的整合，组建稳定的员工队伍的多赢优势。重视员工职业生涯管理，建立高效的职业生涯管理体系是酒店企业人力资源管理的重要内容。

酒店职业生涯管理是指组织和员工对企业员工个人的职业生涯进行设计、规划、执行、评估、反馈和修正的一个综合性的过程，是企业提供的用于帮助企业内正从事某类职业的员工的行为过程。通过员工和企业的共同努力与合作，使每个员工的生涯目标与企业发展目标一致，以期实现个人目标与组织需要之间的最佳匹配。

（一）酒店员工职业生涯管理的原则

在酒店员工职业生涯管理的实施过程中，必须坚持六项原则：

1. 个人发展、组织发展和社会发展相结合的利益结合原则；

2. 把职业生涯管理纳入组织的发展战略和人力资源管理的整体统筹之中的统筹性原则；

3. 充分考虑部门、岗位和员工之间的差异，特别是员工的性别、婚姻、年龄、受教育程度、职别、工作年限等的差异性原则；

4. 员工有均等的机会接受组织的职业生涯发展活动，酒店在提供发展信息、教育培训机会和任职机会时都应该公开条件与标准，保持高度透明度的公平性原则；

5. 由管理者和实施对象共同参与、共同制定、共同实施与共同完成的共同性原则；

6. 采用新方法、新思路发现和解决问题，培养员工的创新性思维的发展创新性原则。

（二）酒店职业生涯管理的阶段划分

从员工个人的角度而言，其职业生涯发展阶段可以分为早期、中期和后期等不同的时期和阶段。在不同的时期，由于员工个人生命特征的不同，其所面临的职业生涯发展任务也各不相同。因此，不同阶段的职业生涯管理任务也存在着明显的差别。

1. 酒店员工职业生涯早期的管理

(1) 个人任务

熟悉工作环境，树立良好形象；掌握职业技能，学会如何工作；适应组织环境，学会与人相处；正确面对困难，学会如何进步。对新员工进行上岗引导和岗位配置。

(2) 组织任务

提供一个富有挑战性的最初工作；为员工提供较为现实的未来工作展望及未来工作描述；对新员工严格要求，并开展职业生涯规划活动；开展以职业发展为导向的工作绩效评价，提供阶段性工作轮换和职业通路。

2. 酒店员工职业生涯中期的管理

(1) 个人任务

适当降低职业生涯目标；学会成功求职的技巧；树立终生学习的理念；保持身心健康；保持积极进取的精神和乐观的心态。

（2）组织任务

落实好内部晋升计划，促进员工职业生涯朝向顶峰发展。提供良好的教育培训计划，针对职业生涯中期危机，进行有效预防、改进和补救。

3. 酒店员工职业生涯晚期的管理

（1）个人任务

①承认竞争力和进取心的下降，学会接受和发展新角色。②学会和接受权利、责任和中心地位的下降。③学会如何应对“空巢”问题。④回顾自己的职业生涯，着手为退休做准备。⑤拟定退休计划。

（2）组织任务

①发挥员工的潜能和余热，并帮助员工顺利渡过职业生涯后期。②组织向处于职业生涯后期的员工提供适应退休生活的计划。③采取多种措施，做好员工退休后的生活安排。

由于目前我国酒店员工职业生涯管理意识薄弱；酒店企业对职业生涯管理的意义认识不统一；酒店职业生涯管理活动处于被动的、零星的启蒙阶段，酒店管理者应该将员工职业生涯管理纳入酒店人力资源开发与管理的研究视野，以吸引人才、培养人才和留住人才，进而提升酒店竞争力，促进酒店的可持续发展。

第十章

酒店绩效管理

第一节 酒店绩效管理概述

绩效管理始于绩效考核,中国至少在公元3世纪就已经有了正规的绩效考核制度。事实上,中国5000年的发展史就是一部包括人事管理制度演变的历史。而西方发达国家的绩效考核活动相对要晚。罗伯特·欧文斯最先于19世纪初将绩效评估引入苏格兰。美国军方于1813年开始采用绩效评估,美国联邦政府则于1842年开始对政府公务员进行绩效评估。

一、绩效管理的概念与作用

(一)绩效管理的内涵

对于绩效管理的概念,国内外不少学者从不同角度对其进行了界定。

1. 以组织为考虑核心

Rogers和Bredrup认为绩效管理是管理组织绩效的过程,这一过程包括三个要素:计划、改进和考查。绩效计划包括系统地阐述组织的预期和战略,定义绩效等;绩效改进是一个过程,包括商业过程重组、持续过程改进、基准化和全面质量管理等活动;绩效考查包括绩效衡量标准和评估。

这种观点的核心在于决定组织战略以及通过酒店结构、技术、事业系统和程序等来加以实施,主要从组织的角度来考虑目标制定、绩效改进和考查,雇员虽然会受到影响,但不是主要的考虑对象。

2. 以雇员为考虑核心

Ainsworth、Smith(1993)和 Hall(1995)等人认为绩效管理应以雇员为中心。Ainsworth 和 Smith 提出绩效管理的过程应该包括计划、估计、修正。首先给员工确立目标并与其达成一致的承诺,然后对实际期望的绩效进行客观衡量或主观评价,最后通过相互反馈进行修正,确定可接受的目标,并采取行动。这种管理系统的主要考虑对象是员工个体。

3. 以组织和雇员目标对接为核心

Costello(1994)提出绩效管理通过将各个雇员或管理者的工作与整个工作单位的宗旨连接在一起来支持公司或组织的整体事业目标。

Walters(1995)提出绩效管理就是结合组织需要对雇员进行指导和支持,以尽可能高的效率获得尽可能大的成果。

以上三种观点代表绩效管理的三个层面,一是管理组织绩效,二是管理雇员绩效,三是涉及酒店组织、个人和介于两者之间的各个层次。对任一组织进行绩效管理的目的是为了实现组织目标,因此对雇员的绩效管理总是在一定的组织背景中,离不开特定的组织战略和酒店目标;而对组织的绩效进行管理,也离不开对员工的管理,因为组织的目标是通过员工来实现的。

从人力资源管理的学科性质看,我们关注的是员工个体的绩效,对人力资源绩效管理的目的是为了提高个体绩效,进而达到提高组织绩效,实现组织总体目标的目的。故我们把绩效管理定义为在特定的组织环境中,与特定的组织战略、目标相联系的对雇员的绩效进行管理,以期实现组织目标、促进员工发展的过程。

(二)绩效管理系统

对绩效管理系统进行分析的目的是用系统理论和方法,分析研究这一类社会活动的诸因素和全过程,从绩效管理系统的整体出发,认识和寻求要素与要素、要素与系统、系统与环境之间的联系与作用,找寻它们之间相互作用的规律,并加以利用,达到系统优化的目的。

绩效管理的过程通常被看做是一个循环,在这一循环系统中包括五个阶段。如图 10-1 所示。

1. 绩效计划阶段

绩效计划就是在明确上期绩效的前提下,以酒店战略目标为导向,管理者和被管理者通过商讨,在充分沟通的情况下,共同确定和确认本期的工作计划与目标。绩效计划应是一个连续的过程,,而不是在一年内进行一两次的活动,在绩效进展监控下以及环境变化时,绩效计划也有调整的空间。

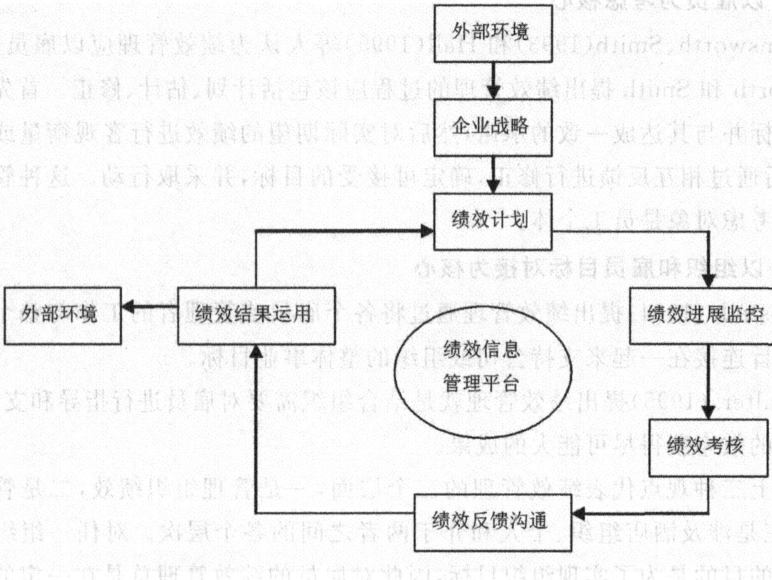

图 10-1　绩效管理系统模型

2. 绩效进展监控阶段

计划实施过程是考核者与被考核者共同实现目标的过程，这一过程有着诸多变数，如被考核者在工作完成过程中遇到意料不到的困难，绩效计划在实施时便是不可行等。这时为了确保绩效目标的顺利完成，需要监督人员在监控绩效进展情倪过程中及时发现问题，并给予帮助，必要时要对绩效计划进行相应调整。

3. 绩效考核阶段

绩效考核的依据是绩效计划中双方达成的共同意愿，实施绩效考核的目的是考察被考核者绩效计划完成的情况，为晋升、加薪及下一步制定计划等提供依据。

4. 绩效反馈沟通阶段

绩效反馈沟通在绩效管理系统中是非常必要的。通过与被考核者的面谈沟通，可以让被考核者了解绩效管理者对自己的期望，了解自己的业绩完成情况，认识自己有待改进的地方，同时，可以提出自己的想法，促进自身发展。

5. 绩效结果应用阶段

绩效反馈沟通过程完成后，便有了一个完整的、经理和员工双方都认可的评估结果。绩效评估结果主要有以下四种用途：薪酬的调整与分配；员工的培训与开发；员工职位的变动；为其他过程提供反馈信息，这些过程包括人力资源规划、工作分析、薪酬管理等。考虑到绩效评估结果应用的复杂性和重要性（绩效管理的成败与否，很关键的一点在于绩效评估结果如何应用），绩效评估结果的应用作为一个重要的过程，紧接着绩效考核和反馈，是整个绩效管理系统一个周期运行的终点。在绩效评估结果的应用过程之后，又开始下一轮由绩效计划开始的循环。

（三）绩效管理的作用

一般说来，绩效管理在三个层面上起作用。

1. 对酒店的作用

绩效的完成程度代表了酒店战略执行的程度，对绩效的有效管理就是对酒店战略的管理。有效的绩效管理将有力支持酒店的竞争优势，增强酒店的竞争力。

2. 对员工的作用

现代绩效管理理论关注员工的发展，人力资源绩效管理的主要目的之一便是通过与员工的充分沟通，在实现酒店绩效的过程中充分关注员工意愿，根据考核结果对员工将来的发展制定计划或建议，进而达到员工发展的目的。

3. 对酒店文化的作用

酒店文化是凝聚酒店与员工关系的纽带。有效的绩效管理将酒店目标与员工目标连接在一起，加强它们之间的关系，有利于形成良好的酒店文化，促进酒店的良性发展。

二、现代绩效管理与绩效考核的区别

现代理论界许多学者没有将绩效考核与绩效管理区分开来，在人力资源系统研究中将绩效考核当做绩效管理进行论述的比比皆是，而事实上，现代绩效管理与绩效考核有很大区别。

(1) 从时间概念上来看，绩效考核是一个时点概念，考核是在某一个特定时间点进行的；而绩效管理是一个循环的周期性过程，包含绩效计划、绩效进展监控、绩效考核、绩效反馈沟通、绩效结果应用五个环节，是周而复始循环进行的，是一个连续的时间段的概念。

(2) 从对象来看，绩效考核是对结果的考核，是对员工已完成的工作情况的考察，不考虑其完成工作的过程；绩效管理则相反，绩效管理的五个环节是一环紧扣一环的，员工绩效的完成情况与完成过程中的许多影响因素相关，及时排除绩效进展过程中的困难将有利于绩效的顺利完成。

(3) 两者的人性观不同。绩效考评核的出发点是把人当做实现酒店目标的一种手段，考核是鞭策、促使员工达到绩效要求的手段；现代绩效管理的人性观是“以人为本”的人性理念，就是把人当做人，而不是任何形式的工具，认为人是世间最高的价值，人本身就是目的。

(4) 两者的目的也不同。绩效考核的作用主要是通过对个人工作绩效的考评，掌握每个员工的工作情况，以便于做出某些人力资源管理决策，如确定绩效工资、晋升资格等；而绩效管理直接服务于酒店战略目标，其管理的有效性程度是酒店战略执行程度的表现，其更深层的目的是为了有效地推动个人的行为表现，引导酒店全体员工从个人开始，以至各个部门或事业部，共同朝着酒店整体战略目标迈进。

了解绩效管理与绩效考核的区别有利于更好地理解酒店员工绩效管理研究的必要性。

三、酒店人力资源绩效管理的特殊性

首先要指出的是，这里提到的酒店人力资源绩效管理是指酒店人力资源系统中的酒店员工工作绩效管理，与整个酒店经营业绩的管理有所不同。研究酒店人力资源系统中绩效管理的含义必须从理解酒店绩效管理区别于普通酒店员工绩效管理的特殊性入手，找寻酒店人力资源绩效管理的独特内涵。酒店员工绩效管理的特殊性主要体现在以下几方面：

(一) 酒店战略目标的特殊性

美国哈佛大学商学院服务管理专家 Haskett 等学者在 1994 年建立了如图 10-2所示的服务利润链模型。

服务利润链模型为服务业如何确定自己的战略目标、如何利用自己的资源、如何通过过程再造来实现酒店成长提供了一个有效模式。这条利润链的核心路径是满意员工-满意顾客-酒店利润。一方面，该模型指明人力资源在酒店经营中的重要地位，人力资源管理应该上升到酒店的战略位置上来；另一方面，该模型指出服务酒店的利润率和收入增长来源于忠诚顾客，而顾客忠诚的前提是满意的服务。服务酒店的战略目标不再是追求市场占有率(有些市场根本不具备利润)，而是追求顾客资产的份额(即所有顾客终身价值折现现值的总和)，追求忠诚顾客的份额。

酒店属于服务性行业，服务利润链的基本理论同样适合于酒店，其战略目标的选取也应以占有顾客资产、培育忠诚顾客为导向，以顾客需求为关注点，追求可持续发展。

分析战略目标的特殊性对酒店员工绩效计划的制定具有重要影响。酒店绩效计划的重要任务之一是战略目标分解与工作业绩设定，它是员工绩效考核指标

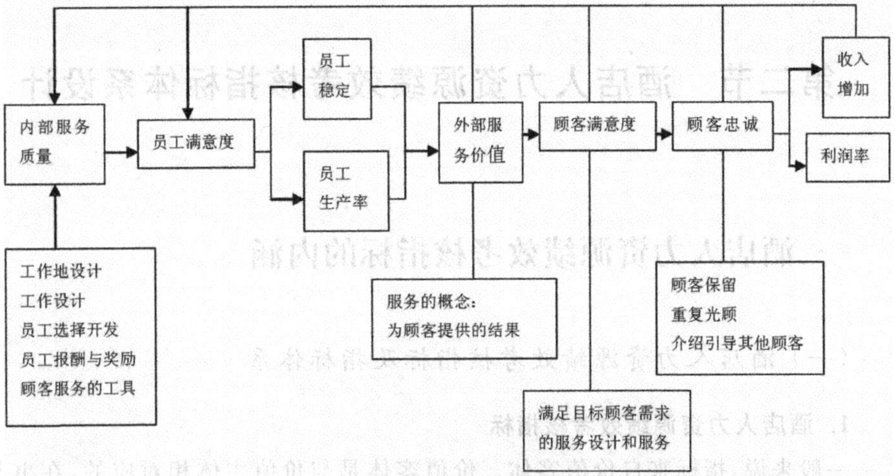

图 10-2　服务利润链模型

确定的主要依据，可以形成酒店关键业绩指标(key performance indicators，KPI)。酒店以占有顾客资产、培育忠诚顾客为目标，势必要求酒店在考核指标设计方面将顾客感知作为重要的考核依据，将顾客纳入酒店员工绩效考核的重要地位上。

(二) 酒店岗位职责的特殊性

酒店行业是人与人密切接触性行业。在酒店住宿过程中，顾客要与服务员密切接触(目前出现的“无人自助型酒店”只是少数)。加上旅游产品的无形性，旅游者对酒店的满意程度不仅取决于其“显性利益”的获得程度，还取决于其“隐性利益”的满足程度。员工的服务态度、主动服务意识、灵活性、及时反应能力等是决定顾客“隐性利益”满足程度的关键因素。了解顾客满意因素中的关键因素，有助于对酒店战略目标的进一步分解，对于确定与顾客有着密切接触机会的岗位职责设计以及员工绩效考评有着重要意义。

服务的密切接触性和酒店战略目标的特殊性决定了酒店员工特别是直接面对顾客的员工其岗位职责的特殊性，具体表现在：服务意识在岗位职责中具备十分重要的地位；服务授权可以给予员工更多服务机会；人际沟通能力十分重要。

对一个职位的任职者进行绩效管理应该设定哪些关键绩效指标，往往是由他的关键职责决定的。对酒店岗位职责特殊性的理解对绩效管理有着重要意义。

第二节　酒店人力资源绩效考核指标体系设计

一、酒店人力资源绩效考核指标的内涵

（一）酒店人力资源绩效考核指标及指标体系

1. 酒店人力资源绩效考核指标

一般来说，指标来自价值客体。价值客体是与价值主体相对应的，在事与人构成的价值关系中，人是这个价值关系的主体，用来满足人的需要的事物就是价值客体。指标是以价值客体的固有属性与特征为根据的，是对价值客体属性的表征。酒店人力资源绩效考核指标描述的是员工工作成果的具体方面，主要有以下特点：

（1）可以定量化或行为化。酒店人力资源绩效考核指标是用于评估和管理被评估者绩效的定量化或行为化的标准体系。这个标准体系必须是可以定量化或行为化的，如果这两个特征都无法满足，就不能成其为一个有效的绩效考核指标。

（2）员工工作成果的具体体现。员工工作成果是酒店战略目标的具体体现，绩效考核的目的是为了实现酒店与员工的双赢，而绩效考核指标是连接员工绩效和酒店绩效的桥梁，绩效指标只有与员工工作成果相挂钩，才能有效地起到桥梁的作用。

（3）绩效监控的基石。绩效指标是员工与管理者之间就绩效目标达成的一致意见，依靠这块基石，员工与管理人员就可以进行工作期望、工作表现和未来发展等方面进行监控。

2. 酒店人力资源绩效考核指标体系

酒店人力资源绩效考核指标体系是由一系列指标构成的。这一指标体系是建立绩效考评体系的基础。完整的酒店员工绩效考核指标体系至少包含以下要素：

（1）考核的具体项目（一级指标）。

（2）对应的绩效指标（二级指标）。

（3）相应的绩效考核标准。

（4）成果及指标的权重值。

酒店在进行员工绩效考核中为了坚持标准，保证考评质量和激励的公平性、准确性，必须建立先进、合理且科学、实用的量化考核指标体系。这套体系应基本包含以上四个方面。

需要强调的是，为了便于操作，考核指标层次不宜过多，一般分为两级，一级考核指标应包括工作业绩、工作能力、技术水平、工作态度等项要素，在此基础上按照岗位性质和职责分解制定相应的二级考核指标。指标的设计和权重的确定可以结合不同情况选用德尔菲法或层次分析法（AHF）。考核指标体系必须健全和完善，它规定了考评的方向、形式、内容及标准，是考评的一把尺子，如果这把尺子不合适、不准确，测评工作就从根本上出了问题。因此，根据不同的考评需要，科学建立量化考评指标体系是考核工作的重要前提和关键环节。

（二）酒店人力资源绩效指标确定的原则

为每个员工设置绩效考核指标时，要遵循以下原则：

1. 绩效指标必须与酒店战略目标相符合，并能够促进酒店财务业绩和运作效率；

2. 绩效指标必须具有明确的业务计划及目标；

3. 绩效指标必须能够影响被考核者，同时能够测量且具有明确的评价标准；

4. 设置绩效指标时必须充分考虑其结果如何与个人收益挂钩。

酒店对每个员工可以从多个角度进行评价，即可以设置多种业绩指标并找出其中关键的业绩指标（KPI）。

另外，有学者将确定绩效指标时必须遵守的原则概括为 SMART 原则。S 代表 specific，意思是“具体的”；M 代表 measurable，意思是“可度量的”；A 代表 attainable，意思是“可实现的”；R 代表 realistic，意思是“现实的”；T 代表 time-bound，意思是“有时限的”。

二、酒店人力资源绩效考核指标的分类

（一）按照指标层次分

考核指标可以分为一级指标、二级指标、三级指标等，或分为宏观指标、中观指标、微观指标。例如，员工素质是考核的一级指标，其二级指标可以细化为思想素质和业务素质，业务素质又可以细化为学识水平与业务能力这个三级指标。

（二）按照指标内容分

考核指标可以分为基础指标和具体指标。

1. 酒店员工考核的基础指标：

酒店员工考核的基础指标包括：德、能、勤、绩。

“德”的范围包括思想素质、心理素质、职业道德等方面。例如，酒店服务员是否遵守酒店制定的规章制度，是否能坚守岗位、认真履行服务员角色应承担的职责，是否关心顾客、急他人之所急等。

“能”是指一个人分析和解决问题的能力以及独立工作的能力，包括学识水平（知识水平、学历）、工作能力（特殊技术、管理能力等）和身体能力（年龄和健康状况）。

“勤”是指人的工作态度，主要包括事业心、出勤率、服务态度等多个方面。这里的“勤”包括形式（通常指出勤率）和内涵（通过出勤率反映出的内在的事业心、工作态度等）两方面，考核过程中要将两者结合起来。

“绩”是指人的工作实绩或实际贡献。员工的绩，常常用工作的数量与质量来度量，如用产量、消耗、合格率等硬性指标来判断；管理者的绩，则运用多种指标进行综合分析，既可以用工作成果的实际数量和质量进行直接评价，也可以用影响工作成果的潜在因素进行间接分析（如人际关系改善、领导者威望提高等）。

酒店人力资源考核基础指标涵盖面广，是一组基础性一级指标，是现代酒店进行人力资源考核时最常用的指标。在酒店实践过程中，不少酒店将上述四个指标进行了合并简化，将“德、能、勤”归并为素质类指标，“绩”单列为业绩类指标，或者将这组指标具体分解为业绩类、能力类、工作态度类、潜力类、适应性类五大类，还有的将其归类为员工特征、员工行为、工作结果。无论哪种划分方式，都没有脱离德、能、勤、绩这组基础指标。

2. 酒店人力资源考核的具体指标

酒店人力资源考核的具体指标是结合酒店具体岗位来确定的。其确定的方法称为“工作产出法”，具体做法是将员工工作产出的供给对象当做员工的客户，包括内部客户和外部客户，找出客户关系。例如餐厅服务员的服务对象和其工作产出包括：对顾客的工作产出主要有引坐、点菜、上莱、分餐、应需服务；对前台的工作产出主要是送客结账；对传菜员的工作产出主要是接盘、送盘、送菜单；对领班的工作产出主要是摆台、对客服务和收拾桌面。这些工作产出就是餐厅服务员的岗位职责，也是其考核的具体指标。

通过确定员工为哪些内外客户提供工作产出，以及对每个客户提供的工作产出分别是什么，以这些客户对员工工作产出的满意标准作为衡量员工绩效程度的标准。通过客户关系法找出的工作产出指标就是员工绩效考核的具体指标。

（三）按照指标性质分

酒店人力资源考核指标可以分为过程性指标和结果性指标。与绩效的过程性与结果性相对应，绩效指标也可以相应分为过程性指标与结果性指标。过程性指标是考察员工工作产出过程的指标，例如服务态度、服务潜力等；结果性指标是考察员工工作产出结果的指标，例如产量、销售额、利润、成本、顾客满意度等。过程性指标相对主观性强，难以客观衡量，但可以增强考核的全面公正性；结果性指标有利于增强绩效考核的客观性。

（四）按照指标的重要程度分

酒店人力资源考核指标可以分为普通指标和关键绩效指标（KPI）。KPI 是员工绩效指标中的关键指标，是衡量员工绩效实施效果的主要依据。

三、酒店人力资源 KPI 体系及其设立

（一）KPI 体系存在的原理——“二八原理”

“二八原理”是一个重要的管理原理。其含义是在一个酒店的价值创造过程中，存在着“20/80”的规律，即 20％的骨干人员创造酒店 80％的价值；而且在每一位员工身上“二八原理”同样适用，即 80％的工作任务是由 20％的关键行为完成的。因此，必须抓住 20％的关键行为，对其进行分析与衡量，这样就能抓住业绩评价的重心。

（二）平衡计分卡与 KPI 体系设计

1. 平衡计分卡的含义

平衡计分卡（balanced score card）是一套绩效考核的方法，其核心思想是通过财务（financial）、客户（customers）、内部经营过程（intenal business progress）、学习与成长（learning and growth）四个方面指标之间相互驱动的因果关系（casual reationship）展现酒店的战略轨迹，实现绩效考核到绩效改进以及战略实施到战略修正的目标。

平衡计分卡的含义如下：

(1) 平衡计分卡中每一项指标都是一系列因果关系中的一环，通过它们把相关部门的目标同酒店的战略联系在一起。

（2）“驱动关系”一方面是指计分卡的各方面指标必须代表业绩结果与业绩驱动因素双重含义，另一方面计分卡本身必须是包含业绩结果与业绩驱动因素双重指标的绩效考核系统。

（3）这种方法通过财务与非财务考核手段之间的相互补充、“平衡”，使绩效考核的地位上升到酒店的战略层次，使之成为酒店战略的实施工具，同时在定量评价与定性评价之间、客观评价与主观评价之间、指标的前馈指导与后馈控制之间、酒店的短期增长与长期发展之间、酒店的各个利益相关者的期望之间寻求“平衡”的基础上，完成绩效考核与战略实施过程。

2. 基于平衡计分卡的 KPI 体系设计

KPI 体系是实施绩效考核的一种有效工具。在建立 KPI 体系时，通常要先由酒店高层对酒店未来成功的关键达成共识；在确定酒店未来发展战略之后，通过“鱼骨图”对每个成功的关键业务重点及相关的业绩标准及所占比重进行分析；最后根据该职位的任职资格要求对与其相应的业绩标准进行再分解，确定对应于该职位的 KPI 体系。由于 KPI 体系指向了酒店成功的关键要点，对于绩效考核来说是一种有效的方法。

但是由于指标之间没有明确的内在联系，考核还是过多地针对部门及其内部个体绩效的结果，而忽视了部门绩效之间的内在逻辑与酒店战略实施之间的关系，因此这种考核还没能跨越职能障碍，在让员工了解并利用内在的多重相互关系、发挥员工推动酒店战略实施的整体优势、使战略贯彻于员工的绩效考核与行为改进方面，KPI 体系还不能发挥优势。

应用平衡计分卡原理设计 KPI 可以将酒店战略目标与员工绩效有效结合起来，达到酒店绩效整合的目的。如图 10-3、图 10-4 所示。

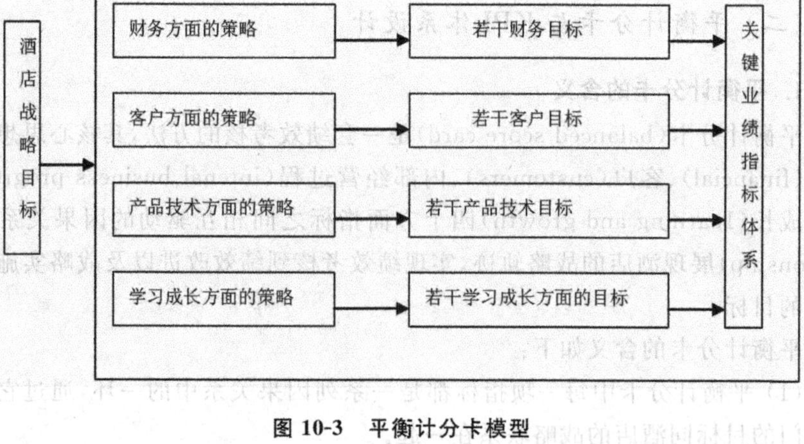

图 10-3　平衡计分卡模型

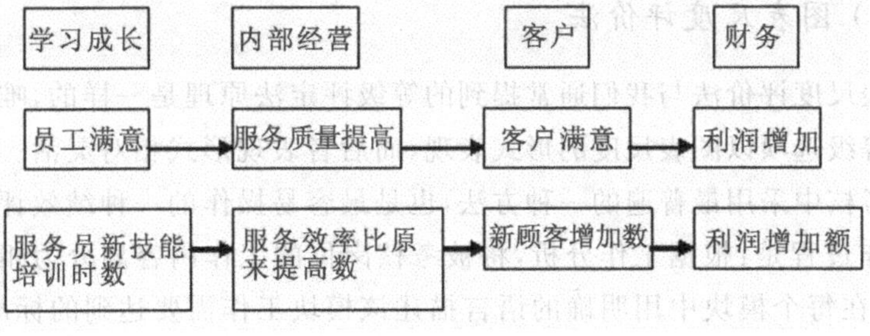

图 10-4　基于平衡计分卡的 KPI 设计体系

第三节　酒店人力资源绩效考核的方法

酒店人力资源绩效考核的方法是指在酒店员工绩效考核过程中使用的技术手段。绩效考核不是一项孤立的职能活动，这项工作与绩效管理的其他环节相互作用，互相提供服务，绩效考核提供的数据往往是其他决策的依据。不同考核目的对考核方法的要求有所不同，对考核数据的精确性要求也不同，例如若考核的目的是为了发现员工培训的需要，则需要对员工的相关工作行为进行深入考核，行为锚定法(BARS)就会大有用处。所以在探讨酒店人力资源绩效考核方法之前，有必要先看看现代酒店进行员工绩效考核的目的都有哪些。

一、现代酒店员工绩效考核的主要目的

不同酒店的员工绩效考评的目的不同，但主要集中在四个方面：报酬决策、员工目标、培训需要和提升晋级。绩效考核从本质上来说，具有对员工表现进行反馈的功能，只要采用的绩效考核指标体系有效、选用的考核主体可靠和考核方法科学，酒店员工绩效考核的目的都能有效得到实现。

二、现代酒店员工绩效考核的主要方法

现代酒店使用的员工绩效考核方法很多，国外酒店使用的方法主要有以下几种：

（一）图表尺度评价法

图表尺度评价法与我们通常提到的等级评定法原理是一样的，唯一的区别是前者的等级选项以图表尺度的形式表现，而后者表现形式相对灵活。它是酒店员工绩效考核中采用最普遍的一种方法，也是最容易操作的一种绩效评估方法。其具体操作过程是：根据工作分析，将被考核岗位的工作内容划分为相互独立的几个模块，在每个模块中用明确的语言描述该模块工作需要达到的标准；将标准分为几个等级选项，如“优”、“良”、“合格”、“不合格”等，为了便于计算总成绩，可以赋予不同等级以具体分数；考核人根据被考核人的实际工作表现，对每个模块的完成情况进行评估，最后得出的总成绩便为该员工的考核成绩。如表 10-1 所示。

表 10-1

类型 目的	酒店/旅馆	餐馆	俱乐部
报酬决策	86.4%	90.7%	72.2%
员工目标	78.1%	82.6%	77.6%
培训需要	73.3%	80.2%	60.5%
提升晋级	65%	77.9%	47.8%

图表尺度评价法的优点是简便、易操作，考核者只要在表格中相应位置填写上相应等级即可。但也正是由于操作上的简便，使考核者容易做表面工作，在进行等级评定时敷衍了事，而且，研究表明，较多的管理人员倾向将被考核者评定为较高等级，从而出现大量优秀员工的情况。

（二）排序法

1. 简单排序法

简单排序法是考核者将员工按照工作的总体情况从最好到最差进行排序的一种方法。这种方法有利于识别出绩效好的员工和绩效差的员工，在人数较少的情况下，这种考核方式简单、易操作、成本低，但如果人数很多，排序方式将会变得很繁琐，而且在分数差距不大的情况下会出现分数近似而名次相差很大的情况，造成不公平的错觉。

2. 交替排序法

交替排序法是简单排序法的一个变形。心理学家发现，人们往往容易关注极端的情况，而忽略中间的情况。交替排序正是考虑人们的这一心理规律，在进行排序时，首先根据绩效评定的标准挑选出最好的员工和最差的员工各一名，将之列为第一名和最后一名，然后从剩下的员工中挑选出次优和次差的，依此类推，就可以得到一个完整的序列。人们在感觉上相信这种方法优于简单排序。

3. 配对比较法

配对比较法是依照相同标准对相同职务的员工进行考核的一种方法。该方法是对员工进行两两比较，任何两名员工都要进行一次比较。两名员工比较之后，工作较好的员工记“1”，工作较差的员工记“0”。所有的员工相互比较完毕后，将每个人的得分进行相加，分数越高，绩效考核的成绩越好。相对比较法每次比较的员工不宜过多，太多会使考核工作变得繁琐不堪，一般在5～10名即可。这种方法是对员工进行整体印象的比较，不涉及具体工作行为，较适合进行报酬决策，而不适合以培训等为目的的决策。

（三）强制分布法

强制分布法有一个假设前提，即在正常情况下所有员工的最终排序在统计上基本符合正态分布。根据这一原理，优秀的员工和不合格的员工的比例应该基本相同，大部分员工应该属于工作表现一般的员工。所以，在考核分布中，可以强制规定优秀人员的人数和不合格人员的人数。比如，规定本季度所有客房服务员的最终评定中，优秀服务员和不合格服务员的比例均占20%，其他60%属于普通员工。强制分布法适合相同职务员工较多的情况。这种方法的最大优点在于可以有效地避免由于考核人的个人因素而产生的考核误差。不过这种方法的强制性有可能引起员工的不满。

（四）目标管理法

“目标管理”最早由美国管理学家德鲁克在1954年提出，其精要之处在于提供了一种将酒店的整体目标转化为酒店单位和每个成员目标的有效方式。其实质是考核者与被考核者共同讨论和制定员工在一定考核期内所需要达到的绩效目标，同时还要确定实现这些目标的方法与步骤。由于目标管理法考虑到员工在参与绩效目标制定中的重要地位，该方法成为具有“人本管理”思想酒店的首选。实践经验也表明，酒店员工绩效考核中使用这一方法有利于改进工作效率，提高服务质量，使酒店的管理者能够根据迅速变化的竞争环境对员工进行及时的引导。

目标管理法是一个不断循环的系统，具体实施起来要经历六个步骤。

1. 确定酒店总体绩效目标

管理者应根据酒店某阶段的发展战略确定本绩效考核期酒店应达到的绩效

考核指标及其相应标准。根据平衡计分卡理论，科学的指标体系应从财务、客户、内部经营过程、学习与成长四个方面来确定。

2. 确定部门特定绩效目标

部门绩效目标要根据部门的不同特性来确定，不同部门的绩效目标有所不同，例如酒店销售部门侧重于销售额、客户数量等。

3. 确定员工个人目标

员工个人目标的确定必须是管理者和员工共同商讨决定的。一方面，上司要对部门目标进行计划，制定出员工绩效的具体目标，另一方面，上司要酒店员工根据自我实际情况制定本期绩效所达目标，然后双方共同商量、审议这两个目标的清单，力图使两者吻合，对员工本考核期应达到的目标达到意见一致。

4. 员工目标实施与辅导

确定员工个人目标后是员工目标的实施过程。在这一过程中，管理者必须对员工绩效目标进行情况进行辅导与监督，帮助员工顺利实现个人目标，同时还要及时发现目标制定中可能存在的不切实际的部分，适时进行修订。

5. 员工绩效目标期末考核

员工绩效目标的期末考核是考察员工绩效目标的实际完成情况，其结果是员工奖惩、晋升等的依据。

6. 绩效成果总结与反馈

对员工绩效考核的结果应形成书面说明，使之成为下一期绩效目标制定的参考依据。

目标管理的优势在于它体现了人本管理思想，通过与员工持续交流与沟通，能够在帮助员工实现酒店目标的同时实现自我的发展，从而达到酒店与员工双赢的目的。但目标管理考核体系也有一些不足之处。目标设定是一个非常困难的问题，如果员工在本期内完成了设定的目标，那么管理人员就倾向于在下一期提高目标水平，如果员工在本期没有完成目标，那么管理人员在下一期就倾向于将目标设定在原来的目标水平上，从而产生所谓的“棘轮效应”，即标准随业绩上升的趋势。

（五）关键事件法

关键事件法是 J. C. Flannagan 在 1954 年提出来的。该方法是一种通过记录与员工工作成败密切相关的关键行为，用被考核者所获得的关键行为总分数来评价员工工作绩效的绩效考核方法。该方法需待评估员工每人持有一本绩效记录，由考察者和知情的人（通常为被评估者直接上级）随时记载。这里的“关键事件”

有几个特点：

1. 好坏兼有

即所记载的事件既有好的，也有不好的，要全面记录。

2. 突出具体性

所记载的必须是较突出的事件，而不是一般的、琐细的、生活细节方面的事，而且所记载的应是具体的事件与行为，不是对某种品质的评判。

3. 绩效相关性

关键事件必须是与员工的工作绩效直接相关的事，一定要与被考核者的关键绩效指标联系起来，否则就不具备有效性。

关键事件法对事件的描述内容一般包括以下四方面：第一，导致事件发生的原因和背景；第二，员工的特别有效或多余的行为；第三，关键行为的后果；第四，员工自己能否支配或控制上述后果。

关键事件法的主要优点是通过记录与员工绩效相关的关键事件，可以为绩效评估积累可靠素材，同时经归纳、整理，可以得出令人信服的评估结论，加强考核的客观公正。其不足之处是：一是费时费力。关键事件的发现和记录是一个持续的随时性的工作，需要记录者时时关注、刻刻用心。二是记录集中于关键突出事件，忽视平均绩效水平，容易导致片面性。故该方法一般结合其他方法使用。

（六）描述法

描述法又称为评语法，是由考核人撰写一段评语来对被考核人进行评价的一种方法。评语的内容包括被考核人的工作业绩、工作表现、优缺点和需努力的方向等。评语法的主要优点是以总结性、描述性的方式出现，可以弥补量化考核的不足，但是由于该考核方法主观性强，所以一般也不应单独使用。在我国这种方法应用非常广泛。

（七）行为锚定等级评价法

行为锚定等级评价法(Behaviorally Anchored Rating Scale，BARS)是基于关键事件法的一种量化的评定方法。这种方法将量表评分法与关键事件法结合起来，兼具两者之长。该方法为每一职务每一评估维度都设计出一个评分量表，并有一些典型的行为描述性说明词与量表上的一定刻度(评分标准)相对应和联系(即所谓锚定)，供为被评估者实际表现评分时作参考依据。其主要缺点是关键事件描述数量有限(一般不大会多于10条)，不可能涵盖千变万化的员工实际表现，很少可能有被评估者的实际表现恰好与说明词所描述的完全吻合。但有了量表上的这些典型行为锚定点，评估者给分时有了分寸感。这些代表了从最差到最佳典型的有具体行为描述的锚定说明词，使被评估者能较深刻地了解自身的现状，可以找到具体的改进目标。

（八）360 度考核法

1. 360 度评价理论

360 度评价理论在 20 世纪 90 年代后得到广泛应用。据最新调查，在《财富》排出的全球 1000 家大公司中，超过 90％的公司在职业开发和绩效考核过程中应用了 360 度绩效考核系统，迪斯尼、麦当劳等著名顶级跨国酒店更是将其作为首选绩效评价技术手段。

360 度评价是一种员工绩效考核方法，该方法侧重于从考核实施主体的角度来考察绩效评估问题，即员工绩效考核由与员工本人发生工作关系的所有主体对员工进行绩效评估，在确定各自不同权重的前提下，对员工个人绩效进行汇总，从而获得关于本人最终绩效信息。这些相关主体包括员工的上司、下属、同事、客户、自己及其他相关者。

从信息来源的角度看，很显然，360 度评价模式较单一评价来源的评价方式更为公正、真实、客观、准确、可信。同时，通过这种评价方式，员工可以客观地了解自己在职业发展中所存在的不足，可以激励他们更有效地提高自己的工作能力，赢得更多的发展机会。同时 360 度绩效评估可以加强员工的团队精神，增强服务意识，进而提高服务质量

2. 考核实施主体

（1）上司。这是由被评估者的直接上司对其工作绩效进行评估。酒店实施的督导制，如领班对服务员工作的检查制等，使得上司对被评估者的素质与能力有较全面的了解，从这个角度对员工进行测评是比较重要的。同时，这种考评相对省时简单，我国现代酒店员工绩效考评就基本采用这种方式。当然该方法的缺点也是很明显的，容易导致员工对上司权威的惧怕，极力讨好上司，从而产生不公平现象。

（2）下属。下属是管理者管理的对象，直接受制于管理者，能比较清楚地了解上司的某些绩效情况，比如服务员在接受领班的日检时可以对领班的领导能力、交际能力、服务技能等有较全面的认识，下属的评价对于以晋升为目的的考核具有很大的参考意义。

（3）同事。由同事（一般是指从事相同岗位的同事）对员工的工作绩效进行评估的好处是非常明显的。一般来说，同事之间对彼此的工作绩效非常了解，相对能够准确地做出评价。当然，员工并非专业的评估人士，为提高评价的科学性，必须经过大量的培训，这对酒店来说比较费时费力。

(4) 客户。这里的客户包括外部客户和内部客户两部分。现代酒店越来越重视顾客在人力资源绩效考核实施主体中的地位,因为从酒店的战略目标来看,顾客满意率成为酒店绩效的重要组成部分,而满意顾客是由员工造就的,所以对于员工的绩效评价以顾客的感受为参照标准会具有极强的针对性。对于内部客户,前面提到过,绩效指标的确定可以用客户关系示意图进行,每一位员工都要为特定的内部客户服务,这些客户的满意度成为员工工作绩效的重要组成部分。但是利用外部顾客对员工工作绩效进行评估的一个障碍是其可操作性比较差,这一问题是目前研究的课题。

完整的绩效评估还包括员工的自我评估,自我评估有助于增强员工的积极性和主动性,增强评估的全面公正性。

(九) 其他方法

1. 情境模拟法

情境模拟法是一种模拟工作考核方法。该方法是由美国心理学家茨霍思等学者提出的。其具体做法是当着评价小组人员的面,将被评估人员置于一个模拟工作环境之中,要求其完成类似于实际工作中可能遇到的活动,评价小组对其处理实际问题的能力、应变能力、规划能力、决策能力、酒店指挥能力、协调能力等作现场评估,用来确定被评估者适宜的工作岗位及具体工作。该方法是一种主要针对工作潜力的考核方法。

2. 综合法

顾名思义,综合法就是将各类绩效考核的方法进行综合运用,以提高绩效考核结果的客观性和可信度。在实际工作中,很少有酒店使用单独的一种考核方法来实施绩效考核工作的。

三、绩效考评中的常见误差与修正规则

(一) 常见误差

一个人的业绩,可能由一个人来评定,如主管上级或人力资源部的考评员。也可能是由几个人评定,如一个考评小组。还可能由更多的人参加,如当评定一位中层管理人员时,考评者可能包括他的上级和下属全体成员。

无论采取哪种形式,考评者本身的弱点和判断中的误差,都可能被带入工作之中。其中,经常出现的误差有以下八种,应引起我们的注意。

1. 标准误差

有的考评员掌握标准非常严格，而有的考评员则掌握得比较宽松。于是，很可能出现被考评者的顺序排列不当，或者差距加大的现象。

2. 印象性误差

考评员对被考评者的原有印象，会给考评结果带来不利影响。有些考评员对原有印象好的员工评价偏高，对原有印象不佳的员工评价偏低。相反，也有一些考评者对原有印象好的员工要求过于严格，而对原有印象不好的员工要求却相对宽松。这些都将影响考评的准确性和可信度。

3. 人际关系性误差

考评员评价为自己所熟悉或关系不错的人时，时常表现出高于实际的评定倾向。而对其他人则实行高标准、严要求，从而使评估结果失真。

4. 晕轮效应

当一个人的某一特性受到很高评价时，则他的其他特点也有被高估的倾向。反之，也是一样。特别是评价那些没有量化标准的特性时，如工作态度、合作性、主动性等，晕轮效应表现得更为明显。

5. 对照效应

心理实验表明，考核一个对象，经常会受到前一个对象的影响。如果一个考评员接待的前一个被考评者各方面表现都很出色，对比之下，就会给后一个被考评者带来不利的影响；相反，如果前一个考评者业绩很差，就会给后一个被考评者带来有利的影响。

6. 中心化倾向

考评者往往都不愿作出“最好”或“最差”这样的极端性判断，而是趋于取“中间级”的评价。这就使员工之间的差距缩小了，使“表现一般”的员工人数不真实地膨胀了。这样的评价结果的价值，受到了局限，为进一步的人事决策造成困难。

7. 压力误差

考评员由于受到上级或来自考评对象的压力，而对考评结果有意作出不符合事实的报告。这是经常发生的事，尤其是考评结果的意义特别重大时，这种情况最易发生。当考评者是一个小组时，群体压力也常使考评结果出现误差。

8. 观察性误差

不同的考评员，对同一考评对象的观察角度不一样，得出的结论会有很大的差异。此外，考评员当时的情绪状态，也影响他对考评对象的认识。

（二）误差修正规则——超越误差思维的“激励模式”

有误差是现实，而误差的产生源于人们的评估行动。换言之，没有评估就无所谓误差。评估的目的不在于评估本身，而是为了实现人力资源开发的目标。所以，关于误差修正的问题，实质上就是如何实现评估目标的问题。

凡是说到误差，人们首先想到的，就是消除误差。实际上，这样的思路非常狭窄，特别是在处理人的问题方面。为此，我们提出“超越”或“跳出来”的观点——站到更高的地方看问题，处理问题。

这就是超越误差思维的“激励措施”，即通过开放的思路，以“激励方法”来修补其间的参差。具体如下：

1. 任何误差都可以通过激励手段弱化，使之“不成为困扰”，“不造成新的问题”。因为任何人都可能因为受到激励而焕发出自我修正的力量。员工通常所缺乏的是没有被激励的机会。反过来说，人力资源开发者有责任提供机会，激发大家努力，并使误差降低。

2. 误差产生于“人人喜欢向外看，偏偏不知道自己”，而实际上，人人都是在为自己工作，而非别人。这是人自己造成的矛盾，但自己常常看不清楚。管理者的又一个重要工作，就是让员工看到这一点，并让大家知道，“给人方便，自己方便”的道理。这个“自己方便”，可能是奖励、认同，也可能是成就感。

3. 人因为痛苦而改变行为。就是说，“负激励”也是必要的。当维持误差比消灭误差的成本更高时，人们的行为就会改变。管理者要做到这一点，就要对不能做的事情明确限制并严加处罚。比如眼下大家都喜欢买大排量汽车，但等到汽油价格上涨到影响生活的时候，大家的购买方向就开始改变了。

4. 加强沟通。实现目标的重要方式是沟通，而沟通能否实现的关键在于认同。认同的前提是什么？是事情与自己相关。怎样与自己相关？就是通过沟通帮助员工找到说服自己为酒店效力的理由，而不是简单地让他们了解一下酒店的诚意就可以了。

5. 真心关心，而非虚应差事。不少问题不能解决，在于没人真正关心。这个关心包括花精力、金钱照顾生活，花时间倾听他们的想法，等等。

6. 增强员工的自尊、自信，是最高境界的激励，也是最好的修正误差方案。酒店经营成功的最大秘诀，就是经营每一个成员的自尊与自信。因为员工看待自己的感觉，通常与客人看待他们的感觉是一样的。如果员工都不喜欢自己的工作，那么，客人的反应也就可想而知了。

7. 影响员工的想法、观念，甚至信仰，进而改变员工的行为方式，从而消除误差的影响。

8. 不断协调管理者与员工之间的认知。立场不同，观点、认知不可能一样，这就是为什么你总是觉得执行人所做的，与你所要求的不同的道理。有人研究过这个问题，并发现一个叫做“管理漏斗”的原理：心里想到100%，嘴上说出80%，别人听到60%,别人听懂40%,别人能做20%。所以,要认真对待这个问题。

9. 明确期待,同时强化行为规则,并在执行过程中,明确认可、表扬好的行为,处罚错误行为,员工就会自己调节自己的行为。但人们经常犯的错误是小错误任其发展,结果问题越积越多,难以收拾局面。

10. 评估自己时,依据的是自己的动机;看别人时相反,依据的是他的行为。这就是大家为自己的过失总是辩护、找借口的理由。别人迟到早退时,你说他没有责任心,轮到自己时,就说"因事"、"因故"。如此,则误差自然越来越大。

11. 使考评标准尽可能准确、明了,能定量的尽可能定量,以减少考评员主观性的干扰。

12. 要根据工作特点,选择好考评的时间,两次考评的间隔不能太短,也不宜太长。间隔太短,不能使员工的优、缺点得到充分表现,也容易使员工对考评感到厌倦,不予重视。间隔太长,则不利于及时纠正错误和不符合要求的行为。

13. 要认真挑选,严格训练考评员。另外,还可以根据实际情况扩大考评员的范围。如考评管理者时可以邀请其下属参加;考评服务员时,可以听取顾客的意见;考评销售人员时,了解客户的看法尤其重要。

显然,误差是必然的。同时,不承认或以为能够消灭任何误差也是愚蠢的,而在一定程度上消除误差,则是可能的。为保证业绩考评的质量,最大限度地减少误差,需在考评之前做好充分的准备。

第四节 酒店员工绩效考核结果运用与管理

酒店员工绩效考核结果的运用与管理在绩效管理系统中占有相当重要的地位。一方面,它是确定整个绩效管理体系有效性的重要环节,员工绩效考核的实施如果没有结果的承诺和兑现将使员工丧失积极性,使得绩效考核丧失本来的意义;另一方面,它是下一步员工绩效计划得以确定的重要依据。我国许多酒店在进行绩效管理时正是由于缺乏对绩效考核结果的管理,大多数考核流于形式,从而达不到应有的效果。酒店员工绩效考核主要包括考核结果分析、考核结果反馈和考核结果运用。

一、酒店员工绩效考核结果分析

酒店员工绩效考核结果的分析是指酒店考核结果分析人员(主要是统计员)

通过对考核所获得的数据进行汇总、分类，利用一些技术方法进行加工、整理，得出考核总结果的过程。绩效结果的分析是酒店管理者与员工就结果进行反馈面谈的依据。酒店员工绩效考核结果的分析主要包括以下几个步骤：

（一）对考核数据汇总与分类

考核数据的汇总与分类就是将不同考核主体对同一被考核者的考核结果收集起来进行汇总，并根据考核者的特点，对汇总后的考核结果进行分类。

（二）确定权重值

对酒店员工绩效考核结果的分析需要确定两类权重值：一类是考核指标的权重值，其大小可以反映该考核指标在整体考核指标中所处的地位和重要程度。例如，管理层次的员工的绩效可能主要反映在工作过程中，其工作的行为及行为方式最能反映其绩效，而酒店销售人员的绩效主要反映在工作成果中，因此在确定权重值时就应有所侧重，这样才能如实反映员工的绩效结果。另一类是考核主体的权重值，它反映了该考核者在所有考核者中的重要地位和可信度。如一般情况下，同级考核的结果要比领导考核的结果可信度大，领导考核的结果比下级考核的结果可信度大。因此，同级考核者考核结果的权重值要比领导考核结果的权重值大。权重值的确立可以采用德尔菲法、问卷调查表的方式，广泛征求各方面意见，以增强其科学性。

（三）计算考核结果

在确定权重值和实际获得的大量考核数据统计之后，可以利用数理统计等方法计算考核结果。一般采用求和、求算术平均值等十分简单的数理统计方法即可。

（四）表述考核结果

考核结果的最终表述可以通过数字、文字、图形三种方式。数字表述法是结果表示的最基本形式，是直接利用考核结果的分值对被考核者的绩效情况进行描述，具有规格统一的特点。文字表达法是用文字描述的形式反映考核结果的方法。该方法是建立在数字描述基础上的，有较强的直观性，重点突出，内容集中，具有适当的分析，充分体现了定性与定量相结合的特点。图形表示法是通过建立直角坐标系，利用已知数据，描绘出图形来表示考核结果的方式。这种方式具有简便、直观、形象、对比性强的特点，适用于人与人之间、个人与群体之间、群体之间的对比分析。

二、酒店员工绩效考核结果反馈

酒店员工绩效考核结果反馈的主要方式是面谈。考核结果反馈面谈是绩效考核结果管理的核心。有效的绩效反馈面谈可以使考核者与被考核者就考核结果达成双方一致的看法，为下一步计划的制定打下良好合作的基础；可以使员工认识到自己的成就与优点，产生工作积极性；可以就员工有待改进的方面达成共识，促进员工改进等。

酒店员工绩效考核结果反馈面谈要坚持以下几个原则：

（一）双向沟通原则

绩效考核反馈面谈的目的是使双方达成一致意见，要达到这个目的需要双方的积极沟通与交流，切忌将绩效反馈面谈变成主管对下属的训话。要达到双向沟通的目的，主管人员必须学会倾听。倾听一方面可以鼓励员工表达自己的观点，有利于发现员工的真实想法；另一方面，倾听也可以使主管有机会思考解决问题的办法，有利于有的放矢地回答员工的问题。

（二）优缺点并重原则

绩效考核面谈的另一个目的是帮助员工发展，这样在面谈中不能只看到员工的一面，而须优缺点并重。对于员工的优点，要加以鼓励，对其缺点也要提出，督促并帮助其改进。

（三）对事不对人原则

研究表明，对人的直面评判很容易引起强烈反应。对于工作绩效的考核面谈应该就工作绩效本身进行，不应对个人进行攻击。例如，销售经理与一名销售人员就其本期销售业绩进行面谈时说："你这次的销售业绩可不理想啊。你看看这些数据，你的排名是最后一位！"这比"你这人是全组最差的销售员！"效果就要好得多。

（四）着眼未来原则

绩效反馈面谈是就考核结果进行的，但这并不意味着面谈的目的是就结果谈结果，停留在回顾过去。绩效面谈的重要目的之一是为下一次绩效计划做铺垫，总结问题是为了发现对未来发展有用的东西，因此对绩效结果的讨论应着眼于未来。

（五）突出重点原则

绩效面谈切忌泛泛而谈，不着边际。绩效面谈时间也应是有限定的，时间太长会使双方失去热情，对酒店来说也是个费时的事。所以面谈中双方都应抓住重点问题，管理者应引导员工讨论重点，以防止其避重就轻。

（六）彼此信任原则

绩效反馈面谈是一个双向沟通的过程，要使沟通顺利进行，达到相互理解和达成共识的目的，必须有一种彼此相互信任的氛围。管理者在建立这种彼此信任的环境时占据主导地位。面谈环境、面谈时间、面谈中的一些小技巧等都有助于管理者营造令员工产生信任感的氛围。例如，面谈前精心选择一个轻松的场合，安静、惬意，有着柔和的色彩和轻松的音乐，选择并肩而坐的位置，来一点饮料，面谈前先谈一些轻松话题等。

三、酒店员工绩效考核结果运用

（一）报酬决策

酒店的报酬决策主要包括工资调整与奖金分配。绩效考核结果应用于工资调整可以体现对员工的长期激励作用，例如，用于年度工资额调整可以激励员工为获得下一年度工资提高做持续努力。绩效结果应用于奖金分配则体现了对员工的短期激励。业绩的考核结果为年终奖金的确定提供了很好的依据。

（二）员工目标

这里的员工目标是指员工个人的发展计划。人力资源绩效考核的结果在面谈反馈给员工本人时，考核者通过与之沟通指出其工作的优缺点，为员工下一步的个人发展计划提供了依据。在酒店目标的引导下，管理者通过绩效监督和持续沟通对员工提供帮助，员工不断改进和优化工作，同时不断提高工作能力，开发个人潜能，帮助自己实现个人职业目标，实现个人职业生涯的发展。

（三）培训需要

酒店通过分析绩效考核的结果以及通过与员工的绩效面谈，能够发现员工个体与酒店要求之间的差距，从而及时发现需要何种类型的培训。对于能力不足的员工可以通过有针对性的培训活动开发潜能，提高其工作能力；对于工作态度不良的员工，须为之准备适应性再培训，要求其重塑自我。

（四）提升晋级

职务晋升和选拔干部是一件慎重的事，一般不宜通过一次考核结果来决定。根据现代酒店的实践经验，一般来说，在一定时期内（至少两个针对性考核周期以上），某员工拥有连续的、稳定上升的绩效结果才可以纳入晋升者名单。

第十一章

酒店员工薪酬管理

第一节 薪酬概述

一、薪酬的内容

薪酬包括经济性薪酬与非经济性薪酬两部分，经济性薪酬包括直接报酬与间接报酬，直接薪酬包括基础工资、绩效工资、奖金、股权、红利、各种津贴等。间接报酬主要是指酒店的各种福利，包括保险、补助、优惠、服务、带薪假期等。非经济性薪酬包括工作本身、工作环境、和酒店特征带来的效用部分如趣味、挑战、责任、成就感、良好的人际关系、领导者的个人品质与风格、舒适的工作条件、酒店的声望与品牌、前景等。

基础工资(Base Pay)：基础工资是酒店按照一定的时间周期，定期向员工发放的固定报酬。基础工资主要反映员工所承担的职位的价值或者员工所具备的技能或能力的价值，即分别是以职位为基础(Pay for Job)的基础工资和能力为基础(Pay for Competency)的基础工资。在国外，基础工资往往有小时工资、月薪和年薪等形式，在中国大多数酒店中，提供给员工的基础工资往往是以月薪为主，即每月按时向员工发放固定工资。

绩效工资(Merit Pay)：绩效工资来自于英文中的 Merit Pay 的概念，但在中国更为贴切的提法应该是绩效提薪。绩效工资是根据员工的年度绩效评价的结果而确定的对基础工资的增加部分，因此是对员工的优良工作绩效的一种奖励。绩效工资与奖金的差别在于，奖金并不成为基础工资永久性的增加部分，而只是一次性的奖励。

奖金(Incentive Pay):也称为激励工资或者可变工资,是薪酬中根据员工的工作绩效进行浮动的部分。奖金可以与员工的个人业绩相挂钩,也可以与员工所在团队的业绩相挂钩,还可以与酒店的整体业绩相挂钩,分别称为个体奖励、团队奖励和酒店奖励。但需要注意的是,奖金不仅要与员工的业绩相挂钩,同时也与员工在酒店中的位置和价值有关,奖金通常等于两者的乘积。

津贴(Allowance):津贴往往是对员工工作中的不利因素的一种补偿,津贴与经济学理论中的补偿性工资差别相关。比如:酒店对从事夜班工作的员工,往往会给予额外的夜班工作津贴;对于出差的人员,也往往会给予一定的出差补助。但津贴往往并不构成薪酬中的核心部分,津贴在整个薪酬中所占的比例往往较小。

福利(Benefit):福利也是经济性报酬中十分重要的组成部分,而且在现代酒店的薪酬设计中占据着越来越重要的位置。在中国,酒店的市场化改革过程中,为了改变酒店办社会的局面,中国酒店曾经大幅度削减提供给员工的福利,将福利转变为给予员工的货币报酬;但现在越来越多的酒店开始转变观念,认识到福利对于酒店吸纳和保留人才的重要性。现代薪酬设计中的福利在很大程度上已经与传统的福利项目不同,带薪休假、健康计划、补充保险、住房补贴已经成为福利项目中的重要形式,并且根据员工个人偏好而设计的自助餐式的福利计划也成为正在新兴的福利形式,并获得了广泛的认可。

股权(Stock):股票期权主要包括员工持股计划和股票期权计划。员工持股计划主要针对酒店中的中基层员工;而股票期权计划则主要针对中高层管理人员、核心业务和数术人才。员工持股计划和股票期权计划不仅是针对员工的一种长期报酬形式,而且是将员工的个人利益与酒店的整体利益相连接,优化酒店治理结构的重要方式,是现代酒店动力系统的重要组成部分。近年来股权计划已经受到中国酒店越来越多的青睐。

二、酒店薪酬制度

薪酬,能在一定程度上体现一个人在酒店中和社会上的价值。薪酬制度也能从一个侧面反映酒店与员工之间的关系。薪酬标准是酒店人力资源政策的一种量化标准,与酒店的经营目标密切相关。总的来说,薪酬标准的制定必须遵循“按劳分配”、“多劳多得”、“奖功罚过”等原则。

薪酬制度制定得好,便可以起到激发员工工作热情、提高工作满意度和工作质量,吸引人才,促进酒店发展等作用。相反,若薪酬制度有欠公道,则必定导致员工产生不满情绪、工作积极性下降、工作错误增加，经营成本提高，人才外流等严重阻碍酒店发展的后果。

所以，作为每一个管理者——人力资源开发者，必须了解工资、奖金、福利在本行业中的一些特殊性及其在酒店发展中的重要作用，并掌握制定薪酬制度的核心内容。

其内容主要包括：

1. 建立健全酒店的工资体系。

2. 制定奖金分配的方案和原则。

3. 使福利措施与员工的需求及酒店的发展目标相一致。

4. 不断完善激励制度，使工资、奖金、福利等量化标准措施更具有“以人为本”的内涵。

酒店的薪酬制度比较复杂，人力资源开发者不仅需要设定出某种用以决定基本工资的系统方法，而且还要考虑本行业中所特有的一些因素，如小费、服务费、免费膳食和提供住宿条件等。

各种各样的额外收入，即使是在小型旅馆或酒楼中也不胜枚举。有些员工既能享受住宿条件，又能得到小费收入；另一些员工则没有享受住宿优惠，也没有小费收入。他们之间的收入悬殊就会很大，尤其是在我国，各岗位的基本工资差距很小，有些员工的每月小费收入能超过酒店平均基本收入的几倍，甚至十几倍。

当然，不同类型的酒店，上述额外收入的比例不同，有些甚至根本没有。

三、影响酒店薪酬的决定因素

薪酬是酒店运营中的主要支出之一。酒店雇主和经理人员必须认识到，如何公平合理地把作为薪酬的那一部分营业收入分配给全体员工，是自己的主要责任。划作员工薪酬的营业收入，少者约占10%；在某些高星级酒店用工人数少的小酒吧中，多者可超过25%～40%。

薪酬的决定因素主要有：

(1) 法定的基本薪酬水平。

(2) 酒店的支付能力。

(3) 当地标准生活费。

(4) 劳动力的供求关系。

薪酬水平以酒店的支付能力为上限，大致以标准生活费为下限，并受劳动力供求关系是否平衡的制约。

薪酬是员工劳动所得，薪酬在保障员工生活水准的同时，必须确保劳动力的稳定和质的提高。法定基本薪酬体现了对标准生活费的保障。

由于具体情况不同,导致不同的酒店以至全行业的薪酬水平产生相当大的差别。一家酒店最后决定实施何种计算薪酬的方法,在灵活度上,取决于酒店的经营目标、人力资源政策和管理风格,但都要考虑到酒店的支付能力。薪酬水平与支付能力二者之间的关系,实质上也就是劳动分配率、劳动生产率和价格之间的关系。

$$\text{薪酬总额}=\text{附加价值}\times\text{劳动分配率}$$

$$\text{平均薪酬额}=\frac{\text{薪酬总额}}{\text{从业者人数}}=\text{劳动生产率}\times\text{价格}\times\text{劳务费}$$

四、酒店薪酬制度的类型

(一)绩效型薪酬

绩效型薪酬制度是指酒店主要根据员工的业绩完成情况来决定其薪酬水平。在这种薪酬制度中绩效薪酬占主导地位。绩效型薪酬制度充分体现了按劳分配的思想,将员工工作的绩效与报酬直接挂钩,激励的效果比较明显。计时工资制就是一种典型的绩效型付薪方式,该方式以员工工作时间为计量单位。在酒店里,部分岗位,如洗碗、打扫卫生等,都可以实行这种方式。另外,计件工资制也是一种典型的绩效型薪酬制度,该方式依据员工工作合格产品数或工作量,按预定的标准计算支付劳动报酬。客房服务员的客房完成数、销售部门销售人员的销售业绩等都可以看做是计件工资制的一种。

绩效型薪酬制度的优点是激励效果明显,将绩效与薪酬挂钩可以激发员工更好完成更多工作的热情。但由于绩效型薪酬过度重视绩效的单方面意义,而忽视了提高员工的综合素质与潜能开发,容易造成员工的短期行为。

(二)技能型薪酬

技能型薪酬是一种基于个人技术和能力的薪酬制度。薪酬的设计以技术、知识和能力为基础,强调以员工的个人技术、能力的大小为参考依据,注重员工的潜力和创造能力,鼓励员工加强自身能力的提高。

技能型薪酬制是伴随世界经济全球化趋势的加强、市场竞争的加剧和高素质人才的供不应求的背景环境成长起来的。酒店管理者认识到,在当今高度竞争的市场环境下要提高酒店的运行效率、达到酒店的经营目标,将比以往任何时候都更加依赖于员工的技术和技能。据调查资料表明,在美国有16%的酒店采用了这种薪酬制度，同时78%的酒店表示将考虑采用该制度；在欧洲有20%的酒店采用了这种薪酬制度，并且有一半的酒店将其作为薪酬制度改革的首选方案。

基于个人技术、能力的薪酬制度将员工技术、能力的大小看成是评估的重点，技能型薪酬制促使员工关注自身的发展，要求员工具备更快的学习新知识、新技能以及适应新环境的能力，有利于酒店提高自身的核心竞争能力。但是这一制度也存在一定的缺陷，就是技能型薪酬制过分强调员工的技能而忽视其作为团体一员与他人配合工作以及完成一项完整工作的重要性，例如，一个酒店厨师具有很好的炒菜技能，但其他素质欠佳，使接触过他的顾客不满，这时仅凭技能对他付高薪就有失偏颇。解决的办法是将技能型薪酬制与其他薪酬制度配合使用。

（三）资历型薪酬

资历型薪酬制度是根据员工所具备的一些条件（如年龄、工龄、学历、本专业工作年限等）决定其薪酬水平的一种薪酬制度。资历型薪酬制度基于这样一种假设，即员工的工作能力、工作绩效随其工作年限和实际工龄的增加而增加，工作年限越久，员工为酒店所做贡献越大，应该拿更高的薪酬。日本的年功序列制便是基于这样一种理念。日本的酒店认为员工长期从事一门行业，在同一个岗位上工作，其熟练程度与经验会随其工龄的增加而增加，故而薪酬也应随之增加。

资历型薪酬制度事实上是鼓励员工为酒店长期服务，有利于形成职工的集体“归属感”和“忠诚心”。其缺点是强调论资排辈，不直接与绩效挂钩，忽视员工的能力技术，一定程度上压制了员工的积极性，易造成依赖性等弊病。

（四）年薪型薪酬

年薪型薪酬是现代酒店在发展过程中出现的一种新型的主要是针对经理人员的薪酬制度。公司型酒店在经营中存在所有者与经营者相分离的情况，所有者的目标是酒店利润最大化，其承担的风险是资本亏损，而经营者的目标是个人经营才干的效用最大化，其承担的风险只是职位丧失和收益减少，两者责任不对称容易造成酒店效率损失。为了减少这种损失，必须建立有效的经营者激励机制和约束机制。现代酒店在长期的实践中找到一种重要方法，即通过经营者的年薪制，使其能有效地激励和约束经营者的行为。年薪制的设计一般有五种模式可以选择：

(1) 准公务员型模式：基薪＋津贴＋养老金计划；

(2) 一揽子型模式：单一固定数量年薪；

(3) 非持股多元化型模式：基薪＋津贴＋风险收入（效益收入和奖金）＋养老金计划；

(4) 持股多元化型模式:基薪+津贴+含股权、股票期权等形式的风险收入+养老金;

(5) 分配权型模式:基薪+津贴+以"分配权"、"分配权"期权形式体现的风险收入养老金计划。

(五) 综合型薪酬

综合型薪酬制度是将上述四种中的若干种复合后作为薪酬的不同组成部分来加以考虑。通常所说的"结构工资制"就是综合型的薪酬体系。例如现代酒店薪酬构成中包括岗位工资、工龄工资、奖金(浮动性绩效工资)等,就是一种复合型的综合薪酬制度。

综合型薪酬制度将影响员工薪酬的多方面因素都考虑到了,某种程度上有利于稳定人心,同时也激励员工做出业绩。但若在一个庞大而复杂、工种门类繁多的酒店中,这种面面俱到的薪酬制度设计某种程度上脱离了个性化薪酬设计的思路,其设计与运作难以满足不同岗位、不同职务的需要。

对于酒店来说,结合具体岗位需要、邀请员工参与设计酒店薪酬制度体系是很有必要的。薪酬制度确定的最终目的是在员工满意的基础上提高酒店利润,提高酒店竞争力。员工参与薪酬制度的确立可以提高他们的主人翁意识,激发员工的工作积极性,保证薪酬管理按计划进行。

第二节　酒店薪酬体系的设计

一、酒店薪酬设计的原则

薪酬设计的目的是建立科学合理的薪酬制度,因此在薪酬设计中应坚持以下几项原则和要求:

(一) 战略原则

战略原则要求:一方面在进行薪酬设计过程中要时刻关注酒店的战略需求,通过薪酬设计反映酒店的战略,反映酒店提倡什么,鼓励什么,肯定什么,支持什么,另一方面要把实现酒店战略转化为对员工的期望和要求,然后把对员工的期望和要求转化为对员工的薪酬激励,体现在酒店的薪酬设计中。

(二) 公平原则

薪酬制度的公开原则包括内在公平和外在公平两个方面的含义:

1. 内在公平。是指酒店内部员工的一种心理感受,酒店的薪酬制度制定以后,要让酒店内部员工对其表示认可,让他们觉得与酒店内部其他员工相比,其所得薪酬是公平的。

2. 外在公平。是指与同行业内其他酒店特别是带有竞争性质的酒店相比,酒店所提供的薪酬是具有竞争力的,只有这样才能保证在人才市场上招聘到优秀的人才,才能留住现有的优秀员工。

(三) 激励原则

激励原则是指酒店在进行薪酬制度建立过程中,要在内部各类、各级职务的薪酬水平上适当拉开差距,体现激励效果。激励原则有利于员工潜能开发,激励员工努力工作。激励理论认为,员工具有多种需要,这些需要又具有层次性,由生理需要(达到温饱,足以生存)到安全需要(人身安全,生活安定)到社交需要(享受友谊与温暖)到自尊需要(受到尊重与认可)直到最高层次的自我实现需要(发挥个人潜能,实现自我价值)。这些需要构成了一个层次体系,一般说来,低层次需要满足之后才有高层次需要,上一层次的需要往往是在下一层次满足基础上激发出来的。酒店在设计激励性薪酬时,要充分考虑到员工的现实需要。这些需要包括物质性的也包括精神性的,一般认为精神性需要难以用薪酬来衡量,但差距性薪酬结构可以部分体现这些精神性需要。例如,同一职务上的薪酬结构中绩效工资占的比重较大,不同能力的员工的绩效不同,则相应有不同的绩效工资。绩效工资较高的员工的能力在薪酬上得到体现,无形中使个人自尊需要、自我实现需要得到满足,并且激励他继续努力,以便达到更高的绩效水平。要真正解决内在公平问题,就要根据员工的能力和贡献大小适当拉开收入差距,让贡献大者获得较高的薪酬,以充分调动他们的积极性。

(四) 竞争原则

激励原则主要是针对酒店内部而言的,对于酒店外部来说,酒店制定的薪酬制度在人才市场中要具备竞争力。

(五) 合法原则

正如前面讲到的薪酬制度制定受到政策法规的影响,酒店薪酬制度确立必须符合国家的有关政策法规,这是薪酬制定必须遵循的基本原则。由于我国旅游业起步比较晚，相关法律法规还不健全，酒店的法律意识也有待提高，对于薪酬结构中的许多必须性条款没有引起许多酒店的重视，例如对于国家规定的保险、加班费、最低保障工资等，在我国许多酒店中都没有依法执行。这是必须引起注意的问题，非法性薪酬制度只能是图一时便宜，不会具备长久的竞争力的。

当然，在设计薪酬制度的过程中，还必须关注其他一些原则，比如经济性原则，也就是薪酬设计要考虑酒店的实际承受能力，不能为了具备竞争力而无限制地提高薪酬水平，而导致酒店人力资本上升，影响到酒店的长远发展；还有认可性原则，也就是酒店的薪酬制度必须得到员工的认同，否则这样的薪酬制度也不具备激励性和竞争性。事实上，酒店薪酬制度必须遵循的原则之间是相互联系的，一环扣一环的。酒店在设计薪酬制度时只有充分认识到这些原则的重要性及相关性，才能使薪酬设计合理科学。

二、基本薪酬体系建立的基本流程

（一）确定薪酬制度指导方针

确定薪酬制度指导方针就是确定薪酬制度建立的指导思想，建立原则等。这个指导方针依附于酒店的发展战略，不同发展阶段的酒店具有不同的发展战略，例如在衰退阶段酒店一般采取紧缩型发展战略，紧缩型发展战略要求酒店节省开支，少做或不做市场推广活动等，这些要求是酒店薪酬制度建立的宏观限制条件，酒店在确定具体阶段具体岗位的薪酬时必须以这些指导方针为前提。

（二）工作分析与评价

工作分析是确定薪酬的基础。工作分析结合公司经营目标，对酒店中某个特定工作职务的目的、任务或职责、权力、隶属关系、工作条件、任职资格等相关信息进行分析，其结果是形成工作描述与工作说明书。工作分析对各职务的任职人员提出了知识、技能等多方面的要求，并且规定了其必须完成的基本任务，这些任务是员工业绩的评价标准，从而形成薪酬制度确定的基础。

工作评价是确定酒店中每一项工作相对价值的操作性技术，工作评价也是建立现代酒店薪酬制度的基础性工作之一。工作评价的目的有两个：一是比较酒店内部各个职位的相对重要性，得出职位等级序列；二是为进行薪酬调查建立统一的职位评估标准，消除不同酒店间由于职位名称不同、或即使职位名称相同但实际工作要求和工作内容不同所导致的职位难度差异，使不同职位之间具有可比性，为确保工资的公平性奠定基础。工作评价重在解决薪酬的对内公平性问题。

工作评价的方法主要是计分比较法，即确定与薪酬分配有关的评价要素，并给这些要素定义不同的权重和分数。这些评价要素是综合多样性的，不是简单地与职务挂钩，薪酬级别通过综合评判得出，从而增加了薪酬制度确立的科学性。

（三）酒店内外薪酬状况调查与分析

对酒店内外薪酬状况进行调查分析的主要目的是解决薪酬的对外竞争力问题。酒店在确定自己的薪酬等级与薪酬水平时，需要参考外界同类同级酒店的薪酬状况，这样才能确保在知己知彼的前提下做到薪酬制定的有的放矢。对酒店外部的薪酬调查可以委托比较专业的咨询公司进行，调查的对象最好是选择与自己有竞争关系的酒店或同行业的类似酒店，重点考虑员工的流失去向和招聘来源。薪酬调查的数据基本包含以下一些：上年度的薪酬增长状况、不同薪酬结构对比、不同职位和不同级别的职位薪酬数据、奖金和福利状况、长期激励措施以及未来薪酬走势分析等。

（四）选择薪酬制度的类型

薪酬制度的类型在前面已有介绍，主要是四种：绩效型、技能型、资历型和综合型。不同岗位对薪酬制度的类型要求不同，例如处于起步阶段的酒店的销售员岗位对于员工业绩看得很重，为了刺激员工在短期内努力提高酒店客房销售量，可以选择业绩型薪酬制度。对于计时式清洁工则更适合采用业绩型薪酬制度，而对于管理者岗位则适合综合型薪酬制。酒店在选择薪酬制度时除了要考虑岗位对薪酬的影响外，也要参照市场行情，考虑外部竞争性酒店的薪酬制度情况，例如，由外方管理的酒店在管理人员上多使用外籍人员，对于他们的薪酬水平设定就要考虑同行类似岗位的薪酬状况。

（五）确定薪酬的结构及水平

在选择好了薪酬制度的类型之后，酒店要确立不同岗位的薪酬结构与水平。薪酬结构是指基本工资、奖金、津贴、福利、长期激励计划之间的比例关系，也就是如何将基本工资、奖金、津贴、福利和长期激励计划几个部分合理组合，从而最大限度地增加对员工的吸引力，稳住酒店的优秀人才。许多跨国酒店在确定人员工资时，往往综合考虑三个方面的因素：一是职位等级，二是个人的技能和资历，三是个人绩效。在工资结构上与其相对应的，分别是职位工资、技能工资、绩效工资。这其实是综合型薪酬制度的一种。薪酬水平则是在考察业界行情的前提下制定的，其标准是达到或是超过市场现行的薪酬水平，以保持在人力资源方面的竞争力。

（六）薪酬的调整与控制

薪酬制度建立的一个原则是适应性原则，酒店作为一个生存在动态变化市场中的主体，其一切制度形式不会是一成不变的，受各种各样因素的影响，薪酬也必须不断地加以调整，以适应环境的变化。一般情况下，薪酬调整主要有四种类型：奖励调整、效益调整、生活指数调整和工龄调整。奖励调整是对员工做出的工作绩效进行奖励的数额进行调整，目的是鼓励员工保持较高的工作业绩；生活指数调整是为了补偿员工因通货膨胀而导致的实际收入减少的损失，使生活水平不致降低；效益调整则是根据酒店的效益状况对全体员工的薪酬进行的普遍调整，以反映员工和酒店之间利益的相关性；工龄调整是随员工工龄的增加对薪酬水平进行的调整。酒店在实施调薪行为时，必须要有相关政策和标准做依据，并增强实施的公平性。

薪酬控制的关键之处在于确定酒店薪酬总额。在确立酒店的薪酬总额时，首先考虑酒店的实际承受能力，其次考虑员工的基本生活费用和人力资源市场行情。薪酬控制的依据是薪酬预算，准确的预算有助于确保在未来一段时间内的薪酬支出受到协调与控制。薪酬控制常用指标有薪酬平均率与增薪幅度。薪酬平均率的数值越接近则薪酬水平越理想；增薪幅度是指全体员工平均薪酬水平的增长数额，增薪幅度应控制在合理的范围内，使其既不超出公司的承受能力，又能激励员工努力工作。薪酬控制的常用方法有薪酬冻结、延缓提薪、延长工作时间和适当压缩公司在一些福利、津贴方面的开支等。

三、基本薪酬体系的诊断与评价

有学者将薪酬制度的诊断与评价标准设定为 5 大方面，25 条细则。如表 11-1 所示。这些评定标准也可以作为酒店薪酬制定有效性的评定标准。除此之外，酒店薪酬制度的合理性和科学性必须同时遵循薪酬制度制定的基本原则以及符合酒店的实际情况。

表 11-1　薪酬制度的诊断与评价标准

评定方面	评定标准
管理性的判定	是否设有专门负责薪酬管理的主管人员
	是否每年举行一次薪酬调查
	酒店是否与工会或职工代表定期开会，听取职工对薪酬的意见
	是否定期对薪酬制度进行检讨、修订

续表

评定方面	评定标准
明确性的判定	是否有明确的薪酬表 是否在进行薪酬提升和发放奖金时进行人事考核 大部分职工是否会计算自己应得的薪酬 规章是否完备 是否订立了长期的薪酬计划和薪酬协定 津贴的种类是否未超出10种
能力性的判定	是否引入职务薪酬或职能薪酬 是否进行职能分析或职务评价 是否设定各职务的最高任职年数 同一职务内的薪酬提升有无最高限额 是否通过技能测验、资格考试、考核制度来决定薪酬的职级 是否设置了职务评价委员会等专门的薪酬管理委员会
激励性的判定	是否设定了个人能力薪酬和团体能力薪酬 是否根据目标生产量、利润额确定业绩薪酬或奖金 是否设立了以奖励为目的的全勤津贴 奖金是否采取利润分配或业绩奖励的方式
安定性的判定	现行的薪酬制度是否能达到生活水平的要求 酒店现行薪酬制度是否达到市场一般水平，甚至比其高 过去五年中，酒店基础薪酬增加的比率是否与一般市场水准相同 多年来，薪酬的上升有无高于劳动生产率的情况 多年以采，劳动分配率(即在酒店赚得的附加价值中，有多少分配用做人力资源费用)是否一直保持在55%以下(大酒店则在45%以下)

第三节　奖　　金

一、酒店员工奖金的作用

从理论上讲，奖金作为薪酬的一部分，通常是用来激励员工超额完成工作任务或为酒店作出突出贡献的额外报酬，但由于国民收入总额及其分配、人口、劳动生产率等许多因素的影响，奖金在员工收入中所占的比例比较大，多年来反而成了收入的重要组成部分。

关于奖金的争议是很多的。有些观点认为，应该完善正常的调薪制度，不应以奖金作为调动员工积极性的手段，因为奖金只能起到短期效应，促发短期行为。而且，奖金还会使员工的期望值不断提高，同样数额的奖金，其最大激励作用只有一次。

另一些观点则恰恰相反，认为人们追求奖金的心情越迫切，奖金所起的作用就越大。因此，主张应该使基本工资保持在仅够维持最基本的生活水平上，让员工们更多地依赖奖金来改善自己的经济状况。

这两种观点都有一定的实践依据，不能主观地判断哪个对、哪个错，重要的是弄清楚每种观点到底适合于什么样的实际情况。

一般来讲，在要求付出巨大创造力的工作中，增加奖金的方法，发挥不了很大的激励作用。但在另一种情况下，奖金却可以大大提高工作效率，如销售业务中的效益奖金，就可以大大激励销售人员的推销积极性。

在现代化酒店中，各岗位间的相互协作日益重要，为使顾客满意，保证酒店的业务不受损失，几乎需要酒店全体员工的共同努力。所以，对那些需要别人的协作才能达到目的的岗位来说，就不宜用奖金来激励个人的努力。可见，酒店业中的奖金问题，是很复杂的。同一奖励政策往往不能适应所有的岗位，应对不同的情况采取不同的措施。

当前，在酒店业中，通常是把奖金同毛利润、营业额或可变成本（如煤气费、电费）等经济指标直接“挂钩”，在某些情况下甚至完全受其支配。

对于有机会收取小费的服务员，酒店一般不发放奖金，他们工作是好是坏由顾客去做评判。当然，这与酒店的政策有关。如果酒店不禁止收取小费，必须采取有效的措施，保证客人是自愿支付，避免服务员暗示、索取或对不付小费客人采取无礼行为等现象的出现。

现在也有一些酒店以服务费制度代表小费制度，即对所有顾客加收 10％或15％的服务费，并提醒客人不需再付小费。这种方法对酒店有利，但带有一种强迫的性质。小费是顾客在得到满意的服务以后对服务员的一种奖赏，如果服务不好，客人可以拒付。但服务费制度却不具有这种弹性。不管客人满意不满意，都得加付 10％或 15％，成了一种变相涨价的手段。

无论采取哪种方法，都要考虑到其可能带来的消极作用。

二、酒店员工奖金分配方案的原则

由于各岗位工作性质不同，奖励方法当然也不一样。但不管采取哪一种奖励方案，都应坚持这样一些原则：

（一）对目标有引导作用

奖金的支付，应能促进酒店经营目标的实现。应让员工能够通过奖金的多少了解本酒店的经营状况。确定奖金数额时，还应考虑某一员工直接发挥其作用的因素。如餐厅达到了预期的毛利目标，就应奖励主厨，而客房出租率高的功劳，就不可记在主厨的份上。

（二）范围全面

由于奖金的数额对员工的实际收入影响很大，直接关系到酒店现行的工资制度，所以制定奖金方案时，应考虑到所有的员工，而不可以单一对应某一岗位或部门。

（三）在时间上"瞻前顾后"

无论是奖励一名员工，还是奖励一个团体，决定奖金的数额时，既要考虑已达到的经营效益，也应考虑到经营前景、经营目标和生活标准。

（四）制定目标实事求是

制定经营目标（如利润指标等）时应该实事求是，即这一目标是经过努力可以达到的，而且应征求从事该项工作的员工的意见。

（五）及时调整

要定期地对经营目标进行审议（至少每年一次），从而使每位员工都能了解，奖金是必须经过努力才能得到的，并非人人都唾手可得。在客观情况发生变化时，应及时调整原有的经营目标。比如，在本地政策环境和基础设施显著改善的情况下，增加了许多外地或外国公司或机构，各种会议接连不断，酒店销售部即使不很努力，也可以使营业额大幅度增长。在这种情况下，就有必要提出更高的经营目标。当然，同时也应考虑到可能会出现人员紧张的情况，原有人员需要加班加点才能应付，这便要相应地增加工资。

（六）计算方法简单明了

所实施的奖金计算办法应当简单明了，要使受奖范围内的所有员工都能掌握，尽可能减少其中的人为因素。有些酒店对此严格保密，其实有碍于奖金激励作用的发挥。

（七）写入合同

决定奖金多少的各项因素和有关规定都应是客观的、公正的。切忌加入经理人员主观随意的条文。必须明确，达到经营目标后按原定奖励方案获取奖金是员工的一种权力，而不是经理个人的恩赐。所以，有关奖励的条文最好写入雇佣合同之中。

第四节 福 利

一、福利的概念与作用

福利是指酒店向员工提供的除工资、奖金之外的各种保障计划、补贴、服务以及实物报酬。属于间接报酬。是酒店从自身的经营需求与社会责任出发，以费用支出的形式，实施劳务管理的一种手段。从发展的角度看，福利措施在酒店人力资源政策中的重要性正在日益增长。

由于收入所得税限制，酒店支付给任何关键员工的工资，不会高于一定限度，于是，福利措施就成了激励员工的因素和留住人才的重要手段。酒店福利，本是以酒店为主体的经营政策的一环，从其本质上讲，福利的目的，不是为了改善员工及其家庭的生活条件，而是为了促进经营目标的实现。这就要求管理者们有效地用好这个工具，使之与酒店当期的目标一致起来。具体操作上，首先要考虑选择什么时间，什么地点以及什么方式最能发挥激励作用这个问题，以求准确地体现酒店的当期目标与福利措施的关系。

国际上，在注重维持稳定的、成熟的、后继有人的经营团队的酒店中，一般用优厚的退休工资和生活保险，包括贷款优惠等来实现酒店团队的稳定化。而那些弹性较大的新酒店，宁愿让那些“活跃人物”有适当的流动机会。因为这种人不愿在一个酒店久呆，对退休以后的待遇也不感兴趣。对这类人才，酒店宁愿用高薪、高奖让他们在一段时间内为酒店多做贡献。

福利的积极作用有：传递酒店的文化和价值观；吸引和保留人才；税收减免。

其消极影响：不与业绩挂钩，并造成酒店成本增加。因此，现代酒店倾向于将其作为对核心人才和优秀员工的一种奖励方式进行发放，要求员工通过努力工作来挣得，常被称为“基于业绩和能力的动态福利计划”。

二、福利的形式

福利种类繁多，有货币形式的，也有非货币形式的，可供选择的余地很大。具体采用哪一种形式，可以根据实际情况而定。酒店业所提供的福利主要包括：员工餐厅、员工宿舍、员工浴室、免费制服、制服免费洗涤、免费（或优惠）美容、理发、托儿所、幼儿园、弹性工作时间、带薪年假、退休保险、医疗补贴、酒店内医疗保健、为员工订阅报刊杂志、设立员工俱乐部、提供运动设施、度假旅游补贴、购买住房或发放购房补贴或提供贷款、节日礼品、生活困难补贴、直系亲属丧葬补贴、灾害补贴等。

三、弹性福利制度

一般认为，福利是酒店在工资以外以货币或非货币形式间接支付给员工的物质补偿和待遇。福利的种类很多，但一般可以分为四类：第一类是经济性福利，是以提供员工基本薪酬及奖金以外若干经济安全福利为主，目的是减轻员工的经济负担并增加其额外的收入等；第二类是工时性福利，是与员工工作时间长短相关的福利，如休假或弹性工时等；第三类是设施性福利，是与酒店提供的设施有关的福利，如员工餐厅、阅览室、活动室等；第四类是娱乐及辅助性福利，是为增进员工社交及康乐活动、促进员工身心健康的福利项目，如文体活动等。

第十二章

酒店员工激励

第一节 激励机制

一、什么是激励

激励,顾名思义,激就是激发,励就是奖励或鼓励。激励是指激发人的动机,使人产生内在的动力,并朝着一定的目标行动的心理活动过程,也就是调动人的积极性的过程。所谓员工激励,就是指通过有效的内部、外部刺激,激发员工的需要、动机、欲望,从而形成某种特定目标,并在追求这一目标的过程中保持高昂的情绪和持续的积极状态,发挥潜力,达到预期目标。

二、需要、动机与行为

构成激励的要素主要包括以下几方面:

(一) 需要

需要是激励的起点与基础。需要是人对一定客观实物或某种目标的渴求或期望。促进动机产生的原因有两个:诱因与驱力。诱因是指外部条件,驱力则是指人的内在需要。在外部条件刺激下,人产生强烈的需要并导致动机的产生。人的需要是人们积极性的源泉和实质,而动机则是需要的表现形式。

（二）动机

动机是构成激励的核心要素。动机是推动人从事某种行为的心理动力。人们在管理中所采取的各种行为都是由动机驱使的，有什么样的动机，就会产生什么样的行为。激励的关键环节就在于使被激励者产生所希望的动机，以期引起有助于实现组织目标的行为。所以，激励的核心要素是动机，关键环节就是动机的激发。

（三）行为

行为是激励的目的。这里所说的行为，是指在激励状态下，人们为动机驱使所采取的实现目标的一系列动作。被管理者采取有利于实现组织目标的行为，是激励的目的，也是激励能否取得成效以及成效大小的衡量标准。动机、行为、需要等外部刺激要素的相互组合与作用，构成了对人的激励。

三、激励过程

激励过程就是一个由需要开始，到需要得到满足为止的连锁反应。当人产生需要而未得到满足时，会产生一种紧张不安的心理状态，在遇到能够满足需要的目标时，这种紧张不安的心理就转化为动机，并在动机的驱动下向目标努力，目标达到后，需要得到满足，紧张不安的心理状态就会消除。随后，又会产生新的需要，引起新的动机和行为。这就是激励过程。可见，激励实质上是已未满足的需要为基础，利用各种目标激发产生动机，驱使和诱导行为，促使实现目标，提高需要满足程度的连续心理和行为过程。整个过程如图 12-1 所示。

图 12-1 行为的基本心理过程示意图

第二节 激励的理论

激励理论是对激励实践的有效总结，也是指导激励实践的有效理论支撑。加强对激励理论的研究有助于更好地将其运用于酒店的激励管理。

一、我国早期的激励理论

1. 激励下属“士为知己者死”。这要求管理者、统治者要关心、爱护下属，满足下属生存与发展特别是心理情感的需要，与其成知己和至交，从而使下属不遗余力地为自己出力。儒家提出“仁”，主张“施仁政”，强调国家的统治者要像爱护亲属一样地对待臣民，正是这一理论的具体要求。

2. “赏不可不平，罚不可不均”。这是指管理者、统治者要赏罚严明，善于通过奖赏和惩罚这两种正、负强化激励手段，来达到鼓励先进，鞭策后进，提高绩效的目的。爱护下属不是溺爱，必须有必要的褒扬和处罚，恩威并施。

3. “任贤律己”，“身先士卒”。这是说管理者、统治者要知人善任，严于律己，身先士卒，以自己的榜样感染和激励下属。中国古人历来崇尚德，用人强调德的标准。

4. “上下同欲者胜”。这属于目标激励，即管理者、统治者，引导上下心往一处想，劲往一处使，为实现特定的目标而不懈地努力。孙武非常强调“上下同欲”将其列为五个制胜必备因素之一。“上下同欲”是作用极大的激励方法。

二、西方的激励理论

西方资本主义社会激励理论发展较早，目前主要经历了胡萝卜加大棒，满足“社会人”的需求，寻找人的自我实现，多种激励方法并用四个阶段。当前主要包括以下内容：

1. 内容型激励理论。内容型激励理论又称为需要理论，这类理论着重研究人的动机，由于这类理论的内容针对的是人的需要，所以其主要包括马斯洛的“需要层次理论”、赫茨柏格的“双因素理论”。这一理论认为人具有自然属性、社会属性和思维属性，人在需求上相对应地形成生理需要、社会需要和精神需要，同时指出人的需要具有社会性、具有层次性、具有时间性和相对性的特征。

2. 过程型激励理论。过程型激励理论着重研究的是人从动机的产生到采取具体行动的心理过程。这一理论试图解释人们对付出劳动、功效要求和奖酬价值的认识，以达到激励积极行为的目的。这类理论主要包括佛隆的期望理论、亚当斯的公平理论和洛克的目标设置理论。

3. 行为改造型激励理论。人的行为是人的心理的外部表现，一切有意识的行为的产生和发展，都离不开人的心理活动的支配。而人的心理的积极能动作用的发挥，也必然通过人的行为才能实现。因此，确定如何激励人的积极性问题，应把研究人的内隐的心理活动与人的外显的行为表现有机地结合起来。在管理活动中，不管采取什么样的措施，其根本目的就在于使职工积极的建设性行为增加，消极的破坏性行为减少或消失。行为改造型理论正是以上述基本要求为基础，研究如何巩固和发展人的积极行为，改造和转变人的消极行为，变消极行为为积极行为的系统理论。

第三节　激励方式

一、酒店员工激励的原则

1. 以人为本原则。像服务顾客一样服务员工。员工不是简单的“经济人”，更是“社会人”，有各种各样的需要。酒店应把员工当成合作者，建立适应时代特点和员工需求的人性化激励机制。

2. 因人而异原则。不同个体有不同需要，同一个体在不同时期也会产生不同需求，只有当激励与需要找到结合点时，才能发挥作用。如一般女性员工比较看重薪酬，男性员工则更看重自身发展机会和企业前景。要清楚认识员工个体需求，进行有效的激励。

3. “三公”原则。激励中要做到公平、公正、公开，管理者切忌凭主观臆断和喜恶来评价员工，必须对每位员工一视同仁、赏罚严明、不分亲疏，才会形成竞争向上的工作氛围。

4. 及时适度原则。首先，激励必须及时。迟来的激励可能会让员工觉得多此一举，失去激励意义，及时的激励才能起到强化作用。其次，激励要适度，掌握激励火候，才能产生良好效果。奖励过重，会使人感到得来轻而易举，失去进一步提高的欲望；奖励过轻或惩罚过重，则可能使员工产生消极情绪。

二、酒店员工激励的方式

物质激励和精神激励相辅相成，缺一不可。没有物质激励，精神激励变得空洞无力；没有精神激励，员工发挥不了潜能。

（一）物质激励

物质激励是最基本的，首要的激励措施，尤其在酒店业，物质激励所起的作用不可被替代。但物质激励不能实行“大锅饭”式的平均主义分配制度，应与员工责任、绩效和贡献相挂钩。

1. 薪酬方案。岗位基本工资是员工薪酬中较固定和稳定的收入，是吸引和留住员工的必要条件，并配合其他激励方法。奖金分为月度奖金、季度奖金和年终奖金等，要发挥奖金的激励作用，必须配备有一套公正、科学的业绩考核体系。

2. 福利。福利的形式多种多样，如养老金、失业金、退休金、医疗保险、保健补助等。对连续工作满一定年限的员工，可以享受带薪休假和其他更多的福利；根据贡献和业绩，可以每月评出优秀员工，给予奖励旅游等。福利政策要落实，不能偷工减料，才能发挥激励的作用。

3. 共享成果。一是分享酒店业绩增长的成果。员工为酒店付出、提高了业绩，酒店应适当地与员工分享成果，让员工享受到努力所带来的收获、更加努力工作以期获得更多的收益，酒店也从中获益，实现双赢。二是分享成本减少的成果。酒店是物资消耗较大的企业，减少物资浪费就能降低经营成本，而接触消耗品的是员工。酒店应设置减少消耗奖励计划，鼓励员工共同节约，并把节约成果与员工分享。为酒店节约就是为自己增加收入，员工将会自觉地减少浪费。

4. 名衔奖励。设置荣誉奖项并给予一定的物质奖励，如创新奖，鼓励员工发明节约的方法，改进服务的方法。还有优秀员工奖、最佳服务奖、服务质量奖、突出贡献奖、客人满意奖、微笑奖等，名号和头衔可以增强和满足员工的荣誉感。

（二）精神激励

1. 企业文化激励

酒店文化是一个酒店内共同的价值观念、精神追求和行为准则，酒店文化表现为酒店的规章制度、员工的共同信念，反映了酒店的共同愿景。企业文化是酒店的核心竞争力所在，对员工的影响最深、作用最持久，要把酒店文化贯彻到管理中，使其得到员工认可并融入其中，内化为员工理念，使之成为员工的精神动力。

（1）重视企业文化建设。许多酒店没有自己的企业文化，没有形成差异化的竞争力。低星级酒店建设自身的企业文化显得力不从心，甚至放弃对企业文化的塑造。作为企业，没有自己的文化，等同于人没有了灵魂。酒店业巨头希尔顿酒店的经营理念是“保证100%满意”。酒店必须重视企业文化建设，以增强员工的凝聚力，对员工产生本质上的激励作用。

(2) 把企业文化贯彻到行为当中。酒店规章制度是企业文化的表现之一，管理者应以身作则，保证规章制度的严肃性，不能变成空洞的文字，尊重酒店的规章制度也是对企业文化的认同。

(3) 构建共同愿景。使其成为全体员工共同奋斗的方向，增强员工的使命感、凝聚力和向心力，极大地激励员工。香港香格里拉国际酒店管理集团的经营目标是成为亚洲地区酒店集团的龙头；加拿大四季酒店集团的目标是无论位于何地，都必须成为人们所认为的那种经营最好的酒店、度假区及度假区游乐场所的公司。他们之所以成功，就是靠着独特的企业文化和远大的共同愿景。

2. 制度激励

制度包括竞争、用人机制，考核、晋升制度等，完善的企业制度可以增强企业的凝聚力，提高员工的归属感和忠诚度，激发工作热情。可从以下几方面着手：

(1) 目标设置激励。设立适当的、具体可行的目标，可以有效激发员工的积极性。应注意三点：一是要让员工参与设置目标。员工自己提出目标，有利于强化其实现目标的欲望，使其自觉完成目标。二是目标设置要适当，不能太高也不能太低，目标应略高于其实际能力。三是可以把大目标分解成若干小目标。小目标较容易实现，当员工完成一个小目标后，会产生成就感，从而激发其积极性，朝下一目标努力，最终实现大目标。

(2) 员工参与管理和授权。首先，员工有参与酒店决策和管理的需要，不应只把员工当做命令执行者。征询员工的意见、让员工参与决策、实行意见征集等，员工在自己倡导的环境下工作，可以提高员工的满意度，不但不会影响酒店正常管理，反而能使管理更顺利。其次，优秀人才都希望有自由的发挥空间，而不希望被管得太死。给予员工相对充分的自主权力，让其得到施展才华的空间，感受尊重和信赖，变得更有责任心。授权有助于培养员工忠诚，可以通过授权留住优秀人才。

(3) 员工职业生涯规划。基层员工对自己的职业生涯缺乏系统的规划，并为了薪酬而频繁跳槽。要想稳定员工，就必须重视帮助员工进行职业生涯规划，提供较完善的晋升机制与培训体系，并将员工个人的职业生涯规划与培训规划紧密衔接，培养员工的归属感。

(4) 信息透明化。管理者与员工之间信息是不对称的，酒店不应忌讳让员工知道信息，让员工及时了解酒店经营动态和管理信息，表明企业重视、信任和尊重员工,有助于增强员工的主人翁意识。

(5) 培训激励。根据培训对象的不同可以分为三个层次:一是决策管理层,培训重点是战略管理、企业文化等。二是督导管理层,培训重点在执行力、人际关系、客户管理等。三是操作人员层,培训重点在提高整体素质,强化其专业知识,业务技能与工作态度。培训能提升员工的能力与素质,让员工感觉到有前途,从而激励员工。

(6) 工作激励。首先,岗位职责与员工能力相匹配。岗位需要的是合适的人,否则,岗位产生不出应有的绩效,而人也发挥不了其才能。要把合适的人放在合适的岗位,才能激发员工的兴趣和热情。其次,实行岗位轮换制。内容丰富、具有一定挑战性的工作,比简单机械的工作更能激发人们的工作热情。酒店服务工作复杂繁琐且一成不变,员工很容易产生厌倦感,工作积极性下降。适当调整工作内容,采取岗位轮换,甚至可以由员工自己挑选合适的、感兴趣的岗位。再次,良好的工作环境。客观环境,包括齐全的设施设备和令人舒适的环境条件,能让员工提高工作效率;人文环境,包括和谐的同事关系以及健康的工作氛围,能使员工保持高效工作状态和饱满的工作热情。

3. 情感激励

情感是人的本能需求,人不能脱离情感而生活。调动员工的情感因素,有助于激励员工。酒店管理要体现出人情味,从情感上关心和尊重员工。

(1) 尊重。要得到别人的尊重,就必须先尊重别人。员工也有受尊重的需要。零售巨头沃尔玛几乎所有的经理都佩戴着"我们关心我们的员工"的徽章,员工都被称做"伙伴",而不是雇员,这是沃尔玛成功的原因之一。对员工尊重,员工感觉到受重视,其内在激励动因会明显增强。

(2) 沟通。开诚布公的沟通可以形成平等、宽松的工作氛围,消除上下级误会。沟通是员工发泄不满、提出意见和建议的好方式,员工能以更愉快的心情投入工作。沟通的形式有多种,如"走动式管理法"、"开门办公"的政策,总经理热线和信箱,座谈会,与员工共同进餐等。

(3) 赞赏。对员工的成绩要给予认可。成绩不论大小,都应予以认可,最好能在公开场合表扬,这可以满足员工的荣誉感和被尊重感。对员工的错误要给予宽容。当员工失败、犯错时,重要的不是追究失败带来的损失,而是要与员工一起分析失败的原因和对策,这样才能杜绝再次犯错。一味地批评会使员工不愿在工作中进行尝试、承担责任,最终变得畏首畏尾、消极怠工。

(4) 关心员工。酒店要关心员工生活,让员工感受到温暖和关怀。真诚以待才会产生团结和忠诚。酒店员工工作比较枯燥,必须不断丰富其业余生活,不让员工对酒店产生厌倦感。有条件的酒店应建设或让员工使用运动场所如乒乓球室、游泳池等，还应配备有图书馆室、摄影室、计算机房等，让员工在爱好中寻找快乐。还可以不定期地组织卡拉OK比赛、交谊舞晚会、体育运动会等，管理者与员工公平竞技，融入员工当中。员工情绪低落的时候，应与员工沟通，耐心的劝导，驱散员工心头阴霾、解开员工心锁，让员工以正常的情绪回到工作中来。

4. 综合激励

(1) 成就激励。人的成就需要作为一种基本需求是许多动机行为的基础。任务本身往往就能激励员工。因为征服欲是人的天性，人们面对挑战，总能激发起斗志，焕发出潜能。

(2) 正强化激励。人们的行为受到外界鼓励时，这种行为倾向于重复出现，受到强化。企业的激励措施每隔一段时间应作一定的调整，对激励的方式、内容、激励程度也应做出变化，防止职工对激励措施麻木。

(3) 挫折激励。自信的人往往在挫折面前不低头，他们会因挫折而磨练了意志、获取经验，更加奋发图强，坚持不懈。对这些员工可以适当分配一些难度较大的工作，使用挫折激励激发他们的工作积极性。

第十三章

酒店劳动关系管理

第一节 酒店劳动关系管理概述

一、酒店劳动关系管理的内涵

劳动关系，主要是指企业所有者、经营者、普通员工及其工会组织之间在企业经营活动中形成的各种权、责、利关系。劳动关系虽然不是新的概念或问题，但成为独立的研究领域，却是近百年来的事。劳动关系与工业关系、员工关系虽有不同的含义，却常被混用。从学科研究领域的观点看，企业劳动关系牵涉的范围相当广泛，涵盖雇佣关系的所有相关方面，包括对个体员工、集体员工与其工会、雇主与工会及环境等的探讨，其中牵涉到的对象有员工、工会，管理层以及影响三者互动的政府。当前，我国正逐步建立以市场契约为保证的企业劳动关系。这种形式的劳动关系虽在西方市场经济体系中形成，但同资本主义制度没有必然的内在联系。这种劳动关系是与社会化大生产密切相关，与市场经济的经济运行体制相对应的一种劳动关系。

酒店劳动关系是指建立在市场契约基础上的劳动关系，这种劳动关系不仅包括酒店员工与酒店生产资料的所有者或员工使用者（酒店企业）之间的社会经济利益关系，而且包括酒店员工之间（酒店经营管理者之间、酒店经营管理者与一般员工之间、一般员工之间）在酒店管理与服务过程中所形成的社会经济关系。酒店劳动关系管理即是针对酒店员工与酒店生产资料的所有者或员工使用者（酒店企业）之间的社会经济利益关系，而且包括酒店员工之间（酒店经营管理者之间、酒店经营管理者与一般员工之间、一般员工之间)在酒店管理与服务过程中所形成的社会经济关系进行的管理。酒店劳动关系管理通过影响企业员工的动机和能力来改善员工个人绩效,同时通过塑造组织氛围有效地整合个体绩效,形成组织整体绩效,劳动关系管理和组织绩效的作用机理如图 13-1 所示。

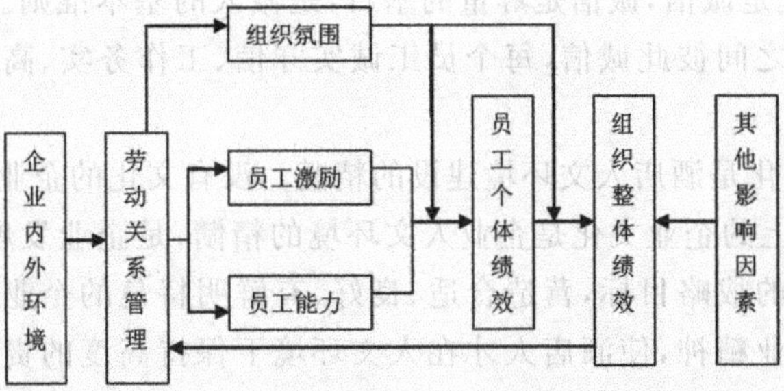

图 13-1　劳动关系管理和组织绩效的作用机理框图

二、影响酒店劳动关系管理的外部环境

酒店劳动关系管理的特殊性,使其在更大程度上受到外部环境的影响。首先,外部环境决定酒店劳动关系管理的基本手段和方式。"合作共赢"与"保障组织利益的前提下兼顾员工利益"是酒店劳动关系管理的两种基本理念。外部产品市场和劳动力市场的供求关系,决定了劳动关系双方主体之间的力量对比,这将改变酒店劳动关系管理者的基本管理理念,进而改变酒店劳动关系管理的基本手段。其次,劳动法律政策构成保护劳动者利益的底限。作为保护劳动者利益和平衡劳动双方力量的基本工具,劳动法律和政策为劳动者的权益设置了最低限,这样使得劳动者部分摆脱了不利市场环境带来的影响,也制约了酒店劳动关系管理的随意性。再次,外部制度环境为劳动关系冲突提供了救济渠道。酒店劳动关系管理一旦陷入冲突和无法解决的困境,法律诉讼制度、劳动仲裁调解制度、劳动监察制度等都可以提供相应的救济程序。这也使得酒店劳动关系管理的结果也受到外部环境的影响。

三、酒店劳动关系管理的基本原则

(一) 创建酒店和谐人文环境

1. 制度是酒店人文环境建设的基础。国家的稳定和谐依靠健全的法制和依法行政，企业也不例外。酒店业要创造良好的人文环境，增强企业团队的凝聚力，首先就要建立健全酒店的规章制度，并严格按照制度执行，对领导和员工要一视同仁、奖罚分明，使酒店管理规范化、制度化。

2. 诚信是酒店人文环境的建设核心。员工的忠诚度是管理者关心的重要问题，忠诚的前提是诚信，诚信是尊重的基石，是做人的基本准则。只有企业的管理者和一线员工之间彼此诚信，每个员工诚实守信、工作务实、高效，酒店才能得到发展。

3. 企业文化是酒店人文环境建设的精髓。没有文化的企业是没有生命力的，健康、积极、向上的企业文化是企业人文环境的精髓，是企业发展的精神动力。酒店要根据自身的战略目标，营造合适、良好、有鲜明特色的企业文化，树立正确的价值取向和企业精神，使酒店人才在人文环境下保持高度的责任感、昂扬的斗志和积极的进取精神，努力组建成一支和谐、充满活力和凝聚力强的酒店团队。

（二）加强管理层与一线员工情感能力的培养

管理的实质就是管“人”，对酒店而言，管“人”更重要的是“情感管理”。面对激烈的酒店业竞争，员工仅有外在情感表现是不够的，因为外在情感表现呈现给顾客一种虚假的感觉，工作要求员工们拥有一种发自内心的情感，也就是“情感劳动”。“情感管理”的关键在于酒店管理人员与员工之间真诚的双向情感沟通和交流。因此，酒店管理者要注重与员工的交流和沟通，多去倾听员工发表的建议，充分了解员工之所需，以针对性的激发员工的动机，使员工具有工作的动力；信任员工，树立为员工服务的意识；关心员工，及时解决员工遇到的困难，以获得员工对酒店的信任和忠诚，促发员工的内在潜力和能力，最终达到酒店和员工的共同发展。

（三）合理实施奖励政策，实现有效激励

奖励政策是现代企业的一种现代化的管理法宝，是一种有效的激励手段，是以人为本管理模式的体现。奖励政策是对有优良工作业绩的员工进行奖励，其参与者除了受到奖励的员工外，还有企业的首脑人物和客户。通过奖励政策中的一系列活动，如：颁奖典礼、主题晚宴、企业会议、赠送贴心小礼物、亲人出席等，将企业文化有机地融入奖励活动中，创造一种亲和的抑或激动人心的氛围，使员工认识到管理者富有人情味的一面，促进管理者和一线员工之间进行无障碍的沟通和朋友式的交流。这种融物质和精神激励于一体的方式，不仅能增强员工的荣誉感，还融合了团队建设和企业文化的内容，增强员工的归宿感、认同感和凝聚力等精神层面的东西，促进酒店和谐关系的建立，达到酒店管理目标，树立酒店形象，

增强酒店实力，促进良性健康发展。

（四）充分发挥工会和职工代表大会的职能

工会最基本的职责是代表和维护职工的合法权益，酒店要充分发挥工会的作用，就要把维护职工切身利益作为工会生活保障工作的重点。由于酒店业人员流动率高的特点，使酒店工会职能的充分发挥有一定的难度。因此，酒店业工会要时刻注重工会队伍的建设。首先，要做到及时发展新会员，补充新鲜血液，给工会带来生机和活力。其次，维护权益、化解矛盾，工会要以调查为基础，以事实为依据，以政策法规为准绳，公平、公正地解决管理者与员工之间的矛盾，维护好职工的利益，协调好两者的关系，以在维权中求和谐，在和谐中促发展。第三，定期开展职工代表大会并落到实处，搭建企业与员工沟通的平台，听取员工合理化建议，帮助解决员工最关心、最迫切、最直接、最现实的困难，切实做到"维权帮困"。第四，积极开展多种活动，既能丰富员工业余生活，又能有效促进员工之间的沟通与交流。第五，加强员工培训，特别是企业文化、《劳动合同法》、《劳动法》等方面的培训，把企业的发展和维护职工利益统一起来，有效调动员工工作的积极性和主动性。

第二节　酒店劳动合同管理

一、酒店劳动合同的概念

劳动合同是《劳动法》中的一项重要的法律制度，劳动合同是产生和确立劳动关系的依据和法律形式，是国家组织社会劳动，合理使用劳动力，调动劳动者的积极性，提高劳动生产率，加快社会主义现代化建设的重要法律手段，也是劳动者实现其劳动权利的一项重要的法律形式。

酒店劳动合同一词，如果仅从其字面上看，顾名思义，凡是规定酒店的当事人一方必须一次完成或经常从事某项工作的协议，都可以称为劳动合同。劳动合同不仅包括工人、职员的工作合同，而且也包活一般加工承揽、建设工程承包、家庭服务、劳动委任、居间行纪、作品预约等有关劳动给付义务的合同。但是，从劳动法学的角度来看，酒店劳动合同仅仅是指酒店企业同其工人、职员就劳动的权利和义务所达成的协议，并不包括传统民法理论中的民事合同以及现在的经济合同的内容。

酒店劳动合同也称为酒店劳动契约或劳动协议，是劳动者同酒店企业订立的有关劳动权利、义务的协议。根据该协议，劳动者加入到酒店企业内，担负一种职务或一定种类的工作任务，并遵守其内部劳动规则和制度，酒店企业有义务分配被录用劳动者的工作，按照劳动的数量和质量给付劳动报酬，并提供法律规定和合同约定的劳动条件及保险福利待遇。

二、酒店劳动合同的订立和内容

劳动合同是劳动者和用人单位之间为确立劳动关系，明确双方在劳动过程中权利和义务的协议。一般情况下，劳动合同既可以采用书面订立，也可以采用口头形式达成。但是，我国现行《劳动法》中第十九条规定，劳动合同应当以书面形式订立。也就是说，我国的劳动合同必须采用书面形式，劳动合同由劳动者和用人单位就其劳动过程中的权利和义务达成一致意见而写成文字协议，经双方当事人的签字或盖章才是有效的。

酒店劳动合同，是指劳动者和酒店企业之间为确立的劳动关系，明确双方在劳动过程中权利和义务的协议。因此，劳动者要想保护自己的合法权益，就必须与用人单位签订劳动合同，而要使所签合同能够确保不侵犯劳动者权益，劳动者就必须了解劳动合同的相关内容及订立劳动合同时应注意的问题，提高订立劳动合同的技巧。

（一）酒店劳动合同的内容

酒店劳动合同的内容，是指劳动合同中对劳动者和酒店企业双方当事人权利义务的具体规定。劳动合同的内容既关系到劳动者与用人单位的切身利益，也关系到劳动法律、法规的贯彻实施，因而是劳动合同法律制度中的一个重要问题。由于劳动过程本身的复杂性和多变性，劳动合同的内容不可能千篇一律，而只能由用人单位根据劳动过程的特点和单位的实际情况与劳动者协商确定，其内容包括法定必备条款、法定可备条款与约定必备条款。

1. 法定必备条款，即法律规定劳动合同必须具备的条款。只有完全具备这种条款，劳动合同才可依法成立。劳动合同中的相关条款有一般法定必备条款和特殊法定必备条款之分。根据我国《劳动法》中的规定，劳动合同应当具备以下条款：合同期限、工作内容、劳动保护、劳动条件、劳动报酬、劳动纪律、合同终止条件、违约责任等。

2. 特殊法定必备条款。有的劳动合同由于自身的特殊性，立法中特别要求其除了规定一般法定必备条款外，还必须规定一定的特有条款。例如，根据《中外合资经营企业劳动管理规定》和《私营企业劳动管理暂行规定》中的规定，中外合资企业劳动合同和私营企业劳动合同中应包括工时和休假条款；根据有关学徒培训的法律规定，学徒培训合同中应当有培训目标、学习期限、生活待遇等条款。

3. 法定可备条款。即法律规定劳动合同可以具备的条款。此类条款通常有试用期条款、保密条款、第二职业条款等。

4. 约定必备条款。即劳动关系当事人或其代表约定劳动合同必须具备的条款。这类条款是法定必备条款的必要补充，可能同时属于法定可备条款，也可能为法定可备条款之外的内容。其具备与否，对劳动合同可否依法成立，在一定程度上有决定性意义。按照作出约定的主体不同，可以分为集体合同约定必备条款和劳动合同当事人约定必备条款。集体合同要求在劳动合同中必须载明的条款，既包括集体合同已规定标准而应由劳动合同将其具体化的条款，也包括集体合同仅列出项目而应由劳动合同明确其内容的条款。我国《劳动法》中规定，劳动合同除法定必备条款外，当事人可以协商约定其他内容。

（二）劳动者在签订劳动合同时应注意的技巧

1. 签订劳动合同必须采用书面形式。劳动者到酒店打工时尤其注意应要与用人单位签订书面劳动合同。

2. 签订劳动合同要遵循平等、自愿、协商一致的原则，不能强迫签订，也不能在职工未授权的情况下由他人代为签订。变更劳动合同的内容也必须经过双方协商，否则这些劳动合同就是无效合同。

3. 树立劳动合同的法律意识。合同一经签订就必须全面如实地履行。值得注意的是，合同中有关权益的条款当事人可以放弃，但是，合同中所有的义务性条款未经对方当事人同意是不得随意放弃的。《劳动法》中第十七条规定，劳动合同依法订立即具有法律约束力，当事人必须履行劳动合同中规定的义务。

4. 慎重选择劳动合同期限。一般说来，劳动合同文本首先是酒店拟订的，酒店企业发给劳动者的劳动合同文本是规范的。然而，职工个体则往往是千差万别的，所以，职工个人应当从自己的角度结合自身的特点，决定如何修正合同条款或是否签订，这也是《劳动法》赋予职工的权益。依照国家劳动部发(1994)360 号文件规定，对工作时间较长，距离退休年龄 10 年以内的老职工，如果本人有要求，可以签订无固定期限劳动合同。《劳动法》中第二十条规定，劳动者在同一单位连续工作满 10 年以上，当事人双方同意续延劳动合同的，如果劳动者提出订立无固定期限的劳动合同，应当订立无固定期限的劳动合同。另外，职工的身份也决定着劳动合同的期限。依照国务院批转下发的有关文件精神，分配到实行全员劳动合同制企事业单位的退伍义务兵,可以与用人单位签订无固定期限的劳动合同。企业管理水平、效益及前景的好坏决定着职工是否签订劳动合同。企业管理规范、效益好、有发展前景,职工可以自愿选择签订较长期限的劳动合同,反之,可以不签或签订短期劳动合同。关于劳动合同具体条款的修正则应根据自身的情况和企业接受的可能来决定。《劳动法》中第十九条规定,劳动合同除必备条款外,当事人可以协商约定其他内容。依此,职工可以根据自身技术素质等特点及特殊需要,协商约定某些补充条款。当然,这些条款一经写入合同,与必备条款一样具有约束力。

5. 劳动合同的附件也不容忽视。有些酒店订立的劳动合同除正式条款外,还有一些附件,如企业集体合同、企业规章制度、职工奖惩规则、劳动纪律规范,等等。带有附件的劳动合同在法律上是认可的。所以,职工决不能忽视这些附件。依照我国劳动政策的规定,这些附件也可以作为劳动争议处理的有效依据。认真审读这些文件,应当说是签订劳动合同的一个重要程序。

6. 学会寻求帮助,不急于在劳动合同上签字。劳动合同的签订是一种法律行为,鉴于个人对法律知识的局限性,劳动者在签订劳动合同时有必要寻求一定的帮助。第一,学会寻求工会的帮助。《工会法》中第十八条规定工会应帮助、指导职工与企业、事业单位行政部门签订劳动合同。给予职工帮助是工会的义务。第二,寻求律师和劳动法学专家的帮助。第三,签订劳动合同寻求法律公证或鉴证。通过公证或鉴证可以确认劳动合同条款的合法性。

(三)劳动者在签订劳动合时应谨防就业合同陷阱

劳动者在与用人单位签订劳动合同时,往往因为粗心大意或缺少经验等原因对于一些不符合法律、法规、规章的合同约定不清楚,于是掉进合同陷阱,当出现纠纷后,自身利益难以得到保障。目前常见的违反劳动法的合同陷阱主要有:

1. 口头协议。用人单位只是与劳动者定个口头协议,当发生纠纷申请仲裁或打官司时,陷入“口说无凭”的陷阱中。

2. 空白合同。虽然合同书是劳动部门颁发的规范文本,但合同中应填写的项目没有填上,却用替代、欺诈、胁迫的手段使求职者签名。

3. 模糊概念。对一些合同项目采取笼统的方式填写,一旦发生纠纷,实际操作起来模棱两可,根本无法具体执行。

4. 押金合同。在合同中增加不合理或违法的收费项目。如向劳动者收取抵押金或保证金、风险金、培训费,等等,劳动者稍有违反管理的行为,用人单位便“合法”扣留这部分钱款。

5. 生死合同。用人单位不按《劳动法》中的有关规定履行安全卫生义务,企图以与劳动者约定的“工伤概不负责”条款逃避责任，签订这类合同的主要是建筑业等从事高度危险作业的单位。

6. 卖身合同。具体表现在一些用人单位与劳动者在合同中约定，劳动者一切行动听从用人单位安排。在工作中，加班加点，被迫劳动，剥夺了劳动者的休息权、休假权，甚至任意侮辱、体罚、殴打和谩骂劳动者。

7. 单管合同。按相关规定，劳动合同一式三份，分别由用人单位、劳动和签证部门及劳动者收藏，并具有同等法律效力。但用工者把三份合同全部由自己收藏，使职工无法按合同履行义务、享受权利，尤其是当出现劳动关系纠纷时，劳动者拿不出依据。

8. 备用合同。用人单位与劳动者签订合同时，准备两份合同，一份是假合同，内容按劳动部门的要求签订，以应付有关部门的检查，但在劳动过程中并不实际执行。一份为真合同，是用人单位从自身利益出发拟订的违法合同，合同规定的权利和义务极不平等，用以约束劳动者。

9. 偷换概念。有的用工者与劳动者签订试用期协议，根据试用期的表现再决定是否签订劳动合同。把试用期独立于劳动合同之外是违反《劳动法》中有关规定的。试用期应包括在劳动合同期限内，即劳动关系一经确定，就要按规范的文本签订劳动合同，在劳动合同中再约定试用期。

10. 直接更改。有的用工者明目张胆地损害劳动者的权益，即在合同中，擅自删改或增补不利于劳动者的内容。

三、酒店劳动合同的履行及变更管理

（一）劳动合同的履行应遵循的原则

根据《劳动法》中第十七条规定，“劳动合同依法订立即具有法律约束力，当事人必须履行劳动合同规定的义务。”因此，劳动合同的履行就是指劳动合同依法订立后，酒店和劳动者应按照合同条款，尽各自的义务，实现各自的权利的行为过程。

劳动合同的履行，应遵循以下原则：

1. 实际履行原则，是指劳动合同双方当事人按照合同明确约定的行为来完成自己应尽的义务。比如，劳动者必须亲自完成劳动合同约定的工作任务，不能由第三者代办；用人单位必须提供劳动合同约定的劳动条件，支付劳动报酬、交纳社会保险，等等，劳动合同若不能落到实处，对双方权益都是损失。

2. 全面履行原则，是指劳动合同双方当事人按照合同规定保质保量，全面积极地履行合同义务，不得擅自变更合同，更不得任意不履行合同，这样才能使双方的合法权益充分实现。

3. 协商履行原则，是指劳动合同各方当事人不仅应团结互助、相互协作，双方在履约过程中发生了争议，也应及时协商解决。只有劳动合同双方当事人自觉、全面、正确地履行合同，齐心协力，才能实现共同的经济利益。

（二）酒店劳动合同的变更

酒店劳动合同的变更是指当事人双方依法订立劳动合同后，对尚未履行或尚未完全履行的劳动合同，依照法律规定的条件和程序，对原劳动合同的内容进行修改或增减的法律行为。劳动合同的变更通常是在劳动关系的内容需作某种调整时发生的，是对原有劳动合同的修正。通过劳动合同的变更，使劳动合同双方当事人的权利义务得到调整和改变，使劳动合同适应发展变化的新情况，从而保证劳动合同的继续履行。劳动合同变更的效力只及于变更的条款，未经变更的合同内容继续有效，仍然需要按照原来的约定全部履行。劳动合同的变更一般是仅指劳动合同内容的变更，不包括合同主体的变更。此外，这里所说的劳动合同变更是指广义的劳动合同变更，而不仅仅是指劳动合同书的变更。在许多情况下，劳动者与用人单位之间虽然已经就劳动合同内容变更达成一致，但在双方认可的情况下却并没有马上修改劳动合同书的具体内容。劳动合同变更的种类依世界各国的劳动法立法实践，可以分为法定变更和约定变更。在我国，关于劳动合同法定变更的情况主要体现在《女职工劳动保护条例》中，还没有上升到《劳动法》的内容体系当中。

酒店劳动合同变更制度对于劳动者来说，也是具有十分重要的意义的。劳动者需要变更劳动合同的原因主要有以下两种：

1. 随着劳动者工作时间及个人技能的不断增加，个人所具有的知识层次、业务能力、技术水平等不断完善、提高，已经远非当初订立劳动合同时所能比拟的了，当初约定的工作或岗位可能已经无法使他充分地发挥才能了，或者是原来的工资报酬已经无法再满足他的需要了，这时为了实现其自身的发展需求，他就有两种选择，第一种是跳槽，在一个更高的起点上重新开始；另外一种选择是继续留在原单位，与单位协商变更劳动合同以获得更高的职位或更多的薪水。对于第一种选择，由于人们普遍都有一种期望稳定的心理需求，而且跳槽到一个新的单位也有可能会存在一些新的风险，因此许多人并不会把跳槽作为优先的考虑，而通常只是在与单位协商不成的情况下才不得已而为之的。

2. 劳动合同在履行过程中，由于劳动者自身的条件或生理状况发生改变，无法再按照原来的约定继续履行合同，这也是一种十分常见的情形。如劳动者年龄增长、健康状况不佳、体力衰退、精力不足等原因导致的对原有工作的力不从心，这时他就可能会向单位提出变更劳动合同的请求。

从以上分析中可以看出，劳动合同变更作为对劳动合同——这一关系性和继续性契约的必要补充，它的存在具有充分的理论依据。此外劳动合同变更作为用人单位与劳动者在劳动合同签订后，尚未履行完毕的过程中，针对各种主观、客观情况的变化而采取的一项应对措施，对于稳定劳动关系，维护劳动合同当事人双方的权益具有重要的意义，是劳动合同制度体系中的一个不可或缺的重要组成部分。

第三节 酒店劳动争议管理

一、酒店劳动争议的内容

劳动争议通常是指企业与职工双方劳动关系当事人因劳动问题引起的纠纷。酒店劳动争议是一种酒店与劳动者劳动关系不协调的表现。劳动争议与劳动者的切身利益联系在一起，不妥善处理这些争议，劳动者的合法权益得不到保障，势必影响劳动者及其家人的正常生活，进而影响社会的安定团结。

酒店劳动争议的实质是一种与劳动有关的权利、义务之争，并且与劳动者的切身利益紧密的联系在一起，有的争议还涉及到劳动者的“饭碗”(如开除、除名、辞退劳动者)，对劳动者的生活来源产生威胁，因此劳动争议的案件极容易激化。同时有些团体争议和集体合同争议涉及的人数多、范围广，势必会对社会经济、政治秩序带来更大影响。因此，正确分析劳动争议产生的原因，防止劳动争议的发生，对于保护劳动关系双方当事人的合法权益，促进劳动关系的和谐稳定，顺利进行社会主义现代化建设有着重要意义。

二、酒店劳动争议的产生原因及其预防

计划经济时代，酒店高度集中统一的管理体制，劳动关系的建立、劳动报酬、休息休假和职工奖惩等内容均由国家制定标准，同时，劳动者的权利、义务也是相对明确的，酒店与职工无权变更，只能执行。酒店在当时只是国家政权的附属，劳动关系相对稳定，侵犯劳动者权益的现象和劳动争议都很少发生。因为在当时的

经济生活中没有一种利益机制推动酒店和劳动者个人偏离国家意志去谋求自己独立的利益，因此劳动关系在当时呈现出一种超稳定的静态平衡状况。即使出现一些劳动纠纷，也是通过行政渠道加以解决，很少借助法律途径，使劳动争议不表面化。

但随着社会主义市场经济的建立，对外开放政策的实施，社会主义市场经济的发展以及现代企业制度的建立，企业逐步掌握了经营自主权，根据市场需求来安排生产和经营，自主经营、自负盈亏，从而决定了用工制度的变化和劳动力市场的逐步开放，劳动力配置由国家集中的一元统配决策，转变为国家、用工单位和劳动者的多元有机决策，劳动者作为劳动力所有者，进行着劳动力配置的个体决策，通过这种决策，劳动者选择最适合自己劳动能力发挥和收人高的劳动组织，而用工单位也根据其所管理的那部分生产资料的特性以及不断变化着的需要，进行着劳动力的选择和吞吐，从而打破了计划经济条件下利益单一的机制，出现了国家、企业、个人利益并存的局面，劳动关系从静态平衡向动态发展。但利益多元化的出现，仅是引发劳动争议产生的一个基础，在这个基础上诱发劳动争议产生的原因是多方面的，归纳起来不外乎有两种，即主观原因和客观原因。

（一）酒店劳动争议产生的主观原因

产生酒店劳动争议的主观原因主要是法律意识不强，包括酒店经营者和劳动者双方不守法和不懂法两种情况。

首先，从酒店经营者方面进行分析。在社会主义市场经济条件下，为促进我国社会主义经济发展，国家积极支持外商投资在我国兴办酒店，同时，在政策上扶持酒店业的发展。这些企业与公有制企业虽然同是追求经济效益，但各自的目的是不同的。外商投资、私营和个体企业追求经济效益的目的主要是为自己赚钱，他们中的一部分人为获取更大利润，经常会违反我国现行的劳动法律、法规和劳动政策的规定向劳动者提出苛刻的劳动条件，无故拖欠、压低劳动者的劳动报酬，减发或不发劳动保护用品，随意加班加点，侵害劳动者的合法权益。其中一小部分经营者甚至竟敢殴打、体罚、侮辱工人，特别是一些外国不法投资者，连在他本国经营企业中不敢使用的手段，在中国都敢使用，对于这些人来讲，他们并不是不懂或不知道中国的劳动法律法规，而是利用中国对外开放的政策和吸引外资的宽松环境，牺牲劳动者的利益来赚取更大利润。但对于私营企业和个体经营者来讲，不可否认，他们中确有因不懂或不知道有关法规而违反劳动法律法规的情况，侵犯了劳动者的合法权益、这是劳动争议发生在外商投资企业和私营、个体企业居多的主要原因。

其次，随着社会主义市场经济的发展和现代企业制度的建立，用人单位有权利也有义务按规定与劳动者确立劳动关系。劳动关系一经建立,劳动者就必须根据社会化大生产的要求使自己的劳动力归属于用人单位支配,从而使劳动力现实地成为集体劳动关系的一个组成部分。由于劳动力和劳动者不可分割地联系在一起,用工单位成为劳动力的支配者,也就成了劳动者的管理者。用人单位和劳动者之间必须建立的这种指挥和服从的管理关系是我国当前劳动关系与计划经济体制不同的一种特征。正是由于用人单位和劳动者之间建立劳动关系的这种从属性,以及用人单位在市场经济条件下必然产生的区别于国家和个人利益的企业利益,劳动关系的这种从属性在这里就可能被不恰当地利用,从而出现损害劳动者权益的情况,导致劳动争议的发生。如有的企业片面强调自主权,而忽视劳动法律法规的规定;有的企业从本企业局部利益出发,制定一些违反劳动法律法规和国家劳动政策规定的管理制度,漠视劳动者的合法要求,侵犯劳动者的合法权益甚至任意开除和辞退职工,这也是为什么在发生劳动争议的案件中因用人单位侵犯劳动者合法权益的问题占多数的原因之一。

再次,从劳动者方面分析。在社会主义市场经济条件下,国家允许少部分人先富起来,允许劳动力的合理流动,劳动者在法律规定的条件下有权选择工作,劳动者作为劳动力的所有者进入市场,谋求和选择职业,其主要目的在于得到尽可能多的劳动报酬,这原本无可非议,但在这种利益驱使之下,再加上劳动者本身法制观念淡薄,特别是对劳动法律、法规和劳动政策知之甚少,或理解错误,从而就可能导致严重的个人主义倾向,随意违反用人单位的生产制度和劳动纪律,或者无视法纪,违反劳动合同的规定,不按正常的手续离岗、离职,甚至为追求高额的报酬带着本企业的商业秘密跳槽,影响了企业生产和经营的正常秩序,使企业遭受到一定程度的损失,从而导致劳动争议的发生。虽然在劳动争议案件中,企业状告劳动者的案件占少数,但在市场经济条件下,随着劳动者整体和个人科学文化技术知识的日趋提高,这也是不可忽视的引发劳动争议的原因之一。

总之,引发劳动争议的主观原因虽然是法律意识方面的问题,但这一问题出现在依法治国的今天,就不能不说是一件十分严峻的大事,这不但需要对全体劳动者加大力度普及相关的劳动法知识,同时对企业经营者也有必要进行劳动法律法规的知识教育,因为依法治国不仅要有完备的法律制度,更重要的还在于依法治理,而依法治理的基础就是让企业经营者和劳动者知法、懂法、严格依法办事,这是现阶段减少和预防劳动争议发生的关键所在。

(二)酒店劳动争议产生的客观原因

劳动争议的发生除了人的主观因素之外,也有一部分争议是由于客观原因造成的,主要有以下几点。

1. 法制不健全。随着社会主义市场经济的建立，我国尽管制定、颁布和实施了以《中华人民共和国劳动法》为首的一系列劳动法律、法规，但是，按照社会主义市场经济发展的要求，劳动立法工作仍然相对滞后于经济发展的需要。目前我国的劳动法律体系还未形成包括劳动基本法、劳动就业法、劳动合同法、集体合同法、工资法、职业培训法、社会保险法、劳动监察法、劳动卫生安全法、劳动保护法、劳动争议处理法以及上述法律的实施细则在内的较完整的劳动法体系，这就难以依法保护劳动者和用人单位的正当权益。造成在以《劳动法》及其配套法规的贯彻执行和企业改革中的许多问题无法依法解决，从而引起劳动争议的产生。

2. 酒店陷入困境。市场经济运行过程，是一个不断优胜劣汰、资产重新组合的过程，这个过程是检验企业能否与市场的需求适应，产品是否对路，是否能赢得广大消费者的过程。这个过程能否适应，能否把握好是酒店生存、发展的关键。如果酒店经营者和劳动者在市场运行过程中，不能同心协力、共同奋斗，那么酒店就有可能在激烈的竞争中被淘汰。当然，有的酒店也可能由于多种原因而陷入困境，而对于陷入困境的酒店来讲，所面临的是工资不能保证，劳动者面临下岗失业，社会保险费用不能交纳，劳动保护用品不能按时按规定发放的局面，这些问题虽然是由于客观条件所决定的，但如果不能做好深入细致的思想工作，都有可能引发劳动争议和其他事件的发生。在这种情况下，产生的劳动争议从分类上看，大多是团体争议，同时，这种争议的影响和处理也都是十分棘手的问题。必须引起相关部门和工会的高度重视。

3. 劳动力供大于求。我国有13亿人口，劳动力资源可达8.45亿人，其中城镇劳动力1.94亿人。据1995年全国人口普查资料推算，从1996—2000年我国城镇平均每年进入劳动年龄的人数为1000万人左右，再加上农村剩余劳动力源源不断地流入城市，对原来有限的工作岗位更增加了前所未有的压力。这一劳动力供大于求的局面，是劳动争议发生的一个客观基础。因为劳动力供大于求的局面，会使一些酒店在使用劳动力和签订劳动合同时，不按照国家规定的条件进行招工，或有意压低劳动报酬，不遵守按劳分配、同工同酬的原则，或在劳动合同其他条款中，损害劳动者的合法权益。而出现这种情况的原因，正是由于劳动力供大于求的状况造成的，虽然劳动者在急于求职的情况下，双方建立了劳动关系，但随着劳动者法律知识和自我保护意识的提高，势必成为引起劳动争议发生的原因。

（三）酒店劳动争议的预防

酒店劳动争议预防，是依据法律的规定，采取一定的措施，防止职工与企业之间因劳动问题引起纠纷，即这一行为是事前的积极预防，而不是被动的处理，是符合法律要防患于未然这一基本原理、符合我国劳动政策基本要求和劳动工作实际需要的。我国当前劳动争议预防的重点应当是：企业与职工之间因履行劳动合同和因开除、辞退、除名违纪职工发生的争议，应从以下几个方面抓好预防：

1. 加强劳动立法。一是要在改革实践中查漏补缺，逐步健全完善劳动法规，使各类劳动关系都得到调整。二是实行劳动合同的鉴证制度。通过仲裁机关的审查，加强管理、严格把关，使合同要件充足、内容完整、真实可靠，真正体现劳动法律关系主体权利义务的统一。三是要保证《酒店规定》的合法性、合理性和可行性。那种以加强纪律为名，无视国家劳动法规、任意加码，损害职工合法权益的做法，只能引起劳动纠纷，影响职工积极性，造成不安定因素，必须坚决克服。

2. 必须严格执法。对已发生的劳动争议，应本着有利于生产和工作的原则、先行调解和当事人双方根据法律平等的原则，正确认定违纪事实，查明责任，适度运用法规条文，严格执行法定程序。对有过错者，不论是干部、工人一律公平处理，并允许受处分者申辩。要充分发挥企业劳动争议调解委员会、职工代表大会、工会在处理违纪职工中的监督作用，通过说服教育和调解工作，将大量争议消除在起始阶段，把好劳动争议矛盾激发的“第一道防线”。

3. 进行守法教育。增强法人和职工的劳动法律意识，是预防劳动争议发生的先决条件。目前，少数企业领导人以权代法，职工不懂得用法律保护自己的合法权益的现象，正是他们法制观念淡薄、缺乏劳动法规知识的表现。因此，必须通过各种形式的法制宣传和教育，把劳动法律知识灌输到广大职工群众中去，消除法盲，使人人知法、懂法、自觉守法。

三、酒店劳动争议的处理

酒店劳动争议处理，是指法律、法规授权和专门机构对劳动关系双方当事人之间发生的劳动争议，依法进行调解、仲裁和审判的行为。根据我国《劳动法》中的规定，劳动争议处理的基本形式有以下四种：向企业劳动争议调解委员会申请调解；向当地劳动争议仲裁委员会申请仲裁；向人民法院提起诉讼；当事人自行协商解决。

（一）劳动争议调解

劳动争议调解，是专指用人单位劳动争议调解委员会对申请调解的劳动争议案件，依法通过调解的方式进行处理。用人单位劳动争议调解委员会是依法建立的单位内部专门处理劳动争议的机构，该机构在职工代表大会领导下开展工作，在用人单位生活中有着相对独立的地位，在进行劳动争议调解工作时，不受单位行政和任何人的干预。用人单位劳动争议调解委员由职工代表、用人单位代表和工会代表三方组成。

（二）劳动争议仲裁

劳动争议仲裁，是指劳动争议仲裁委员对申请仲裁的劳动争议案件依法进行裁决活动。仲裁是我国处理劳动争议的一种基本形式，在劳动争议处理工作中具有重要作用。

第一，劳动争议仲裁委员会的设立，劳动争议仲裁委员会是国家授权，依法独立处理劳动争议的专门机构。劳动争议仲裁委员会由劳动行政部门代表、同级工会代表、用人单位方面的代表组成。

第二，劳动争议仲裁委员会的受案范围及管辖，劳动争议仲裁委员会受理劳动争议案件的范围包括：因用人单位开除、除名、辞退职工和职工辞职、自动离职发生的争议；因执行国家有关工资、保险、福利、培训、劳动保护的规定发生的争议；因履行劳动合同发生的争议；法律、法规规定由仲裁委员会处理的其他劳动争议。劳动争议仲裁委员会处理劳动争议案件，一般实行属地管辖原则。

第三，劳动争议仲裁程序，劳动争议仲裁程序一般按以下三个步骤进行：当事人申请、仲裁案件受理和仲裁审理。

（三）人事争议仲裁

人事争议仲裁是对人事管理活动中产生的人事争议进行调解或裁决的行政司法活动。人事争议仲裁是由人才流动争议仲裁发展而来的。人才流动极大地调动了人才的积极性，促进了社会经济的发展。但同时，在人才流动过程中也不可避免地产生了大量争议。随着人事制度改革的不断深入，人才流动争议逐步扩大范围，成为亟需解决的人事争议。人事争议仲裁是处理包括人才流动争议在内的人事争议的有效途径和必要手段。这项工作作为一个监督纠错环节，是人才流动和人才市场管理工作的重要内容。

1997 年 8 月，原国家人事部颁发了《人事争议处理暂行规定》，对人事争议仲裁的受案范围、组织机构、管辖以及处理程序等问题做出了规定。根据这个《规定》，人事争议包括国家行政机关与工作人员之间因录用、调动、履行聘任合同发生的争议；事业单位与工作人员之间因辞职、辞退以及履行聘任合同或聘用合同发生的争议；企业单位与管理人员和专业技术人员之间因履行聘任合同或聘用合同发生的争议；依照法律、法规、规章规定可以仲裁的人才流动争议和其他人事争议。原国家人事部设立人事争议仲裁公正厅，处理国务院各部委、国务院直属事业单位和各部委直属在京事业单位的人事争议，以及跨省际的人事争议。各省

(自治区、直辖市)、副省级市、地(市)、县(市、区)建立仲裁委员会,负责处理各自管辖范围内的人事争议。目前,许多省市都不同程度地开展了人事争议仲裁工作,解决了大量个人与单位之间的纠纷,及时化解矛盾,保障了个人和单位的合法权益,促进了人才流动和人才市场工作的健康发展。

酒店劳动争议的处理是全社会共同的责任,包括立法机关、劳动行政部门、雇主组织、工会、仲裁机构、司法机关甚至新闻媒体法制宣传都对劳动争议预防起着重要作用。因此,需要采取进一步完善劳动立法、加强劳动合同管理与劳动行政执法监督、加大企业民主化管理程度、提升法律救济质量和效率、增强劳资双方遵纪守法意识等预防措施,并联合各方面的力量来避免劳动争议升级和社会震荡,保证劳资双方的稳定与和谐,进而促进整个酒店业劳动关系的健康和谐发展。

第十四章

酒店管理实际案例分析

深夜来客

8月28日值班经理反映，凌晨3点有一位郑先生来到总台称自己的手机被锁死了，打不了电话，想借用总台的电话打一外线电话，被总台拒绝。因有急事，郑先生再三进行请求，但总台人员以酒店有规定为由，拒绝了郑先生的请求。最后，总台通知了值班经理，值班经理了解情况后，考虑到已是凌晨3点，街上的门店早已关门的事实，就把自己的手机借给郑先生用，解决了郑先生的燃眉之急，郑先生对值班经理的做法很是感激。但对前台人员的态度提出了很大意见。

通过这一事件反映出酒店员工在工作中存在以下问题：其一，死搬规章制度，没有把“想客人之所想、急客人之所急”的工作理念融入到实际工作中去；其二，怕担责任，怕因为违反制度而使自己受罚（且不知制定制度是为了更好的服务客人的初衷）；其三，流失了潜在的客户，凡进入酒店的都是酒店的客人，酒店要尽最大努力给客人创造方便，让客人满意。

从此事我们应该认识到，郑先生虽然今天没在我酒店入住，但是，今天我们把方便给了他，也许明天、后天他就会成为我们的客户，反之也许他永远都不来我酒店入住，这样我们就失去了一个潜在的客人。员工手册第三章第二条工作目标中提到：为四海宾客提供极致的服务，竭尽全力、创造满意。

通过这件事，希望每一位员工认真思考遇到同类事情或其他事情时，我该如何去做？怎样做？

客人看错房号

2月27日晚20时30分，1111房客人误把1111看成了1117而用1111房的房卡去开1117房间的门，在打不开房门的情况下，非常生气。领班杨小培接通知后立即赶到了现场，客人非常生气地把房卡摔到了杨小培的脸上，杨小培在搞清楚是客人误把房号弄错的情况下，依然没有丝毫的生气，而是一直在向客人道歉。杨小培的这种以服务客人为中心，不与客人争辩，把对让给客人的做法，值得我们每一个酒店从业者去学习。

通过此次事件，也要求前厅部在今后的工作中要认真对待，认真填写房卡房号，字迹清楚、工整，填写完毕后要给客人重述一遍，以免给客人造成不必要的麻烦。

开错房门

2011年12月3日下午18时30分，房务中心员工通知领班张秋红为7018房间的客人开房门，张秋红赶到7楼后看到一女性客人正手拿房卡站在7018房间门口，自以为此人就是7018房的客人，在用客人的房卡试开一次打不开门的情况下，未按照酒店规定的开门程序询问并核实客人的身份信息，而直接用楼层总卡为客人打开了房门。19时，7018房间的客人投诉说他的物品被盗，具体调查情况如下：

12月2日16时25分，7018房卖给了客人杨洋，此房于12月3日下午因房费不够，联系客人又联系不上的情况下，总台于15时17分把此房强行退掉（房卡在客人手中），员工在查房时，发现客人遗留手机一部，报总台后被大堂副理邵玉华拿到总台。

12月3日17时33分，7018房被卖给郑州客人马玲芝。

12月3日18时27分，原7018房客人回酒店找手机，在打不开房门的情况下，要求房务中心为其开门，领班张秋红在未问明客人身份的情况下，为客人开门，致使马玲芝投诉物品被盗一事的发生。

在此事件中，暴露出了执行管理制度、操作程序不严的问题，主要表现在：

1. 总台在卖房时，尽量不要把房卡不在卡架上的房间卖给客人。

2. 楼层人员执行开门程序不严格，开门时一定要严格执行询问、核实客人身体的程序，不要一见客人持有房卡，就不核实客人身份，自以为是地为客人开门。

【案例分析】

分析以上事例，我们不难看出，严格的管理制度、完善的操作规程需要我们每一位员工在工作中严格的遵守和执行，前车之鉴，后世之师，让我们把管理制度和操作规程认真地、自觉地落实到日常工作当中。

酒店定包房事宜的调查

7月28日下午，在酒店部门协调会上，茶膳坊投诉酒店员工在对待客人定包房事宜上，存在粗心大意、敷衍了事的行为，使客人无法正常到茶膳坊用餐，给客人及茶膳坊都带来了不应有的不便，接此投诉后，酒店非常重视，现把调查结果，汇报如下：

经与相关当事员工调查、核实后发现，茶膳坊所反映的客人把电话直接打到前台2677888的事实根本不存在，事实是客人把电话打到了总机2677777，当时值班员工朱亚鸽认真询问客人的需要后，按客人的具体要求，把电话接入了相应的餐厅。

按酒店的相关规定，总机是无权也不会为客人直接代定房间(包括餐厅包房和客房，因为不知道最新的房态，所以无法为客人代定)的，所以，投诉总台员工帮客人定餐厅包房一事根本不存在。

当时具体的情形是，总机按客人的要求，把电话接入了港湾西餐厅(有西餐厅的定餐记录为证)，港湾西餐厅定餐员为客人预定了贵1包房。当天晚餐时间，客人到酒店后进入了茶膳坊，询问贵1包房在哪边，茶膳坊接待员告诉客人贵1包房在二楼，客人说定的是一楼的贵1包房。

通过此次事件，暴露出来了几个餐厅在引导客人方面的不足之处，这需要我们各个餐厅之间相互配合、相互协作，积极、妥善的处理客人在消费期间遇到的一切问题。

客人的“货款”丢失之后

2013 年 8 月的一天下午，一位客人匆匆来到酒店大堂，找到了当值的大堂副理，声称自己去楼上会见客人还货款时，从停车场下车到楼上房间的过程中，发现自己在车上还拿着的现金不见了。经过大堂副理耐心的提醒和询问，客人讲自己拿的现金是两千元整，用一个红色的纸袋装着，里面还有一张为客人开具的货款发票，快到酒店时钱袋还在车上放着，丢失的时间和地点也就在下车到去楼上房间的时间段内，最有可能是下车时不小心掉在了停车场内。

在向客人耐心询问情况后，酒店当值的大堂副理首先安抚好客人，让客人在大堂休息处稍做休息。随即开展了相关的调查问询工作，根据客人提供的情况，立即到停车场客人停车的地方周围仔细寻找，并询问了当时值班的停车场保安员×××，×××声称没见到。大堂副理经请示后，会同保安部人员立即调取了酒店停车场的监控录像，监控录像显示客人下车时确实有一个纸袋掉在了地上，客人走后被当值保安员×××捡到，×××捡到后看了看四下无人，随即把纸袋装进衣袋离开现场，脱离了酒店监控视线范围。

看过监控录像后，本着对员工负责的态度，大堂副理又重新返回了停车场再次询问当值保安×××，×××还是不承认捡到客人的钱，最后大堂副理对×××说：“我们已看了监控录像。”在此情况下，×××才不情愿地掏出了捡来的钱，但装钱的红色纸袋和货款发票已被×××扔掉。

为了维护酒店声誉，大堂副理在对客人表示诚恳歉意后，将客人丢失的钱如数归还给了客人。由于客人的发票已被×××遗弃且当天风太大，再也没能找回来，客人虽然没有多说什么，但从客人的眼神及态度方面，我们能明显地感觉到客人对酒店的管理及对当班的服务人员的不满。虽然客人相当有素质，并未多说什么，但此事还是给酒店的声誉造成了一定的不良影响。

为严肃纪律，避免类似事件的重复发生，经酒店研究后决定：

1. 依据酒店《员工手册》及部门的相关规定，给予当班保安员×××以即时除名的处理，今后不再录用。

2. 对于部门相关的管理人员，给予了一定的连带处罚。

3. 在部门内部开展了以“严肃纪律、诚信服务”为主题的整顿工作作风的活动。

对此事件的发生，酒店保安部员工在感到震惊的同时，也为我们每位员工的日常行为和个人素质的修养教育敲响了警钟。在全国普遍进行素质教育提倡正能量精神的时期里，我们的酒店也曾出现了大量的拾金不昧的好事，我们本身就是保护客人的人身和财产以及酒店财产不受损失的安全保卫部门，可这样的事件发生在我们这个部门，不能不值得我们深思。对此，我们部门就此事作为案例进行讨论，并对事件的形成原因进行了深入的剖析。

1. 此事件停车场当值当事人×××，自以为自己年龄较大，平时不注重学习，思想僵化，平时的言论就有点过激（2012 年年初就因言行过激而造成了很坏的影响），部门管理人员也多次当面对他进行过批评教育，但收效甚微，以至于此次在拾到客人财物时不及时主动交公，在大堂副理追问情况下还拒不承认及时归还，对酒店的声誉造成极坏的影响，其原因还是与本人不能够加强日常学习、不能严格自律、心存侥幸心理有关，是造成此次事件的主要直接原因。

2. 部门在平时对员工的教育和监督方面力度不够。管理过于人性化，对于一些小的违规违纪现象，总以说服教育为主，而以制度处罚为辅，久而久之，制度失去了严肃性和惩罚性，员工觉得制度好像就是摆设，没有起到相应的约束作用，这也是造成此次事件因制度方面的原因。

3. 基层管理人员的管理力度不够，存在碍于情面、不敢大胆管理的现象，存在事事只想“你好、我好、大家好”的现象，也是造成此次事件的间接原因。

为避免此类事件的再次发生，在深入分析事件原因的基础上，制定了以下整改办法：

1. 立即召开部门全体员工座谈会，就此事件的产生原因，进行了分析讲解，让部门每一位员工都能从此事件中吸取经验与教训。

2. 完善制度并在工作中落实制度，把人性化管理与制度化管理有机地结合起来，强化制度的重要性、严肃性和突出制度的惩罚性。

3. 制定了部门《保安部员工百分考核制度》，并在日常工作中扎实的予以落实。

4. 在责任到人的基础上，实行连带处罚制度，对于基层的管理者，要求大胆管理，如果在工作中因敷衍失职而致使本班人员出现重大工作失误，在处罚当事员工的同时，基层管理者也要负连带责任。

通过此次事件，我们部门员工充分认识到“制度是保护我们的护身符，而不是约束我们的枷锁”，只有我们自觉自律地执行好酒店的制度，加强自身的学习，才能不断地进步。自从我们实行了百分考核制度以来，我们部门的工作和员工的精神面貌，发生了可喜的变化，员工都能自觉自发地工作，形成了你追我赶、奋发向上的工作氛围。

参 考 文 献

[1] 郑向敏,谢朝武.酒店服务与管理[M].北京:机械工业出版社,2004.

[2] 吕建中. 现代宾馆管理与实务[M]. 上海:上海外语教育出版社,1994.

[3] 蔡树棠. 现代旅游督导管理[M]. 北京:中国旅游出版社,2004.

[4] 翁纲民. 现代饭店管理学——理论、方法原理与案例[M]. 天津:南开大学出版社,1999.

[5] 胡君辰,郑绍濂. 人力资源开发与管理[M]. 上海:复旦大学出版社,1999.

[6] 蔡万坤,蔡华程. 现编现代酒店管理学[M]. 广州:广州旅游出版社,2004.

[7] 廖钦仁. 酒店人力资源管理实务[M]. 广州:广东经济出版社,2006.

[8] 彭剑锋. 人力资源管理概论[M]. 上海:复旦大学出版社,2003.

[9] 何丽芳. 酒店服务与管理案例分析[M]. 广州:广东经济出版社,2008.

[10] 李燕萍. 人力资源管理[M]. 武汉:武汉大学出版社,2002.